マリン・カツサ
MARIN KATUSA
渡辺惣樹［訳］

コールダー・ウォー

ドル覇権を崩壊させるプーチンの資源戦争

COLDER WAR

How the Global Energy Trade Slipped
from America's Grasp

草思社

コールダー・ウォー　ドル覇権を崩壊させるプーチンの資源戦争◉目次

コールダー・ウォー　ドル覇権を崩壊させるプーチンの資源戦争

第1章 失われた十年の終わり

これから書こうとする話を読者は真実でなければよいと思うに違いない。おそらくかなり早い時期に、それはこれから五年以内と思われるが、ホワイトハウスの危機管理室で緊急会議が開かれることは間違いない。会議が招集される時間は朝かなり早い時間であろう。ヨーロッパの原油トレーダーも為替トレーダーもその日の取引に集中し何が起きるかに神経を尖らせている時間である。心配そうな顔をしてホワイトハウスに集まったメンバーも、誰一人として、その日の議題にまともな解決案など持ち合わせてはいないだろう。アメリカがこれから向き合わなければならない不幸をどうやって避けるかの妙案などありはしないのだ。

大統領補佐官たちはアメリカが直面する難しいジレンマを大統領に向かって懸命に解説する。それを静かに聞き入る大統領が発する言葉は、「要するに何もかもがバラバラに崩れるということだな」となるはずである。大統領のこの理解は正しいだろう。この時点でアメリカにできることは、ただこれから味わうことになる不幸の程度を少しでも和らげることだけなのだ。

最高権力を握っている者が我々よりも賢明で、次に打つべき一手をわかっているはずだなどと思ってはいけない。危機管理室で鳩首《きゅうしゅ》をそろえている面々は、進行しつつある最悪の事態《カタストロフィ》を作り出している当事者なのだ。このなかには世の中のことをまったくわかっていない者、つまり世の中の争い事を白組と紅組の単純な喧嘩ととらえることしかできない輩《やから》がいる。もちろんメンバーのなかには問題がより複雑であることを理解している者もいる。そういう人物でさえ、政治的には、紛争の原因はどこかにいる悪者が種をまいていて、その悪者さえ退治すればよいなどと説明せざるを得ないのだ。

これまで長期にわたってアメリカの権力者は、仲間内でもあるメディアとともに、ロシアの指導者ウラジーミル・プーチンを次のように評してきた。

「粗野な暴れん坊」
「ＫＧＢの残滓《ざんし》」
「非情な男」
「同性愛者嫌い」
「行動する男と言われることが好きで、自らをナポレオンになぞらえる自己愛の塊」

分別のあるはずのあのヒラリー・クリントンでさえ、プーチンをヒトラーとたとえる始末である。プーチンが「非情な男」であるという観察だけは当たっているが、それ以外はまったくの的外れだ。筆者は、エネルギー市場の分析に長年従事しているが、この仕事を始めたときからずっとプーチンを観察してきた。

彼を理解するのは簡単ではない。彼は鬼のような人間だとまでは言えないまでも、きわめて危険な人物であることは確実である。その程度は、アメリカの政治家やメディアが語る以上かもしれない。ワシントン中枢の政治家はあまりに長きにわたって、プーチンを暫定的指導者だと決めつけすぎていた。ロシアの政治の世界にわずかなあいだ光を放つだけの流れ星だと軽く扱う者もいる。しかしこうしたプーチン理解はまったく間違っている。

プーチンは小柄な男である。背の低い人物は軽く見られがちだ。プーチンについてはそれが有利に働いたと言えないこともない。プーチンはマーシャルアーツ（格闘技）のチャンピオンであり、六十二歳とはいえ、その肉体は見事に鍛えられている。そのせいか、彼はマッチョな男らしい政治家というイメージだけが先行した。道化師的な男に見られたのである。

ワシントンの政治家はプーチンを冷戦時代の遺物のような政治家と見なしたがそれは大いなる誤解だった。ロシアは、昔はライオンだったが今は山羊のようなものだ、と言ってしまったようなものだった。ワシントンはプーチンの長期戦略にもっと早く気づくべきだった。十年単位で先を読んだ彼の計画は、四年ごとの選挙を考えなければならないアメリカの指導者のものとは明らかに違う。

プーチンは十五年間にわたって次なる冷戦の戦い方を研究してきた。戦いの財源をどう確保するか、どこに向かい、何を目指すべきかを考えてきた。彼は超冷戦（the Colder War）を始めようとしているのである。彼はこの戦いに必ず勝利すると決めた。戦いの武器は軍事力ではない。世界のエネルギー供給をコントロールする力。それがプーチンの新型兵器なのである。

もはや、アメリカには、これまでに犯してしまった間違いを矯正する術《すべ》はない。したがって筆者にできることも限られている。プーチンが始めた超冷戦の本質を語ることだけである。プーチンがやってきたこと、やっていることの意味を探ることである。そうすれば彼の次の一手を読む手助けにはなる。

現実の世界で大きなパワーシフトが我々の目前で起きている。その本質はエネルギー支配力をてこにしたパワーシフトである。石油、石炭、ウラン、水力といった世界のエネルギー事情を語ることはプーチンを語ることと同義である。その逆も真である。プーチンを語ることは世界のエネルギー問題を語ることなのだ。

エネルギーこそが世界を動かす。過去六十年間にわたってアメリカは豊かな社会を謳歌してきた。アメリカは資源市場を支配し、その取引に自国通貨を使わせる仕組みを作った。資源と取引通貨の独占である。それが世界の覇者としてこれほど長きにわたって君臨した理由である。この仕組みがいま揺らごうとしている。ゆっくりとそして確実に、プーチンが動くたびに、アメリカの独占の一角が崩れていく。アメリカが、再生可能エネルギー（グリーンエネルギー）などという妄想に足元をとられているのを横目に見ながら、プーチンはエネルギー資源の本質を理解した超冷戦を開始したのである。

失われた十年

プーチンの戦略を理解するためには少しばかり歴史を振り返らなければならない。ソビエトの崩

〈図1−1〉独立国家共同体（CIS）［出典：WorldAtlas.com］

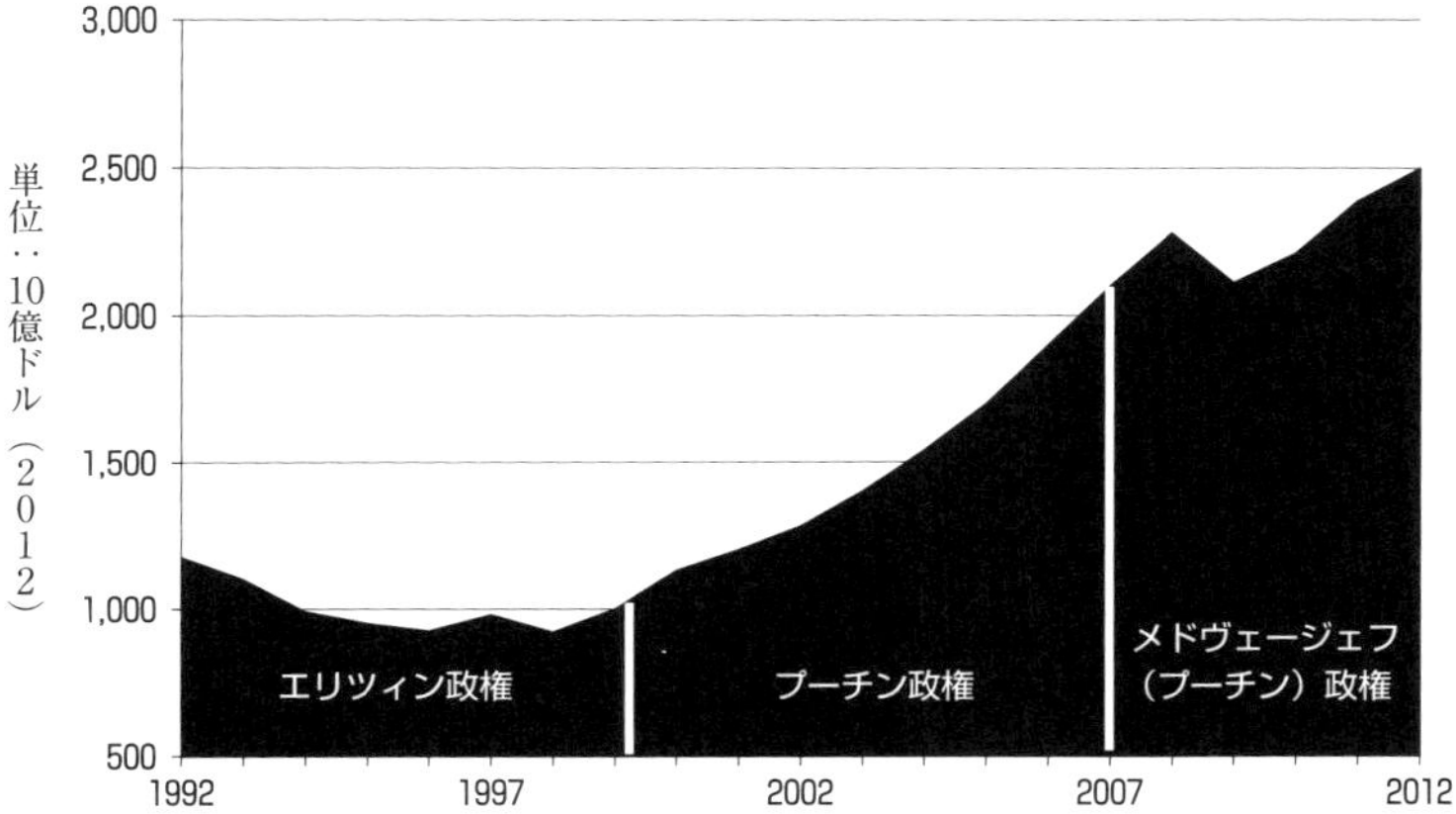

〈図1−2〉ソビエト崩壊後のGDP推移（生産者物価指数で調整）
［出典：IMFおよび© ケイシー・リサーチ］

壊は一九八九年のことである。ロシア国民は塗炭の苦しみを味わった。先の見えない不安にさいなまれた。西側諸国にとっては悲惨なロシアの状況こそが冷戦の勝利の象徴であった。前ページのグラフ〈図1―2〉が示すようにソビエト崩壊からの十年は苦しみの日々であった。しかしプーチンの時代が本格化するとその苦しみも忘れるほどの目覚ましい経済発展を遂げた。

ソビエト崩壊後のおよそ十年は、ロシアの政治家にとっては確かに辛い時期であった。国家の近代化という途方もない作業の前に茫然と立ちすくんだ。犯罪組織が跋扈《ばっこ》し、国家財産私有化（民有化）の過程でうまく立ち回った一握りの者だけが、ロシア経済を牛耳った（訳注：ロシアの国家資産配分の過程で巨額の利益を得た者たちは「オリガルヒ」と呼ばれる）。オリガルヒはほとんど違法のやり口でのし上がった。彼らは一夜で億万長者に変身したようなものだった。

オリガルヒがにわか成金生活を謳歌する一方で、大多数のロシア国民は奈落の底にあった。ソビエト崩壊の前にもアフガン戦争で惨めな敗北感を味わった。崩壊後のソビエトでは、指導者たちも国民同様途方に暮れた。彼らの築き上げたソビエト連邦は未来永劫繁栄を続けるはずであった。かつて誰もが感じていた国民の誇りは跡形もなく消えていた。

ソビエトの崩壊で自由市場が出現したといっても、まともな民間企業などどこにもなかった。健全な投資判断ができる銀行もありはしなかった。ロシア人が知っているのは闇市だけであり、資本主義体制下での株式、債券、商品先物取引といった専門知識を持ち合わせる者はほとんどいなかった。新しい体制では私有財産の素晴らしさをエンジョイできるはずであった。しかし現実は違った。ルーブルの価値は大きく目減りし、ひどいインフレに襲われた。失業者の数も数百万人にのぼった。

国民の多くが極貧の状態に追い込まれた。将来に希望を見出せない者は、もう一度共産主義体制に戻りたいとまで考えたのである。

ロシアが苦境にあえぐなかでチェチェン紛争が勃発した。イスラム系チェチェン人はモスクワの混乱を好機と見て独立運動を起こしたのである。一九九四年にその戦いは始まった（第一次チェチェン紛争）。この頃のロシアの指導者はボリス・エリツィンであった。ロシアは兵力も兵器の性能も航空戦力もチェチェンを圧倒していた。それにもかかわらずチェチェンのゲリラ軍に惨めな敗北を喫した。

チェチェン人はソビエト時代からロシアの犯罪組織を牛耳っていた。彼らはチェチェン・マフィアと呼ばれていた。彼らがロシア国内での国情を不安定にする要因でもあった。チェチェン・マフィアはロシア軍の誰が賄賂《わいろ》に応じるかを知っていた。チェチェンが必要な武器はドル紙幣で現金を用意するか、チューリッヒの銀行口座に代金を振り込めば簡単に手に入った。ドル資金はロシア国内のチェチェン・マフィアを通じて容易に手配できた。一九九五年も終わる頃になると、ロシア軍の士気は完全に萎えた。アフガニスタンでの惨めな敗北の余韻が残っていたロシア国民の間に厭戦気分が広がったのである。一九九六年末、エリツィン大統領は休戦を宣言した。

この戦いは悲惨であった。各地で虐殺があった。ロシア側の戦死者は五千五百とされているが実数はこの倍であろう。チェチェン側の戦死者はおよそ一万五千であり、民間人の犠牲者も多かった。具体的な数字は不明だが、死者は三万から十万。負傷者の数はこの数倍に上るとみられている。五十万人が家を失い、町も村も廃墟となった。ロシアの被害も大きかったが、物理的な被害よりも、敗北を世界に晒したことが問題であった。

プーチンは母国の惨状を遠くからじっと見つめていた。当時の彼にはどうすることもできなかった。

この頃のプーチンは、サンクトペテルブルク市の一介の政治家にすぎなかった。国際問題担当の市長付のアドバイザーであった。クレムリンの政治から程遠いところにプーチンはいたが、モスクワの政治に参画するという強い意志と野心があった。プーチンはこの頃に強力な支援者グループを作り上げている。プーチンに絶対的忠誠を誓うグループであり、現在でも彼が最も信頼している仲間である。「サンクトペテルブルク・ボーイズ」と呼ばれるグループである。

そのなかの一人にドミートリー・メドヴェージェフがいる。プーチンが大統領になってからのことであるが、法律上連続して三期目を目指せなかったプーチンが後継大統領に推した人物である。大統領となったメドヴェージェフはプーチンを首相に任命し、政権の中枢に置いた。大統領職を一期務めるとメドヴェージェフはその職を降りた。プーチンはその後の選挙戦を制し再び大統領職に返り咲いた。このやり方は（選挙に勝てさえすれば）何度でも繰り返すことができる。

プーチンに忠誠を誓う「サンクトペテルブルク・ボーイズ」はメドヴェージェフだけではない。イーゴリ・セーチン（後述）もサンクトペテルブルク時代からプーチンの右腕として尽くしてきた。「サンクトペテルブルク・ボーイズ」はプーチンに忠誠を誓った恩恵をいま十分に謳歌している。彼らはロシア経済をしっかりとコントロールしている。特に資源エネルギー産業の分野はがっちりと握っているのである。

モスクワデビュー

プーチンのモスクワデビューは彼の昔からの仲間の誘いだった。エリツィン政権への参画を促したのである。一九九六年六月、プーチンはモスクワ政界にデビューした。もちろん「サンクトペテルブルク・ボーイズ」も彼に付いていった。彼らをモスクワに連れてきたのはプーチンの先見の明であった。彼はロシア政治の難しさ危うさを知っていたのだろう。「サンクトペテルブルク・ボーイズ」が政敵の攻撃から守ってくれた。だからこそ彼は絶対権力が掌握できたのである。

プーチンがモスクワに移った頃、エリツィンの経済政策は惨憺《さんたん》たる有様だった。チェチェンでの戦いも膠着《こうちゃく》状態にあった。プーチンにはうまくやれる自信があった。そのためには権力を握らねばならない。手始めの仕事がチェチェンのイスラム教徒との対決であった。彼らを二度と立ち上がれないほどに潰すことだった。

第一次チェチェン紛争終結（一九九六年）後も、チェチェンはトラブル続きだった。チェチェンは独立を望んでいたが、首都グロズヌイを一歩出れば、政権の力はほとんど及ばなかった。グロズヌイも廃墟ばかりであった。反政府グループの活動も活発で、戦地から戻った兵士の暴力沙汰も日常茶飯事だった。

反政府グループは北部カフカス地方で好き勝手な行動を始めた。彼らは誘拐《ゆうかい》によって身代金をせしめ、それが活動の資金源になった。一九九六年から九九年の三年間で千三百人が誘拐され支払われた身代金総額は二億ドルにものぼった。一九九八年には西側諸国の捕虜四人が処刑されたこともあった。

チェチェン国内ではあらゆる政治グループが覇を求めて抗争を続けていた。特にワッハーブ派イスラム教徒とチェチェン国家防衛隊との対立が激しかった。ワッハーブ派はサウジアラビアで生まれた過激な原理主義グループだった。チェチェンで国家非常事態が宣言されたのは一九九八年のことである。

エリツィンがプーチンをロシア連邦保安庁（ＦＳＢ）のトップに据えたのはこの年である。ＦＳＢは国家保安委員会（ＫＧＢ）の後継組織であった。さらにこの一年後エリツィンはプーチンを首相に抜擢した。プーチンはエリツィンの任命する六人目の首相であった。彼に期待する者はほとんどいなかった。どうせ前任者と同じように短命ですぐに誰かにとって代わられるだろうと思われた。

しかしプーチンは違った。首相に上ったプーチンはまずチェチェンの内紛に目をつけた。出口のない内戦を、自らの才能を世に見せつける絶好のチャンスだととらえた。優柔不断なエリツィンとは違う真の指導者のあるべき姿を見せる。そうプーチンは決意したのである。この頃には、エリツィンに代わってロシアの新しい指導者になると決めていた。チェチェン紛争を前任者とはまったく違うやり方で解決する自信もあった。しかし、彼はその実行を急がなかった。その機会を待った。いやむしろ自ら演出したと言った方が正確であろう。

第二次チェチェン紛争の始まりは、二千のチェチェン非正規軍が隣国ダゲスタン共和国に侵入したことから始まった（一九九九年八月、九月）。侵入した部隊はチェチェン人やアラブ人からなるムジャーヒディーン（イスラム戦士）やワッハーブ派のイスラム教徒であった。侵攻は失敗した。九月の末頃までにはチェチェン国内に押し戻された。

これでこの侵入騒ぎは元に戻っただけで、つまり原状に戻っただけの事件で終わるはずだった。しかしそうはならなかった。

アパート爆破事件

チェチェンの兵士がダゲスタンに侵入した頃、四つのテロ事件が連続して発生した。九月四日、ダゲスタンの町ブイナクスクで最初の事件が起きた。この日の夜、大量の爆薬を積んだトラックがロシア兵士やその家族が暮らすバラックの前で大爆発を起こした。壊れた建物の残骸から兵士、女、子供計六十四人のロシア人が遺体で見つかった。チェチェン人イスラム教徒が犯行を認めた。その男はのちに前言を翻したが、その後に起こるテロ事件の性質を暗示するものだった。

この五日後、モスクワ市内で爆破事件が発生した。ターゲットとなったのはグリヤノフ通りにある八階建てのアパートであった。モスクワの南東部にあったこの建物の住人のほとんどが低賃金労働者であった。爆薬はトラックで運ばれたのではなく、建物の一階にひそかに仕掛けられていた。八階までのすべての床が崩壊し、眠りについていた九十四人が犠牲になった。

ブイナクスクでのテロ事件は遠い町の話だった。しかし今回はモスクワの中心地で起きた。ロシア政府関係者は、テロはチェチェンのテロリストによるものだと断定した。モスクワ市内全体が緊張感に包まれた。数千人にものぼる警官が動員され、チェチェン人らしい者は誰かれかまわず尋問された。その結果、数百人が拘束された。アパートに暮らす住民は隣組組織を作って警戒した。政治家が復讐を唱えはじめたのはこの頃であった。

建物の残骸は犯罪捜査の証拠物になるはずであった。しかし警察はそれを調べなかった。かろうじて形を留めていた建物も破壊し、残骸はごみ処理場に捨てられた。アパートのあったグリヤノフ通り十九番地は更地になった。現場検証が行なわれたかどうかもはっきりしない。証拠が見つかっていれば、それらはＦＳＢの倉庫のどこかに秘匿されているだろう。いずれにせよ第三者が検証できるものは何一つ残されなかった。

事件の四日後（一九九九年九月十三日）、再びモスクワ市民をパニックに陥れる事件が起きた。この日の朝、モスクワ郊外の高速道路６／３カシールスカヤ線の脇にあるアパートの近くで不審な動きがあった。通報を受けて治安要員が呼ばれ現場を調べたが異状はなかった。午前二時頃のことである。しかし地下には爆薬が仕掛けられていた。それが爆発したのは午前五時三分のことであった。九階建ての建物は全壊し百二十一人が犠牲になった。

ここで不思議なことが起こる。この日の午前、ロシア下院（ドゥーマ）議長ゲンナジー・セレズニョフが、ヴォルゴドンスクにあるアパートが前夜に爆破されたと議会に報告したのである。ヴォルゴドンスクはモスクワから七〇〇マイル（一一〇〇キロメートル）南の町である。そんな事件はヴォルゴドンスクでは起きてはいなかった。事件があったのはモスクワ市内である。この時点ではたんなる官僚のミスだと思われた。ところがその三日後にヴォルゴドンスクのアパートが爆破されたのである。

　議員たちはセレズニョフに対して当然の疑問をぶつけた。

「月曜に、木曜に起こる事件を報告している。いったいどうなっているんだ」

　ところが質問する議員のマイクは突然切断された。

　これが、一連の爆破事件は陰謀なのかもしれないと疑わせるきっかけであった。爆破計画をＦＳＢは事前に知っていたのではないか。ＦＳＢの誰かが議会への説明の順番を間違ったのではないか。そんな疑念が沸き上がった。

　ヴォルゴドンスクではトラックに積まれた爆薬が使われ、十七人の住人が犠牲になった（九月十六日）。

　一連の爆破事件で、ロシア国民は、テロはチェチェン人の仕業であると信じた。ロシア世論を導くことは容易だった。第一次チェチェン紛争以来、チェチェン人に対する憎しみは高まっていた。確かにチェチェン人による、ロシア人をターゲットにしたテロ行為が続発していた。

　一連のテロについておかしいと感じる者はいた。チェチェン人のテロの動機がはっきりしない。チェチェン紛争はすでにけりがついていて、ボリス・エリツィンはチェチェンの自治権を認めていた（一九九七年）。そんななかで、あらたにロシア政府を刺激するテロ行為を行なう理由はない。彼らはすでにロシアとの戦いで取るべきものは取っていた。

　こんな状況のなかで再び不思議な事件が起きた。事件があったのはモスクワの南東一二〇マイル（一九〇キロメートル）にあるリャザンであった。この街でもテロに対する警戒は厳重であった。

九月二十二日の晩、ノヴォスヨロフ通り十四番と十六番に住む複数の住人が、白いジグリ〔訳注：ロシアの自動車メーカー、ラダ社のブランド名〕のバンが不審な動きを見せるのに気づいた。建物の横に駐車したジグリから二人の男が飛び出してくると、トランクから数個の梱包物を取り出した。そしてその梱包物を建物の地下に運んだ。それが終わるとジグリはたちまち走り去った。それを見た住人がパニックを起こしたのは当然であった。

通報を受けた警察は、起爆装置につながれた一一〇ポンド（五〇キログラム）の爆弾を地下室で発見した。ＦＳＢに連絡され爆弾は処理された。爆薬にはＲＤＸ〔訳注：トリメチレンを主成分とした混合爆薬〕が使われ、爆発していれば建物全体を破壊する力があった。リャザンの道路はすべて封鎖され大がかりな捜索が始まった。

このニュースはロシア全土に広がった。時の首相はプーチンであった。彼は、怪しい動きを見つけた住人を称賛した。捜索にはロシア内務省も加わった。内務大臣は国民のセキュリティ意識が高まり、事件を未然に防げたことを喜んだ。ところが怪しいバンに乗っていた二人の男が逮捕されてから問題が起きた。逮捕された男はＦＳＢの身分証明書を持っていたのである。これには地元警察も驚いた。モスクワのＦＳＢ本部（長官ニコライ・パトルシェフ）からは、すぐに二人を釈放せよ、との電話があった。

パトルシェフ長官は、二人の逮捕の翌朝、テレビ番組に出演し、リャザンの事件はＦＳＢの訓練であり、仕掛けられた爆薬は砂糖だったと説明した。リャザンのＦＳＢがＲＤＸ爆薬だと分析したものが砂糖に変わってしまっていた。もし長官が言うように訓練が本当であるなら、なぜ地元のＦ

SBはそれを知らなかったのだろうか。訓練だと長官が弁解するまでなぜ一日半もの時間が必要だったのだろうか。

このリャザン事件以来爆弾テロはぱたりと止んだ。もし犯人がチェチェン人であれば一回の失敗でテロをやめてしまうのも変であった。

一連のテロ事件の真相は闇の中である。真相を探ろうとした者はいた。しかしそれを試みた者は殺された。そのことは後述する。

第二次チェチェン紛争

事件の真相がどうであれ、プーチンはこれを好機と考えた。ロシア世論に疫病のように広がったイスラム恐怖症を利用するチャンスだった。第一次チェチェン紛争の屈辱を晴らす絶好の機会が訪れたのである。一九九九年九月二十三日夜、新任のプーチン首相は、リャザン市民の警戒ぶりを称賛した。その頃、ロシア戦闘機がチェチェンの首都グロズヌイを急襲していた。この一週間後国境地帯に終結していたロシア機甲部隊がチェチェンに侵攻した。第二次チェチェン紛争の始まりだった。

ロシア軍は焼き尽くし作戦を命じられていた。民間人を標的にすることも平気であった。ロシア軍は先の戦争の教訓から侵攻を急がなかった。兵器と航空戦力の優位のなかで、チェチェン軍の防衛網をゆっくりと叩いていった。ロシア軍を恐れて八十万の民間人が逃亡した。その内の三十万人は隣国に逃れた。

ロシア軍は民間人も警戒した。危険分子はチェチェン北部に設置したキャンプに拘束した。首都グロズヌイは徹底的に破壊した。破壊の様を見た者は、先の大戦で空爆を受けたドレスデン〔訳注：ドイツ東部の内陸の町〕や、原爆を落とされた広島を思ったに違いない。しかし、その様子を伝える具体的な報道はなかった。人権グループもジャーナリストも戦闘地域に近づくことは許されなかったのである。プーチンはメディアの活動を制限した。

第二次チェチェン紛争の勝利はプーチンの次なる飛躍につながった。この頃、大統領ボリス・エリツィンの支持率は一桁にまで下がっていた。その彼が十二月三十一日、突然、辞意を表明したのである。ロシア憲法ではこのような場合、首相が自動的に大統領職を襲うことになっていた。プーチンはこうして最高権力を握る大統領に登りつめた。

プーチンがFSB長官に指名されたのは一九九八年七月のことである。この一年後には首相となり、そのわずか五カ月後に（暫定とはいえ）大統領の地位に就いた。これほどのスピード出世はロシアの歴史上でも初めてのことであった。これには何らかの計画があったのだろうか。その答えを我々が知ることはできない。ただ彼が、度重なる好機を見事なまでに利用したことは間違いなかった。

プーチンは国民が指導者に何を求めているか知っていた。それは怖れを知らない強い男のイメージであった。プーチンはチェチェンの戦いを大統領執務室に籠《こも》ったままで指導するようなことはしなかった。彼は前線に飛び、兵士に結束を訴え激励した。前任者でそんなことをした者はいなかった。ロシア国民は強いリーダーが現われたことを喜んだ。

グロズヌイ包囲攻撃は一九九九年末から始まった。ロシア軍がグロズヌイ攻略を終えたのは年が明けた二月二日のことであった。プーチンの狙いどおりの短期戦だった。それでも北部カフカス地方に陣取ったチェチェン軍はロシア人への攻撃を緩めなかった。その結果多くのロシア人が殺された。ロシアのチェチェン征圧の戦いはその後数年間にわたって続いた。

二〇〇二年から二〇〇四年にかけて、チェチェン過激派はロシア民間人へのテロ攻撃を活発化させた。爆弾テロの犠牲者は二百人を超えた。人質事件もあった。モスクワの劇場が占拠され、九百十六人が人質になり（二〇〇二年）、ベスランの町では学校が占拠されおよそ千百二十人が人質になった（二〇〇四年）。モスクワの劇場占拠事件ではＦＳＢの特殊部隊（スペツナズ）が占拠三日目に化学兵器を持って突入した〔訳注：この事件で死亡した人質は百二十九人〕。

チェチェン過激派のテロ事件は続いたが、プーチンは冷静だった。二〇〇〇年五月にロシアの直接統治とすると、その翌月にはチェチェン共和国大統領にアフマド・カディロフを据えた。二〇〇三年三月二十三日には国民投票によって新憲法が成立する。モスクワとの連携は保ちながらも広範な自治を認める内容になっていた。

ロシアの後押しで実施された国民投票に分離独立派は反発し、多くの国民が投票をボイコットした。この翌年、カディロフは爆弾によって暗殺された。後継は息子のラムザンに決まった。親ロシア強硬派で知られる人物である。二〇〇七年二月、プーチンの後押しを得たラムザンは大統領に就任した。ラムザンにも何度か暗殺が試みられているが現時点（二〇一四年）では大統領の座〔訳

注：国に大統領は一人だけとの主張により、二〇一〇年からの役職名はチェチェン共和国首長〕に留まっている。

そうしたなかで、一九九九年のチェチェン人のテロリストによって起こされたとされる一連のテロ事件の真相を探る動きが出てきた。確かにチェチェン人には動機があった。実行する能力もあった。しかし、プーチンを大統領にするためにFSBが仕掛けた偽旗《にせはた》作戦〔訳注：他者の仕業に見せかける秘密作戦〕ではなかったのか、と疑う者も少なくない。

プーチン政権はこの疑惑をきっぱりと否定している。捜査は二〇〇二年に終了し、裁判所はイスラム過激派による犯行だと結論づけた。その動機はダゲスタン侵攻失敗に対する報復であるとされた。一連の事件で六人が有罪となった。

プーチンの実権掌握

爆弾テロ事件の真相がどうであれ、チェチェンの処理の成功で、政治的にはまったくのダークホースであったプーチンが表舞台に躍り出た。一九九九年八月の世論調査ではプーチン支持はわずか二パーセントであった。ところが大統領選挙が近づく頃になるとこの数字が大きく動いた。

通常であれば大統領選挙は二〇〇〇年六月となるはずであった。候補者たちはこのスケジュールを念頭にして選挙活動を計画していた。しかし先述のようにエリツィンの突然の辞任で、投票日が三月に繰り上がった。この頃は、プーチンのチェチェン紛争の手際よい処理の記憶がまだ新しかった。彼はその人気の波に乗った。選挙では五三パーセントの得票を得て大統領に当選した。

こうしてプーチンはロシア政界に君臨することになった。プーチンはピョートル大帝を尊崇している（その理由は後述する）。彼は大帝のように母国ロシアをもう一度偉大な国家に再建すると決めた。もちろん一朝一夕で実現できるものではない。しかし彼は自身の力を信じている。強靭な肉体、シャープな頭脳、世の中の本当の動きを見通す能力。彼は、資源エネルギーが国際政治のなかでいかに重要な役割を果たしているかを理解している。プーチンはこれからの世界を見通すビジョンを持った指導者となった。

権力を奪取したプーチンは、次の作業にとりかかった。ソビエト崩壊のどさくさでにわか成金となった新興財閥をどうにかしなくてはならなかったのである。

第2章 新興財閥（オリガルヒ）との戦い

戦争は権力強化には都合のよい道具である。特に独裁的な権力を握ろうとする指導者はこの道具を使うことを好む。普通の家庭の子供たちを兵士に仕立て、前線に送り込む。その戦いの理由がどうであれ、国民は団結心を見せる。プーチンにとってのチェチェン紛争はまさにこの典型であった。戦った相手は外国ではなくて、ロシアから分離を求める勢力であったが、効果に変わりはなかった。国民はみなプーチンの側に立ったのである。

プーチンは常に次の一手を考えて行動する。戦争が始まれば世論が味方してくれるだろうことはわかっていたが、同時に戦いが長引けばたちまち反プーチンに変質することも知っていた。敗戦という惨めな結果にでもなれば、世論は「だから戦いには最初から反対だった」と言いはじめることもわかっていた。戦争を使って世論を味方につけるためには、短期間に勝利を収めることが必要だった。

ロシア国民は第一次チェチェン紛争で苦い思いをしていた。二年にわたる戦いで、近代兵器を備えたロシア軍は、民兵程度のチェチェンゲリラに敗北した。アフガニスタンで喫した敗北の再現だった〔訳注：アフガニスタン紛争に介入した（一九七九年）ソビエト軍の撤退（一九八九年）を指す〕。しかし第二次チェチェン紛争では国民はプーチンを支持した。プーチンに必ず戦いに勝利するという強い意志を見たからである。元ＫＧＢの経歴は強い男のイメージ作りに役立った。

プーチンは兵力を小出しにせず、圧倒的な兵力を一気に投入した。それによって損害を最小限にとどめながらチェチェン征圧を成し遂げた。その後もチェチェンでは反抗が続いたが、プーチンは気にしなかった。戦争は素早く終わりそして勝利した。国民の誰もがプーチンの力を確信した。それが重要だった。決断力のない優柔不断な指導者はいらない。真の指導者がクレムリンに戻ったと国民は狂喜した。

ここまでの作業はプーチンにとってそれほど難しいことではなかった。彼が次に標的にした政治勢力は一筋縄ではいかない相手だった。それは、エリツィンの一貫性のない経済政策（資本主義化）に乗じて一旗上げた連中だった。国家財産民有化の過程で、うまく立ち回った一握りの「新興財閥（オリガルヒ）」と呼ばれるグループだった。

共産主義体制崩壊で生まれたビジネスチャンス

ロシアにとって一九九〇年代は苦しみの連続だった。それまで集産主義と息の詰まる計画経済が七十年続いた。個人の能力を抑え続けてきた長い冬の時代だった。そこから自由主義経済システムへ移行しなくてはならなかった。その作業はトラブル続きだった。

まず大量のお金が海外に逃避した。国内資本も海外投資家もロシアを見限った。その結果大量の失業者が発生した。ルーブルも急落し、一九九三年末には最安値をつけた〔訳注：このとき五十五ルーブル／ドルであったが、二〇一四年十二月にはこの最安値を更新した。現在進行形のルーブル安については後述〕。言うまでもなく、株式市場は一九九〇年代初期までは存在しなかった。

ロシア国民は三世代にわたって共産主義体制の下で暮らしてきた。強制収容所送りの恐怖に常に晒されていた。何をするにもモスクワの指示を待った。ロシア帝国時代も皇帝に服従する時代だった。上からの指示待ちが当たり前の時代から、突然何もかも自ら決定しなくてはならなくなった。一度も経験したことのない世界にロシア国民は困惑した。

国民のほとんどは茫然自失であった。そうではない者も少数ながらいた。自由主義経済への移行に伴って国営企業は衰退していた。知恵のある者だけがこの状況を利用できた。そうした連中のバックグラウンドは様々だが一つの共通点があった。誰もがロシアにはビジネスセンスのある人材が徹底的に欠如しているという思いであった。彼らは自由主義経済のなかでビジネスをリードできるのは自分たちだけだと考えた。

こうした一団が億万長者に変身したのである。ロシアは身内びいきや賄賂《わいろ》の蔓延《はびこ》る社会である。依頼殺人も少なくない。したがって、億万長者に変身した者がその富をまっとうなやり方で築いたのか怪しい。いずれにせよ新興財閥の連中は冷酷なやり方で富を築いた。ウラジーミル・プーチンが狙いを定めたのがこのにわか成金たちであった。

ミハイル・ホドルコフスキー追い落とし

プーチンはロシア再興のカギは恵まれたエネルギー資源にあると考えている。原油、天然ガス、ウラン。どれもロシアには豊富に存在する資源である。エネルギー資源はロシア民間資本で運営されるべきであり、その経営は国家の指導に沿ったものでなくてはならない。つまりプーチンの指導に沿わなくてはならない。

そう考えるプーチンには、新興財閥は邪魔な存在であった。プーチンが最も重視する資源を彼らが牛耳っていることが許せなかった。

ミハイル・ホドルコフスキーは新興財閥のなかでも最も成功した人物であった。彼の持つ資産は百八十億ドル（およそ二兆円）と推定されていた。プーチンは新興財閥のなかで最も力を持つホドルコフスキーに狙いを定めた。

結論を先に言ってしまえば、プーチンは新興財閥との戦いに勝利した。ホドルコフスキーもその他の新興財閥のメンバーもその資産を没収され収監されるか、あるいは国外に追放された。死んだ（殺された）者もいた。その結果プーチンはロシアのエネルギー資源を完全に掌握した。

新興財閥を葬ったことでプーチンの人気は増した。国民は彼らの手中にした富に反感を持っていた。彼らのやり口も気に入らなかった。だから新興財閥を追い落としたプーチンを応援した。プーチンの戦った新興財閥はもちろんホドルコフスキーだけではない。しかし、彼との戦いが最も華々しかった。

ホドルコフスキー（一九六三年生）もプーチンと同じように貧しい家庭に育った。二人ともみすぼらしい共同アパートで暮らした。ホドルコフスキーには野心があった。共産党の青年組織（コムソモール：ソビエト共産主義青年同盟）のリーダーとなり、その後、青年科学技術開発センターを設立した。続いて貿易会社を起業した。

ホドルコフスキーはロシアの将来は先端科学技術にあると考えた。エネルギー資源にロシアの将来（経済発展）を賭けるプーチンとは考えを異にしていた。これが二人が対立する根本的な原因であった。

ホドルコフスキーは徹底的な自由主義市場を望んだ。一九九三年、彼は「共産主義者宣言」ならぬ、「資本家宣言」ともいえる書『ルーブルを手にした男』を出版した。

「レーニンが決めたルールに沿って生きることをやめるときがついにやって来た。生きる指針は『利益』である。もちろんそれは法律に則って獲得するものでなくてはならない。我々を導く神はお金である。お金を求める意識と行動が我々を豊かにする」

ホドルコフスキーはその実現には遵法精神が大事だとしていたが、彼自身のそれは、当時のロシアでは許される範囲であったとは言え、かなり甘いものだった。ホドルコフスキーの「新興財閥」仲間には犯罪すれすれの手段を使う者もいた。そのために自身や親族の身の安全のために国外に逃亡する者もいた。発砲事件も頻繁にあった。女子供の誘拐事件も相次いだ。ロシアでの商売にはそれがつきものだった。ホドルコフスキーの設立した貿易会社もしばしば法を犯した。他の連中に比べればましという程度だった。

ホドルコフスキーは金融市場でうまく立ち回って財を成した。彼が利用したのはメナテップ銀行であった。

株式引換券（バウチャー）の買い占め

ホドルコフスキーがメナテップ銀行を設立したのは一九八九年のことである。メナテップ銀行は大きな利益を生んだが、それは国家資金を移動する取引過程で得たものだった。さらなる利益を生んだのは民営化される企業の株式引換券の買い占めだった。バウチャー制度は今にして思えば狂気の産物だった。エリツィンがこの制度を導入したのは一九九二年のことだが、おそらく彼の頭はウォッカの酔いで朦朧《もうろう》としていたのだろう。バウチャーを利用する自由化のアイデアそのものはアメリカから招いた経済アドバイザーの知恵であった。

エリツィンは国民一人一人に、民営化される国営企業の株と交換できるバウチャーを配布した。このバウチャーこそが国民すべてがこれから始まる資本主義制度の恩恵を受ける証《あかし》のはずだった。教科書の説明に従えば、この制度はうまくいくはずであった。ただ問題はこのバウチャーを受け取る国民にはその価値が理解できなかったことだ。

一億四千万の国民がバウチャーの恩恵に与《あずか》った。しかし自由主義経済下にあっては、国民がこのバウチャーを処分するのも自由である。国民の大半は現金に飢えていた。資本主義制度に対する初歩的な知識もありはしなかった。わずかな現金と引き換えにバウチャーを手放した。少しでも投機心のある者はこのバウチャーを買いあさった。この証書をかき集めれば民営化される企業の支配も可能になるのである。こうしてバウチャーが一握りのグループの手元に集中した。これがきわめて少数の人間が驚異的な巨万の富と権力を手中にしたメカニズムであった。

ホドルコフスキーはこうして新興財閥に駆け登った人物だった。国民の無知を利用して億万長者に変身したのである。ホドルコフスキーはメナテップ銀行や持ち株会社を利用しながら国営企業を次々に傘下に収めた。数コペック〔訳注：百コペックが一ルーブル〕が一ルーブルに化けたのである。たしかにそれは合法であった。

一九九五年、ホドルコフスキーの率いるメナテップ・グループはユコスに目をつけた。ユコスは一九九三年にロシア政府が小規模の旧国営石油企業を統合させた会社だった。採掘、生産、精製、輸送、販売までを垂直的に扱う大企業であり、西シベリアには生産性の高い油田を有していた。ホドルコフスキーが目をつけた当時、この会社は苦しんでいた。市場経済への移行がうまくいかず、生産も落ち込み、従業員への給料も遅配続きだった。

ホドルコフスキーはこの会社を買収すると経営を軌道に乗せた。ホドルコフスキーのやり方をウラジーミル・プーチンはじっくりと観察していた。当時、プーチンはサンクトペテルブルク市長のアドバイザーにすぎなかった。しかしいつか政治の中枢に立とうとする野望は持っていた。目的のためには手段を選ばないプーチンの性格からすれば、ホドルコフスキーのやり方に敬意さえ持っていたとしても不思議ではない。

ホドルコフスキーがユコスを手中にした手法は次のようなものであった。彼はエリツィン政権が資金不足であることを知っていた。ホドルコフスキーは彼を含む新興財閥の支配下にある銀行からの資金提供を申し出た。担保はロシアの優良国営企業の株であった。担保価値は実際の貸出額の数倍もあった。したがって貸し倒れた方が貸し手には有利であった。契約上は、担保となっている株券は競売にかけたうえで貸金を回収することになっていた。しかし競売は操作されていた。政府に貸し付けをしていた銀行は当然その競売に参加したが、彼らの競り値を超える値が付かないよう仕組んでいた。

クレムリンは一億五千九百万ドルの融資をメナテップ銀行から受けていた。クレムリンの担保は同社の四五パーセント相当のユコス株だった。当時の価値はおよそ三十億ドルであり貸出額の二十倍だった。予期したように政府は返済不能に陥った。ホドルコフスキーはほぼ半数のユコス株を手中に収めたが、計算上は十五セントで一ドルの買い物ができたことになる。

ホドルコフスキーはわずか数年でユコスの経営を軌道に乗せた。二〇〇二年にはロシアの石油企業として初めての配当を実現した。二〇〇三年の数字で見れば、ユコスの石油生産はロシア全体の二〇パーセントを占め、それは世界生産量の二パーセントに相当した。ユコスは国内で二番目の高額納税企業となり、その額はロシア連邦政府予算の四パーセントに相当した。

ユコスの手法

一九九〇年代はほぼすべての大企業が危ない橋を渡っていた。もちろんメナテップ銀行も例外ではない。脱税、会計帳簿操作、公務員の買収。こうしたことはどの企業もやっていたことだった。自由主義経済への移行の過程で用いられた手法は犯罪組織のそれを応用したようなものであった。いずれにせよ、自由主義経済移行時の混乱は落ち着きを見せ、資本主義社会の骨格がしだいにその姿を現わしてきた。ユコスの経営は比較的クリーンで透明性もあった。ユコスは国際会計標準を適用した初めてのロシア企業であった。財務諸表はＧＡＡＰ（一般に公正妥当と認められた会計原則）に基づいて作成された。ロシアの石油企業としては初めてのことであった。ユコスは西側で教育を受けた会計専門家を雇用し、監査は（世界的に知られている監査法人である）プライスウォーターハウスクーパースに委ねた。

メナテップ銀行も国際事業への展開にそなえて外国人専門家をいれた諮問機関を設置した。一九九〇年代の粗っぽい経営から脱皮し、グローバルビジネスを展開できる適法企業の道を歩みはじめていた。

ホドルコフスキーは西側の億万長者に倣って慈善事業にも熱心に取り組んだ。個人資産あるいはユコスの資金を使って多額の寄付を行なった。従業員の優秀な子弟には奨学金が支給された。石油関連の技術を学ぶ学生も奨学金の対象であった。ユーラシア財団にも個人資産から献金した。この団体はアメリカの篤志家によって設立された旧ソビエトの企業家を支援する組織であった。

ホドルコフスキーは非営利組織の持つ影響力に注目していた。後述するが彼はプーチンによって権力から追い落とされた。その際に、彼に救いの手を差し伸べたのはこうした組織であった。

ユコスの教育に対する配慮は、ホドルコフスキーのビジョンを色濃く反映するものだった。「新文明」と命名された教育プログラムがあった。高校生に、仮想の国家建設を任せるゲームである。プレイヤーは、政体を選択し、通貨を作り、政府を組織する。このゲームを通じてロシアの若者は民主主義、自由主義経済の仕組みを理解することができた。ユコスはこのプログラムを支援した。

ホドルコフスキーのロシアの将来像（西側と同様な民主主義に基づく自由主義経済大国の建設）は、プーチンの描くロシアの未来とはまったく違っていた。プーチンはロシアが強力な国家として再生するためには政治が独裁的であっても構わないと考えていた。

ホドルコフスキーはしだいにプーチン批判を強めていった。クレムリンによる人権侵害、政府高官の腐敗、石油パイプラインを支配するトランスネフチ社を使った圧力。こうしたことをはっきりと公の場で批判した。ホドルコフスキーは、「ロシアの民主主義は『操作された民主主義』にすぎない。軍も警察もあまりに強い権力を持ちすぎた」と述べてプーチンを批判した。二〇〇三年の『タイム』誌のインタビューでは次のように語った。

「いまロシアで行なわれている民主主義はシンガポール型だ。シンガポールには理屈のうえでは自由な報道が許されている。しかし現実は自主規制ばかりで自由な言論はない。裁判所も機能していない。裁判所の判断は（政府の）指令に基づいたものである。人権を保障する憲法は存在するが、人権の行使は許されていない」

ホドルコフスキーの観察は確かに的を射ていた。しかし、そうした物言いは「凶暴な熊を呼び込む餌を撒いているようなもの」だった。ホドルコフスキーは彼の持つ巨富が自身を守りきれると過信した。

彼の過信は政治献金に顕著に表われていた。ホドルコフスキーはプーチンの政党（統一ロシア）に対立する政党に向けてだけ多額の献金を行なった。二〇〇三年のドゥーマ（ロシア下院）選挙では、右派連合、ロシア統一民主党、さらには共産党にまで献金した。ホドルコフスキーはプーチンの反対勢力を支援することで、プーチンの勢力がドゥーマの三分の二を押さえる多数派になることを妨げようとした。統一ロシアは、ホドルコフスキーに献金を要請したが彼はそれを拒否した。

プーチンからの提案

プーチンは早い段階から新興財閥にアプローチし妥協案を提示していた。不安定ななかにもそれなりの安定を確保したいプーチンからの提案は「持ちつ持たれつ」の関係を作りたいというものであった。新興財閥の富形成過程の過去には目をつぶるし、これからも富を増やそうとしても構わない、しかしその富を彼の権力を脅かすことに使ってはならない。それがプーチンの提案だった。

これがプーチンのやり方である。人参を目の前にぶらさげながらもう一方の手には鞭《むち》を持つ。プーチンの考えに従った者はその富を失うことはなかったが、それに逆らった者の運命は悲惨だった。

ホドルコフスキーはさらなるビジネスの拡大を目論んだ。ユコスともう一つの石油会社シブネフチ社との合併を画策したのである。シブネフチ社は、プーチンお気に入りの石油会社ロスネフチ社の規模を上回っていた。シブネフチ社のオーナーはロマン・アブラモヴィッチとボリス・ベレゾフスキーであった。二人とも、先述のエリツィン時代にバウチャーを買い占めることで財を成した。二人はそれぞれ一億ドルを拠出しシブネフチ社株を折半で所有していた。同社が業績を伸ばした結果、二人の投資額は十倍に増えた。アブラモヴィッチはベレゾフスキーの所有分も買い取り、ユコスとの合併案が持ち上がった頃には、シブネフチ社はアブラモヴィッチの個人企業と言ってもよかった。

合併後にはユコス・シブネフチ石油会社となることが決まっていた。そうなれば、新会社はロシアの石油生産の三〇パーセントを占める大企業になるはずであった。埋蔵量も豊富で、世界の原油埋蔵量の三分の一に相当した。ユコス・シブネフチ石油を上回る規模の民間石油会社は、エクソン・モービル石油とロイヤルダッチシェル石油だけであった。

ホドルコフスキーは合併後に、エクソン・モービル石油かシェヴロン石油に売却を目論んでいた。ある時期、ホドルコフスキーは、買収を狙う両社を競《せ》り合わせた。買収交渉では、両社の代表が陣取る部屋をせわしく往復して、有利な条件を引き出そうとした。

ホドルコフスキーの狙いは（買収の際にどちらかの株が使われるが）アメリカを代表する巨大石油会社の最大株主として君臨することであった。ロックフェラー家に匹敵する富と力を握る。それが彼の野望であった。

新興財閥も、外国企業と石油資源の分野で「いちゃつく」（dalliance）ようなことがあれば、プーチンは許さないことを知っていた。しかしホドルコフスキーには自信があった。大統領の脇をするりと潜り抜けてゴールを決めることができると考えた。彼はあまりに貪欲だった。

この計画をプーチンが嗅ぎつければ激怒するだろうことは子供でもわかる理屈だった。資源分野での利権を外国企業に売り渡すことは許さない。それがプーチンである。この頃にはクレムリンのなかで一種のルールができ上がりつつあった。外国企業と大型プロジェクトを進めることを民間企業独自の判断でしてはならないという暗黙のルールである。ホドルコフスキーは事を進める前に、大統領の事前了解を得ていなければならなかった。この計画が真に祝福されるものであるためには、大統領がプロジェクトの契約書にサインするセレモニーの場面がテレビ中継されるような演出がなくてはならなかった。

プーチンはホドルコフスキーの計画を嗅ぎつけた。エクソン・モービル石油会長（当時）リー・レイモンドは、ホドルコフスキーの二つの会社に競らせて値を釣り上げるやり方を快く思っていなかった。プーチンに電話をいれ、この案件は政府が承認しているか確認したのである。その返事はもちろん「絶対にノー」であった。彼はその交渉自体を知らされていなかった。

レイモンドがこのプロジェクトから手を引くには十分な情報であった。大統領が後押ししなければこの買収計画はあまりに危険であった。エクソン・モービル石油は手を引くことを決めた。シェヴロン石油との交渉もすぐに決裂した。この一件をプーチンは忘れなかった。ホドルコフスキーはやり過ぎた。彼は国家の指導者に払うべき敬意を払わなかった。

ユコス社とシブネフチ社との合併案件だけでもロシア石油産業の屋台骨を揺らす事件であった。この件だけでもプーチンに対する侮辱だった。

巨万の富、プーチンに対する公然とした批判、プーチンの政敵への支援、国家間協定を侮蔑する態度、自らの富を生んだロシア資源産業をぞんざいに扱う姿勢。プーチンにとってホドルコフスキーはあまりに危険だった。

二人の対立が頂点に達したのは二〇〇三年二月のことである。クレムリンで、新興財閥のメンバーを集めた公開討論会が開かれた。メディアの入ったこの席でホドルコフスキーはプーチンを公然と批判し、政府高官の数々の不正を糾弾する質問を浴びせた。要職にある者が不正蓄財に励んでいることをにおわせる口ぶりであった。それはプーチン個人が国家財産を盗んだと主張するのと変わりない主張だった。国民はプーチンの顔に炸裂するパンチをテレビを通して見たのである。

大統領はホドルコフスキーの批判にしばらく反駁《はんばく》しなかった。それを見ている者は大統領がホドルコフスキーの主張を認めたかのような印象を受けた。しかしプーチンは黙ったままではいなかった。放っておけばプーチンの権威を大きく損ねることは確実だった。プーチンは反撃に出た。彼は、ユコス社の保有する莫大な量の原油埋蔵量を指摘し、ホドルコフスキーの会社がそれをいかにして取得したか問い質した。同社の納税に不正があるのではないか、官僚を買収して納税を免れたのではないか。これが、プーチンがホドルコフスキーに放ったカウンターパンチであった。

誰もがプーチンの物言いの裏に威嚇《いかく》があることに気づいた。メディア関係者も、官僚も、実業家も、そして一般国民までもそれを感じた。誰もが、富豪中の富豪のホドルコフスキーよりもプーチンの力が上回っていることを知っていた。

ホドルコフスキーには不幸なことであったが、彼にはカリスマ性が欠けていた。テレビを通して国民にアピールできる個性を持ちあわせていなかった。ホドルコフスキーの甲高い声も心地よいものではなかった。彼はユダヤ人であった。新興財閥にはユダヤ人が多く、国民はロシアの問題を作ったのは彼らだと感じていた。ただそれまではホドルコフスキーに対しては悪感情を持つ者はいなかった。

一方、プーチンはスラブ民族の闘士である。国民の誰一人として彼の祖先のことを詳しくは知らない。わかっているのは彼の祖父までだ。それでも彼はロシアの歴史書のなかから飛び出してきたような英雄だった。メディアを通した最初の対決で勝利したのはプーチンであった。

後になってからのことだが、ブリティッシュ・ペトロリアム（ＢＰ）の前会長であるジョン・ブラウン卿に、「あの男には相当煮え湯を飲まされた」とプーチンは語っている。国家指導者に対しての度重なる無礼が許されるはずもなかった。大統領を国民注視のなかで詰《なじ》ったホドルコフスキーの運命は決まった。

鉄槌

プーチンがいかにホドルコフスキーを嫌ったとしても、ソビエト時代の独裁者のように彼を理由もなく拘束しシベリア送りにするわけにはいかなかった。民主主義国の指導者のイメージを壊してはならなかった。ホドルコフスキーを葬るためには法に則った処理が必要だった。

プーチンはタイミングをはかっていた。テレビカメラの前の舌戦後も、ホドルコフスキーがユコス社とシブネフチ社の合併を正式に発表したときも動かなかった。多くの国民がプーチンは新興財閥を制御する力を失ったのではないかと疑った。民間主導で進められている複数のパイプライン敷設計画に対する政府の反対意見も取り下げた。ロシア問題のアナリストたちは、大統領は敵の軍門に下ったのではないかとすら思いはじめた。ロシアの石油産業は新興財閥に支配され、その市場をコントロールするのはユコス社であろう。みなそう思った。

しかしプーチンは狡猾《こうかつ》であった。退却したかのような振舞いは、したたかに計算された上でのものだった。彼は一撃でホドルコフスキーを仕留める機会を狙っていた。その上でプーチンのお気に入り企業ロスネフチ社にロシアの石油を支配させる術《すべ》を考えていた。プーチンは慎重に事を運んでいただけであった。

一九九〇年代に何が起きたかはすでに説明した。その頃のやり口をほじくり出せば誰でも爆弾を抱えていることがわかる。プーチンはその時代のビジネスの記録を徹底的に調べさせていた。プーチンが動いたのは二〇〇三年七月のことであった。モスクワ警察がプラトン・レベデフを逮捕したのである。

レベデフはメナテップ銀行の役員であり大株主であり、ユコス社の経営陣の一人でもあった。警察は検事総長の令状を持って、入院先の病院から容赦なくレベデフを連行し拘束した。罪状は国家財産横領であった。後に脱税、背任などの罪状も加わった。この三カ月後、警察はホドルコフスキーを逮捕した。彼の乗っていた自家用ジェット機をＦＳＢが急襲した。罪状は脱税、横領、詐欺、文書偽造であった。

ロシア政府は二人の財産を凍結した。二人が持つユコス株も含まれる。これで二人が持ち株をシエヴロン石油などに売却することができなくなった。ユコス社は、二人の大株主とホワイトナイト〔訳注：友好的に買収や合併を仕掛ける会社。買収対象よりも大きな会社のことが多い〕を失い、その将来は風前の灯火となった。皮肉と言えば皮肉だが、この頃のロシア政府は、経営における遵法精神と透明性の強化を訴えていた。言うまでもないことだが、ロシア政府がこの目的だけを果たすためならスケープゴートとなる会社はほかにいくらでもあった。しかしプーチンはユコス社に的を絞っていた。

プーチンの狙いは、ユコス社とシブネフチ社の合併を阻止し、ホドルコフスキーを追い落とすことであった。その上で、天然資源エネルギー産業民営化の方針を見直すことであった。もちろんそのやり方はかつての国有企業に戻すというものではない。

二〇〇三年七月時点でユコス社の納税については税務当局が承認していた。それでもこの年の十二月、同社に対する厳しい監査を実施した。ホドルコフスキー逮捕から二カ月後のことである。税務当局はユコス社を陥れる理屈を作った。同社の子会社の過去の利益をユコス社の利益に合算した。新しい基準で計算した未納税額は三百億ドルにのぼった（二〇〇〇年から二〇〇三年までの累計未納額）。税務当局は、まず二〇〇〇年度末納分の支払いを求めた。わずか二日以内での支払い要求だった。もちろんそんなことはできるはずもなかった。

このような場合、まず処分しやすい資産から手をつけるのが税務当局のやり方だった。しかしユコス社の場合は違った。初めから会社資産の心臓部に狙いをつけた。二〇〇四年六月、ユコス社最大の子会社ＹＮＧ（ユガンスクネフチガス）を差し押さえた。同社はユコス社の石油生産の六〇パーセントを担っていた。税務当局はこの会社を競売にかけたのである。当時、ＹＮＧの価値は百五十億ドルから二百二十億ドルと見込まれていた。しかし、この年十二月に行なわれた競売直前にロシア法務省が提示した価格は百四億ドルであった。政府はこの数字をさらに下げることになる新税を導入した。

ユコス社は裁判に訴えた。欧州人権裁判所にも提訴し、アメリカでも破産申請手続きをとった。競売を妨害するためである。しかし競売の執行は止められなかった。ロシア裁判所は競売に同業のガスプロム社や銀行の参加を禁じた（ガスプロム社については後述）。

結局、競り落としたのはバイカル・ファイナンスグループであった。九十三億五千万ドルという破格の安値でＹＮＧを手中にした。同社はこの資金をロスネフチ社から調達していた。バイカル・ファイナンスグループ社は純資産「三百ドル」の会社であった。「三百ドル」の数字には驚くかもしれないがこれは誤植ではない。この競りが終わった三日後にロスネフチ社がバイカル社を買収した。

ＹＮＧ社資産を吸収したロスネフチ社の石油生産量は一挙に三倍となった。ロシア国内生産の一五パーセントを占めることになった。同社の原油埋蔵量はおよそ五倍となり、ロシア第三位の石油会社に躍り出た。

ユコス社・シブネフチ社の合併案件も御破算になった。ユコス社は企業の存続自体も危うくなった。二〇〇七年、ロスネフチ社はユコス社の対政府負債を肩代わりした。それによって最大の債権者となった。

しばらくしてユコス社は清算されることになった。ロシア裁判所が同社の再建計画を認めなかったのである。ユコス社の残余資産をバーゲン価格で取得したのはロスネフチ社であった。実際の市場価値の三分の一で手に入れたのである。

ホドルコフスキーとレベデフの裁判は「見世物裁判」だった。地区裁判所は検察の主張をすべて額面どおり受け入れた。裁判手続きも強引だった。裁判官が検察官のような質問を証人に浴びせ、二人の被告は無実を訴える証拠の提出もできなかった。被告側から出される動議や要望事項はことごとく却下され、両被告の弁護士接見も制限された。

二〇〇五年五月、両被告に九年の実刑判決が下された。二人はモスクワ市裁判所に控訴し減刑を勝ち取ったが刑期がわずかに一年短縮しただけであった。

二人は刑期の半分を終えた時点で恩赦を受ける権利を得た。プーチンは二人に恩赦を受けさせたくはなかった。特にホドルコフスキーについては二度と実業や政治の世界に戻らせてはならなかった。二人はあらたな罪状（横領、マネーロンダリング）で訴追された。この裁判の判決は二〇〇九年に下った。どちらも有罪となり刑期を終えるのは二〇一六年となった。裁判長の法務秘書を務めたナタリア・ヴァシリエヴァは、裁判長には圧力がかかっていたと述べたが、誰一人として彼女にその圧力がどこからのものかを尋ねなかった。それでも二人は刑期終了を待たずに釈放された（ホドルコフスキーは二〇一三年十二月、レベデフは二〇一四年一月）。

ホドルコフスキー事件でのプーチンの成果は素晴らしいものであった。一撃で政敵を排除し、返す刀でロシア天然資源を新興財閥から取り戻した。こうすることが国民の利益になるとプーチンは信じていたからである。この過程で関与した会社の株をプーチンは大量に保有しているはずであるが、彼の保有額は誰にもわからない。彼自身は株の保有を否定している。しかし、ダミーの人物や企業を通じて大量の株式を保有していることは間違いない。彼の資産は七百億ドル（約八兆四千億円）とする試算もある。検証できないこの数字が事実なら、彼は世界一の富豪ということになる。

プーチンはここまでの作業を（少なくとも形式上は）法のルールに従って行なった。国民の反感を買うこともなかった。国民は、新興財閥が泥棒のようなものだと感じていただけに、プーチンを支持した。国民のユダヤ人嫌いも一役買っていた。

これからも国民の支持を維持するためにはプーチンは何でもやるに違いない。他者がどんな評価を彼に下そうがどうでもよいことである。ホドルコフスキーとレベデフに対する見せしめ裁判を西側諸国は批判したが気にも留めていない。国際人権監視団体アムネスティ・インターナショナルなどのＮＧＯ団体が、ホドルコフスキーとレベデフは「良心の囚人」〔訳注：政治犯を含む思想犯〕だとしてプーチン政権を批判したが、一顧だにしない。欧州評議会議員会議（ＰＡＣＥ）の人権部門も、二人の裁判は違法な法手続きによるものだと批判した。二〇〇七年には、欧州人権裁判所がレベデフの拘束は不当であり、レベデフにもその弁護人にも聞き取り調査をすることなく裁判が進められたと指摘した。プーチンにとってはそんなことはどうでもよかった。

死屍累々

ホドルコフスキーは確かにプーチンのナンバーワンの敵であったが、ほかにも警戒すべき人物は多かった。

二〇〇六年、ユコス社の副社長であったヴァシリー・アレクサーニャンが逮捕された。罪状はお決まりの脱税とマネーロンダリングであった。彼は、プーチンがユコス解体作業を進めた時期の同社の最高責任者だった。彼に対しては繰り返し嫌がらせや脅迫が続いていた。彼はエイズに感染していたが収監中の医療行為は認められなかった。検察は医療行為を認める代わりにホドルコフスキーとレベデフに対する不利な証言をするよう取引を持ちかけたが、アレクサーニャンはそれを拒否した。

二〇〇九年、彼は保釈金を積み釈放されたが、しばらくしてエイズによる悪性リンパ腫で死亡した（二〇一一年）。

シブネフチ社の共同所有者であったボリス・ベレゾフスキーにも異変があった。かつてのパートナーであったロマン・アブラモヴィッチのシブネフチ社買収時にはブレーンを務めた。彼もプーチンの敵であった。

ベレゾフスキーはＯＲＴテレビ局をはじめとしたメディアを支配していた。ロシア最大の航空会社アエロフロート社の株も所有していた。彼はエリツィンの身内とも言えるほど政権内部に食い込み、ドゥーマの議員でもあった。彼は、誰も知らなかったプーチンを、国民誰もが知る政治家に変身させるのに一役買っていた。彼の支配下にあるテレビ局にプーチンを繰り返し登場させたのである。

しかしプーチンが大統領になるとその関係は悪化した。ORTテレビ局を使ってクレムリン批判を始めた。メディアによる攻撃だけではなかった。ドゥーマの議場でもプーチン批判を繰り広げた。プーチンが進める憲法改正を非難し、自らが反プーチンの先頭に立つとまで述べた。

プーチンはベレゾフスキーがユダヤ人であることを利用した。ベレゾフスキーはイスラエルのパスポートを所有していた。法律では、ロシア公務員が他国の国籍を取得することは禁じられていた。検察はアエロフロートについての調査も再開した〔訳注：具体的にはどのような捜査であったか不明〕。検察は事情聴取に出頭を求めた。ベレゾフスキーはそれが何を意味しているかすぐに勘づいた。このとき彼は幸いにも海外にいた。そのままロンドンに向かいイギリスに亡命した。

ロシア政府は彼の資産を没収し欠席裁判にかけた。判決は横領罪・詐欺罪容疑とも有罪であった。プーチンはイギリスに対して身柄の引き渡しを求めたがイギリスはそれを拒否し、ベレゾフスキーを恒久的に政治亡命者として扱うことを決めた。

しかし、二〇一三年三月、彼は死体で発見された。バークシャー（ロンドン西方の州）の自宅で死刑執行人が使うようなロープが首に巻かれていた。争った形跡がなく自殺のようであったが暗殺の疑いは消えていない。

誰もが気づいたプーチンの思惑

ベレゾフスキーの死に驚く者は少なかった。ウラジーミル・プーチンの敵は収監されるか、亡命するか、そうでなければ殺された。

プーチンが大統領に就任して以来、およそ二十人のジャーナリストが殺害されている。ジャーナリスト保護委員会〔訳注：ジャーナリストの権利を保護するために設立されたNGO団体。本部はニューヨークにある〕によれば、これらの殺害事件のうち解決されたものはわずか二件にすぎない。ジャーナリストのユーリ・シェコチーヒン、ポール・フレブニコフ、アンナ・ポリトコフスカヤが殺害された事件はよく知られている。

シェコチーヒンが死亡したのは二〇〇三年七月である。病死と発表されたが病名は不明のままだ。シェコチーヒンはアメリカに旅立つ数日前に死んだ。彼はアメリカでFBIの捜査官と会う予定になっていた。彼の医療カルテはロシア当局によって非公開とされている。ただ彼の身体には、FSBが暗殺に使う毒殺用放射性物質を服用したときに出る症状が見えていた。

二〇〇四年七月にはポール・フレブニコフが射殺された。彼はアメリカの雑誌『フォーブス』誌ロシア版編集長だった。捜査当局は犯人はチェチェン人だと発表した。ロシアではチェチェン人は嫌われ、都合よく犯人に仕立て上げられる。容疑者として検挙されたチェチェン人は結局、非公開の陪審裁判で無罪放免となった後に国外に逃がれた。

アンナ・ポリトコフスカヤは『ノーヴァヤ・ガゼータ』誌の記者であった。彼女は、二〇〇六年十月、モスクワ中心部にあるアパートのエレベーター内で射殺された。彼女はプーチンに批判的であったことで知られていた。特にプーチンの対チェチェン政策に批判的だった。チェチェンの現場からの報道で一躍世に知られるジャーナリストとなった。彼女はロシア国内のアパート爆破テロ事件も追っていた。テロ事件が第二次チェチェン紛争の引き金を引いただけに、彼女がそこに興味を持ったのも当然だった。

彼女は毒殺されそうになったこともあった（二〇〇四年）。彼女の死の直前には、アレクサンドル・リトヴィネンコが、ただちに国外に出るよう警告していた。リトヴィネンコは元ＦＳＢ職員であり亡命先のイギリスからプーチン政権を批判していた人物である。リトヴィネンコは、プーチンがアンナ・ポリトコフスカヤ暗殺を直接指示したと語っていた。「あの女がアパート爆破事件の調査をやめないなら殺すしかない」とプーチン自身が語ったと述べていたのである。

アンナ・ポリトコフスカヤ暗殺の犯人はいったい誰なのか。疑われたのはもちろんプーチンやその指令を受けた者たちだけではない。チェチェンにおいてもポリトコフスカヤを嫌う者がいた。彼女はカディロフ大統領やその周辺の関係者が誘拐や殺人に関わっている証拠を集めていた。ＦＳＢも疑われていた。

二〇〇九年には容疑者三人が起訴されたがいずれも無罪となった。二〇一四年には、二人のプロの殺し屋と三人の共犯者（いずれもチェチェン人）が有罪となったが、その身元は明らかにされていない。

ポリトコフスカヤに警告を発したリトヴィネンコは、彼女が暗殺された三週間後にロンドンのホテルで二人のロシア人と会った。そのとき口にした紅茶にポロニウム210が仕込まれていた。ポロニウム210は無色無臭で、放射性物質でありながらその感知器にかからない。体内に入ったことを確認することさえ難しい毒物である。リトヴィネンコはティーを飲んだ三週間後に死んだ。科学者がリトヴィネンコの体内にこの物質を見つけたのは彼の死の数時間前のことだった。

リトヴィネンコはフィットネスに凝り身体を鍛えていた。医師たちは、彼が三週間も生きながらえたのはたまたま健康だったからだと語った。もし彼がもっと早く死に、死体が処理されていれば、死因は永久にわからなかった。

同じような運命をたどった反プーチン派の人物はほかにもいた。

メディア王であったウラジーミル・グシンスキーはチェチェン爆撃に対して批判的だった。傘下のNTVを使ってプーチンを攻撃した。一九九九年のドゥーマの選挙では統一ロシアの対立候補を支援した。二〇〇〇年の大統領選挙直前には、きわめて反プーチン色の強い番組を放映した。この年に彼は詐欺罪で逮捕された。彼は保釈金を納め釈放されると、そのままスペインに逃れ亡命した。

バドリ・パタルカツィシビリは、ベレゾフスキーのビジネスパートナーで新興財閥の一人だった。彼もプーチン支持だったが立場を変えた。プーチンが大統領選挙に勝利するとイギリスに亡命した。二〇〇七年十二月、ロンドンの『サンデー・タイムズ』紙に対して、自身が暗殺のターゲットになっていると語った一カ月後、「心臓麻痺《まひ》」で自宅で亡くなった。

アレキサンドル・ペレピリチヌイも富裕な実業家であった。彼はロシアにおける犯罪シンジケート団に関わる情報をスイス当局へ提供した直後イギリスに亡命した。彼はウェイブリッジにある自宅近くをジョギングしている際に昏倒し死亡した〔訳注：二〇一二年十一月〕。パリから帰ったばかりであった。毒物反応の検査もなされ四十四歳の遺体からは何も見つかっていないが、毒殺が疑われている。

生き残った男たちの栄華

プーチンとの戦いに敗れた男たちがいる一方で、勝利者の側についた者もいる。彼らを理解することがプーチン理解にもつながる。確かに新興財閥の多くが惨めな末路を迎えた。それでもしぶとく生き残り新生ロシアのなかで栄華を極めることのできた者もまたいる。

そうした人物の筆頭はアリシェル・ウスマノフであろう。彼のような男こそがプーチンが望む人材である。ロシアの無尽蔵とも思われる天然資源をてこに、ロシアの近代化を実現してくれそうな人物である。ウスマノフはロシア人ではなく、ウズベク人である。

しかし、イスラム教を嫌い、ウズベキスタンでは収監された過去もあった（彼に対する訴訟は後に却下されている）。こうしたハンデがありながら彼は最も富裕な新興財閥に登りつめた。彼の資産は百八十億ドルを上回るのではないかと言われている。彼がその財産を形成したのは鉄鋼事業、電気通信事業および新聞メディア事業の成功からであった。彼は英国プロサッカーチーム、アーセナルＦＣのオーナーの一人であり、フェイスブックの事業を早い段階から支援した。アップルのフェイスブック投資案件で手にしたアップル株（一億ドル相当）で相当な利益を得た。

ミハイル・フリードマンも生き残った新興財閥である。彼はユダヤ人であり、ロシア国内やヨーロッパ各地のユダヤ人組織に関わっているが、プーチンとはうまくやっている。プーチンは出身民族にこだわりをみせない。フリードマンはロシアに貢献する活動にも熱心だ。ロシア企業家連盟やロシア・コーポレート・ガバナンス評議会の役員を務めている。作家育成を目的とした「ビッグブック」賞を主宰したり、民族文学支援センターの役員も務めている。ロシア国内の文化活動を活発化させ、ヒューマニズムやロシア文化についての理解を深めさせる活動である。『フォーブス』誌はフリードマンの資産を百七十六億ドルと推定している。彼はロシア第二位の富豪である（噂されるプーチンの資産〔後述〕を含めれば第三位となる）。

ロマン・アブラモヴィッチの成功も特筆すべきものがある。彼はかつては追放されたベレゾフスキーのシブネフチ社のパートナーだった。彼の資産も百億ドルを超える。しかもプーチンの寵愛を失っていない。彼はベレゾフスキーのような政治的発言（プーチン批判）を好まず、統一ロシアに献金した。また、基幹産業（石油、軽金属）への投資も続けてきた。彼も賄賂やみかじめ料をたっぷり払っていたことがはっきりしているが、プーチンの側に立つ限りそんなことはどうでもよいことだった。

米国系メディアが描くプーチンは極悪人である。しかしそのようなプーチン像をそのまま信じては危険である。彼が非情な政治家であることは事実であるが、そうならざるを得ないところもある。プーチンはスターリンとはまったく違う。スターリンの周りは敵ばかりだった。プーチンは合理主義者であり、権力や財力のある者の協力を得ることの重要性をわかっている。自らのビジョン実現のためであれば、選り好みはしない。プーチン流のルールにそって行動する限り誰でもよい。プーチンは女嫌いの同性愛者で反ユダヤであると非難する者があるが、そうした証拠は見つかっていない。ただ世論の同性愛者への反感を政治目的に使うことはあった。

プーチンのモットーは、次のように表現できる。

「俺と一緒にやろう。そうすれば邪魔はしない。反対すれば必ず潰す」

プーチンはロシアを指導する者は一人でよいと考えている。その指導者は自分自身であり、新興財閥は彼について来ればよい。それが嫌なら、プーチン批判を続けたジャーナリストや政治家と同様に消えるだけである。

プーチンにとって新興財閥をコントロールすることはそれほど難しい作業ではなかった。彼らは国民に好かれていなかった。彼らの富は危ない橋を渡った結果の産物だった。多くの国民は失墜した新興財閥を見て、なるべくしてなった、と感じたのである。生き残った新興財閥の財産もきれいなものではない。しかし、プーチンは彼らの過去を暴くことに関心はない。大統領は善悪の判断をする立場にはない。

プーチンはホドルコフスキーなどの新興財閥に対する激しい復讐心を見せた。その結果、ロシアにおける私有財産制度が脅かされた。権力者が、「取ると決めたら取る」。そういう国に変わった。プーチン流の国家になったのである。

新興財閥のメンタリティーは、富を得たい、それだけだった。だがプーチンは違う。彼にはロシアの将来についてのはっきりとしたグランドデザインがある。新興財閥は、プーチンをボスと仰ぎ、彼のやり方に逆らわない限り共存できるのである。

プーチンのグランドデザイン

プーチンの新興財閥に対する態度は、ロシアの将来設計（グランドデザイン）と深く関係している。彼のグランドデザインには十の原則がある。次章からはこうした原則を念頭にしたうえでプーチンの狙いを明らかにしていきたい。


【原則1】ロシアは外国からの攻撃や嫌がらせに屈しない強国でなくてはならない。

【原則2】ロシアを脅かす力を持っているのはアメリカである。

【原則3】ロシアの周辺国はロシアの安全のためのバッファーとして機能させる。したがって、そうした国がアメリカと連携することは許さない。

【原則4】ロシアの安全保障のためにも、国民は豊かにならなくてはならない（そのことが自身の政治的安定を確保することになる）。

【原則5】ロシアの繁栄は天然資源とりわけエネルギー資源に依存する。

【原則6】資源から得られる収入が軍事予算を担保するが、それだけではなく、資源輸入国をロシアに依存する国に変えられる。そうすることで、ロシアの国際政治の動きに追従させることができる（ロシアに遠慮した行動をとらせる）。特に、ロシアと国境を接する国あるいは近い国がそうなることが望ましい。

【原則７】ロシアの資源エネルギー関連産業（石油精製、石油化工あるいは運輸）における圧倒的な力が、ロシアに依存せざる得ない国を作る。依存国からロシアの必要とする技術サービスを確保できる。またそうした国の石油、天然ガスあるいはウラン供給もコントロール下に置ける。

【原則８】ロシアの資源エネルギー開発には資金と技術が必要である。したがって海外からの投資は歓迎する。しかしエネルギー産業は安全保障問題そのものであり、ロシア政府の全面的監督下に置かなければならない。

【原則９】エネルギー資源輸出国の立場からすれば、ロシア国外におけるエネルギー事情の混乱はロシアに有利となる。とりわけ、中東における騒乱は有利であり利用すべきだ。

【原則10】アメリカの弱体化はロシアの安全保障を高める。アメリカドルが世界の準備通貨になっている現状を変更できれば、アメリカに打撃を与えることができる。したがって、アメリカドルの強さのベースとなっている「ペトロダラーシステム」（後述）に風穴を開けることが重要となる。

この原則に沿ったプーチンの戦略は成果を見せはじめている。プーチンには知力があり、強い意志と非情さもある。多くのロシア人から見れば、プーチンの無慈悲なまでの冷酷さは欠点ではなく「徳」である。西側メディアは彼を血塗られた独裁者として描こうとする。しかしロシア国民にとっては、かつてのロシアの栄光を取り戻し、経済再建を果たした指導者である。忘れてしまいたいような悲惨な過去からの救世主だ。新しいロシアの建設のためにいくばくかの人間の人権を蹂躙《じゅうりん》することや新興財閥を取捨選択することも必要だ。それはロシア再興の代償なのだ。そうロシア国民は考えている。

次章からはここに列挙した原則がどのように現実のプーチンの政策に反映されているかを明らかにする。

第3章 グレートゲームと新冷戦

「グレートゲーム」という用語を初めて使ったのはラドヤード・キップリング〔訳注：一八六五―一九三六年、インド生まれのイギリス人小説家。代表作は『ジャングルブック』〕である。彼が小説『少年キム』（一九〇一年）のなかでこの言葉を使った。この用語は、中央アジアの覇権をめぐる英露の百年抗争を指している。中央アジアの覇権は他の地域の政治に大きな影響を持つ。英露両国がそう判断した結果の抗争がグレートゲームであった。英露の攻防は終わったように見えるが、中央アジアの覇権を競うこのゲームは形を変えて今も続いている。ソビエト連邦時代もこの地域での争いは続いた。そして今現在も「超冷戦」としてその戦いは続いている。

かつては英露の対立であったが現在は米露の戦いである。地政学的に見たヨーロッパから中東へそして中央アジアへとつながるアーチ状の地域はロシアにとってきわめて重要である。それは今も昔も変わらない。

かつてアメリカは大洋覇権の構築に忙しかった。イギリスは世界覇権の維持に汲々とした。イギリスの世界覇権のベースになっている貨幣英ポンドの準備貨幣としての地位の維持に腐心した。

国際貿易を牛耳ることで莫大な富を得られる。それ以上に世界の準備貨幣の立場を持てばそれ以上の富が期待できる。貿易と貨幣を支配した国がイギリスであった。しかし先の大戦によってイギリスの立場はアメリカに取って代わられた。それが今の姿である。

イギリスの世界貿易と貨幣の支配はいつでも綱渡りのように危ういものだった。なぜあのような小国が世界を制覇できたのか。今となっては信じられないくらいである。軍事的に覇権を握ること以上に難しいのはその立場をいかに維持するかであった。イギリスの支配下にある国々の不満を抑え続けなければならなかった。

インドは「大英帝国の宝石」と呼ばれた。十九世紀イギリスのアジア政策はインド大陸の支配を強固にし、そこを基盤にさらなる拡大を図ることであった。この政策の障害になったのがロシアだった。

ロシアも数世紀にわたる拡張を続けていた。ピョートル大帝がロシア皇帝となったのが一七二一年だったがそれ以前からも広がりの兆しはあった。十七、十八世紀に入ると、南方そして東方に勢力圏を伸ばした。十九世紀には現在のカザフスタン、キルギス、タジキスタン、トルクメニスタン、ウズベキスタンを勢力下に置いた。

イギリスはロシアが「宝石」（インド）を奪いに来ることを恐れた。その恐れから（インドへの入口となる）チベットやアフガニスタンに（予防的に）侵攻した。ロシアの南進を抑える緩衝国を作りたかったのである。

これが（キップリングの語った）グレートゲームの本質だった。一般的にグレートゲームは領土問題と関連して理解されている。しかし同時に貨幣の戦いも進行していた。そして二十世紀になるとエネルギー資源の覇権争いもこのゲームの重要なファクターとなった。

資源エネルギーを語るときには天然ガスもウランも含まれるが、最も重要なのは石油である。石油の支配が世界の富の象徴となった。石油は経済を動かすエンジンとなり、政治をも動かすファクターとなった。

石油は、高価な鯨油〔訳注：匂いの少ない灯火用として重宝された〕に代わる油として登場した。現在では言わずもがなであるが交通機関の燃料であり、電気エネルギー源であり、有機化学製品の原料でもある。製造や輸送の過程で石油の恩恵を受けないものはない。クレヨン、心臓用の人工弁、強心剤、殺虫剤、おもちゃの飛行機、本物の飛行機。とにかくあらゆるものの製造が石油に依存している。

石油のもたらす価値は目に見えるものだけではない。実は金融システムの根幹をもなしているのだ。つまり、石油をコントロールする者が貨幣を支配する。これが新グレートゲームを理解する重要な視点である。

プーチンはこのことを理解してグレートゲームを戦っている。つまり石油とリンクしたドル支配体制に挑戦しているのである。

最初の一滴

そのことに触れる前に少し歴史をおさらいしておきたい。

石油そのものの存在は古くから知られていた。古代人は地表に染み出る石油を利用した。ヘロドトス〔訳注：紀元前五世紀のギリシャの歴史家〕の記述によれば、バビロンの塔の建設にアスファルトが使われている。今から四千年以上前のことである。また、ペルシャの上流階級は石油を薬としてあるいは灯油として使っていたらしい。

古代支那帝国では石油やガスを採掘していたらしい。いつ頃石油の使用が始まったかは定かではないが、紀元前四世紀頃、四川《しせん》地方で採掘が行なわれ、短い距離であるが竹製の天然ガスを送るパイプが発見されている。紀元前一世紀頃には八〇〇フィート（二四〇メートル）程度の深さまでの採掘がなされた形跡がある。

十六世紀末頃には、手掘りで一〇〇フィート（三〇メートル）以上掘った油井がバクー近郊にいくつもあった。バクーは現在のアゼルバイジャンにある。現代的石油採掘はこのバクーで始まった（一八四六年）。当時のバクーはロシア帝国内の辺鄙《へんぴ》な町にすぎなかった。カフカス山脈のふもとにあたり、カスピ海の西の端に位置した。ここで初めて近代的な機械による掘削が行なわれたのである。

この十三年後にアメリカのタイタスヴィル（ペンシルベニア州）の町で掘削がなされた。エドウィン・ドレークはこの町で初めて石油だけを目的にした掘削に成功し、商業的に軌道に乗せた。彼の油井の深さは七〇フィート。日の生産量は二五バーレル〔訳注：およそ一二〇リットル〕であった。この油井は二年で涸れたが石油ブームを生んだ。ペンシルベニア州内だけでなくアメリカ各地で、そして世界中で油田探しが始まった。

ドレークの油田が見つかった当時、石油は灯油としてあるいは潤滑油として使用されるだけであった。灯油生産の副産物としてガソリンがあった。しかし、揮発性が高いこの液体は扱いづらく危険だった。ガソリンを灯油として使用する試みはあったが悲惨な結果を生んだ。この状況が劇的に変わったのは一八七六年のことだった。四気筒の内燃機関が発明されたのである。この発明で厄介ものだったガソリンは一躍石油精製品の稼ぎ頭に躍り出た。ガソリンが軍事用燃料に使われるようにもなった。石油燃料のない軍隊は動けないアヒルとなった。ロシアが石油の重要性に気づくのは早かった。十九世紀末にはバクー油田は世界でも有数の生産性を誇った。一八七五年から九五年にかけて生産量は二百倍に激増した。

ロシア帝国政府は外国資本の参入を歓迎した。その結果バクーの人口増加率はロンドン、パリそしてニューヨークまでも上回るほどだった。原油があると見込まれる土地は一八七二年からオークションにかけられたが、バイヤーのほとんどがヨーロッパの投資家であった。石油採掘レースがここから始まったのである。二十世紀になるとバクー一帯からの石油生産量は世界生産の半分を占めるほどになった。ロスチャイルド家もバクー油田で財を増やした。ノーベル兄弟（ルドヴィグとロベルト）もここで財を成した。二人に資金提供したのはダイナマイトの発明で富を築いたアルフレッド・ノーベルだった。

新たな油田も次々に発見された。カスピ海のバクー対岸に位置するチェレケン半島（現トルクメニスタン）、黒海の北西部、極地周辺、サハリン（樺太）。こうした場所での発見が相次いだ。

二十世紀初頭にはアメリカの生産がバクー油田を上回ったが、バクーの繁栄ぶりに変わりはなかった。第一次世界大戦が終わる頃のバクーの生産量は世界生産の一五パーセントを占めた。第二次世界大戦でヒトラーが狙ったのはこの地域であった。ヒトラーのドイツ国防軍がロシアの二つの黒い宝石（カフカスの石油、ウクライナの穀倉地帯）を手中にすれば、ドイツ第三帝国は無敵になるはずであった。ヒトラーが大きな賭けを打ってソビエトに侵攻したのはそのためであった。

パイオニア

ドレークの後、石油の持つ真の価値を理解した者は少なかったが、その一人にジョン・D・ロックフェラーがいた。彼はパートナーを募ってクリーブランドで石油精製事業を開始した（一八六三年）。この七年後にスタンダード石油（オハイオ）を設立した。ロックフェラー、三十一歳のときである。事業の垂直統合化を推し進め、産出、精製、販売までを一貫した事業として展開した。買収、合併を繰り返し寡占体制を構築し、石油製品の販売で独占的立場を築いたのである。

垂直統合によってコストを下げ競合会社を駆逐した。スタンダード石油はアメリカで最も早く国際化した企業の一つになった。最盛期にはアメリカの石油生産の九〇パーセントを扱うまでに成長した。

しかし、アメリカ最高裁判所はその市場独占を不法と見なし分割を命じた（一九一一年）。その結果、スタンダード石油は三十三の会社に分割された。この時点でのロックフェラーの財産は現在価値にして三兆四千億ドルに上った。地球上で最も裕福な男であった。（余談であるが、地球の歴史上最も富を持った男はマンサ・ムーサ一世であったろう。彼はマリ帝国の王〔訳注：現在の西アフリカのマリ共和国にあった国。マンサ・ムーサは第十代国王、在位一三一二―一三三七年〕であり、金と塩の生産を支配した。彼の富は現在価値で四兆ドルと試算されている。もちろんチンギス・カンの富はそれを上回るかもしれないが数字にすることは難しい）

巨大化

ロックフェラーの石油精製所建設から四半世紀が経った頃には、石油ビジネスはまさに「ビッグビジネス」となった。それでも、大型油田でさえ産出量が一日五〇バーレル程度であったから、石油が世界を変貌させるまでの力を持ったとは言えなかった。

一八九〇年代初め、投機家とアマチュア地質学者のコンビがテキサス州ボーモント近くに原油が埋蔵されていると信じ、試掘を始めた。一八九九年まで数度試みたが失敗した。そこで彼らは、あらたにスピンドルトップ地区に鉱区を買い、鉱山技師のアンディー・ルーカスに試掘を託した。ルーカスはダルマチア（クロアチアの沿岸部）からやってきた移民であった。資金を出した者のなかにはメロン兄弟（アンドリューとリチャード）の名もあった。二人の父はピッツバーグの大銀行の創設者だった。

ルーカスは粘り強い男であった。その男が幸運を引き寄せた。一九〇一年十月十日、試掘のドリルが、原油の海を覆っていた岩盤（岩塩ドーム層）をくり抜いたのである。原油の海に強い圧力がかかっていた。くり抜かれた穴から原油が勢いよく噴出した。このときの驚きをルーカスは次のように書いている。

「難しい作業の連続だったが、我々は海洋生物の殻を含む岩層を見つけた。深さ一一六〇フィート（三五〇メートル）の地点だった。その岩層に向けて掘削を進めた。その穴には四インチ（一〇センチメートル）径のパイプを挿入していった。パイプの長さが六〇〇フィート、重さ六トンになったとき、掘削ドリルが岩盤をくり抜いた」

「噴き出す原油は挿入されていたパイプまでを持ち上げながら噴出した。その力でパイプは空高く舞った。油井やぐらの上空三〇〇フィートまで『打ち上げられた』のである。やぐらも崩壊しその重量がなくなったことで、飛ばされていなかった四インチパイプも空中に舞った。パイプの周囲には掘削でできた土砂を排除するために水が流されていたが、その水も噴き出した。そのあとから、ガスや岩石の破砕片が混じった原油が続き、最後に原油だけが湧き出してきた。初めは毎時二五〇バーレルの湧出量であったが、しだいに五〇〇バーレル、一〇〇〇バーレルと増えていった。三日目には原油に混ざり物もまったくなくなりガスの量も減った。スタンダード石油からやってきた技術者が湧出量を計測すると毎時三〇〇〇樽（四二ガロン／樽）であった。この数字は日量七万五〇〇〇バーレルに相当する」[*1]

噴き出す原油を封じ込める作業は困難をきわめた。これほどの量が噴出する油井を誰も見たことがなかった。九日間の格闘の末ようやく制御できる状態にできた。スピンドルトップ油田の発見はアメリカに巨大石油産業時代が到来したことを告げるものだった。

ボーモントの町にブームが訪れた。「ブラックゴールド」のブームタウンに変身し、人口はわずか三カ月で三倍となった。石油関係者、投資家、小売商、詐欺師。ありとあらゆる類《たぐい》の人間が集まってきた。一年で、二百八十五の油井やぐらが立ち、五百社以上の石油や土地売買に関わる会社ができた。雨後の筍《たけのこ》のようにあった石油会社はしだいに収斂《しゅうれん》されていった。こうした会社のなかから、後のエクソン、テキサコ、モービルなどが生まれた。

最終的に世界の石油産業は七つの巨大企業（セブンシスターズ）に支配されることになった。このうちの三社はロックフェラーのスタンダード石油から分離した会社だった。

スタンダード石油カリフォルニア（シェヴロン）、スタンダード石油ニュージャージー（エッソ）、スタンダード石油ニューヨーク（モービル石油）の三社である（現在エッソとモービルは合併しエクソン・モービル石油となった）。他の四社は英国ペルシャ石油（現ＢＰ）、ガルフ石油（シェヴロンに合流）、ロイヤルダッチシェル、テキサコ（シェヴロンに合流）である。セブンシスターズはどれも上場会社であった。この七社が世界の石油をほぼ独占する時期もあった。

第二次世界大戦後は事情が違ってきた。外国資本が油田を所有することを嫌う国が増え、国有化が進んだのである。完全国有の会社もあれば株の一部が公開されている会社もある。そのなかでも以下の会社が有力である。

サウジアラムコ

イラクナショナル石油

ナショナルイラン石油

CNPC（中国石油集団）

ベネズエラ石油

ブラジル石油

ロスネフチ

こうした政府系石油会社は、国際的に知られている民間石油会社を軽く凌駕するモンスターに成長した。世界最大の民間石油会社六社の石油生産量を合計しても世界生産量の一六パーセントにしかならない。埋蔵量（原油・天然ガス合計）でも世界シェアはわずか三パーセントを占めるにすぎない。一方、前記七つの政府系石油会社の石油生産量シェアは三〇パーセントであり、埋蔵量では四四パーセントにもなっている。民間企業から政府系企業への明らかなパワーシフトが起こった。その結果アメリカの企業や政府の価格決定力は弱体化した。

石油、戦争そして平和

石油なくして戦争はできない。先の大戦の勝敗はどちらが原油を握っていたかで決まったようなものだった。アメリカが勝利できたのは国内に有り余る石油があり、飛行機も船も、そして戦車も動かすことができたからだった。

ドイツも日本も国内で石油を産しなかった。両国はその供給を外国に頼らざるを得なかった。ヒトラーのソビエト攻撃の理由はロシアの石油が必要だったからだ。ソビエトを攻撃することがどんなに危険であってもそうせざるを得なかった。日本の真珠湾攻撃は、ハワイを奪取することが目的ではなかった。蘭印の石油確保を邪魔する米艦隊を叩いたのである。

戦争が終了すると、アメリカだけがひとり高くそびえる山のような存在になった。有り余る石油があるうえに、その生産基盤が戦争によって破壊されることもなかった。ヨーロッパもアジアも廃墟と化していた。アメリカには数百万単位の兵士が帰還してきたが、アメリカ経済はそれを受け入れてなお大きく成長する準備が整っていた。

アメリカの石油産業の生産はそのあまりに早い経済成長に追いつかなかった。一九四九年には早くも石油輸出国から輸入国となった。米国はその時点から石油供給を外国に頼らざるを得なくなったが、いずれの国も不安定で、必ずしも親米国家ではなかった。そして一九七三年十月に第四次中東戦争が勃発した。この戦いが石油を巡る国際政治に衝撃をもたらした。

戦いそのものはイスラエルと、エジプトとシリアを中心にしたアラブ諸国との短い戦いだった。戦いはアラブ諸国連合軍が、この六年前の六日間戦争でイスラエルが占領した地域へ突然侵攻したことから始まった。アメリカがイスラエルを、ソビエトがアラブ諸国を支援した。イスラエルは初期の劣勢を跳ね返すとシリア内部へ侵攻し、シナイ半島も占領した。三週間後の十月二十五日に停戦協定が結ばれた。その結果イスラエルはアラブ諸国の持っていた領土の一部を獲得した。

この戦争はこの地域の政治に大きな変動を生んだ。アラブ諸国は、最も嫌う国に敗れるという屈辱を再び味わった。イスラエルも大きな犠牲を被り、アラブ諸国に対して軍事的優位にあるという自信を失った。イスラエルはエジプトとの間で単独で和平協定を結びシナイ半島を返還した（一九七八年、キャンプ・デイヴィッド合意）。

アラブ諸国はOAPEC（アラブ石油輸出国機構：OPEC〔石油輸出国機構〕に所属するアラブ諸国にエジプト、シリア、チュニジアを加えた組織）を作ることで反撃に出た。アラブ諸国はイスラエルを西側諸国が支援したことに憤っていた。その恨みをそうした国々への石油の流れを止めることで晴らそうとした。カナダ、日本、オランダ、イギリス、そしてアメリカが石油禁輸の対象国となった。この措置は一九七三年十月から翌年三月まで続いた。禁輸された国々の受けた影響は甚大だった。ガソリンが不足し、割当制になり、ガソリンスタンドには車が長蛇の列をなした。

石油価格も高騰した。一九七三年十月十六日、OPECは一気に七〇パーセントも輸出価格を上げ（高騰前の四半世紀の価格は年率二パーセント程度の上昇率だった）、バーレル当たり五ドル十一セントとした。同時に生産量を五パーセント削減した。OPECは、減産は政治目的が達成されるまで続けるとしていた。価格の激しい上昇ぶりは別表〈図3―1〉を見ればよくわかる。

ガソリンのような生活必需品の供給が厳しくなった場合、消費者がそれに順応するまでには時間がかかるものである。そのため市場価格は過剰反応することが多い。取引価格はバーレル当たり三ドルから十二ドルに急上昇した。この高騰はアメリカを不況に陥れるには十分だった。アメリカは

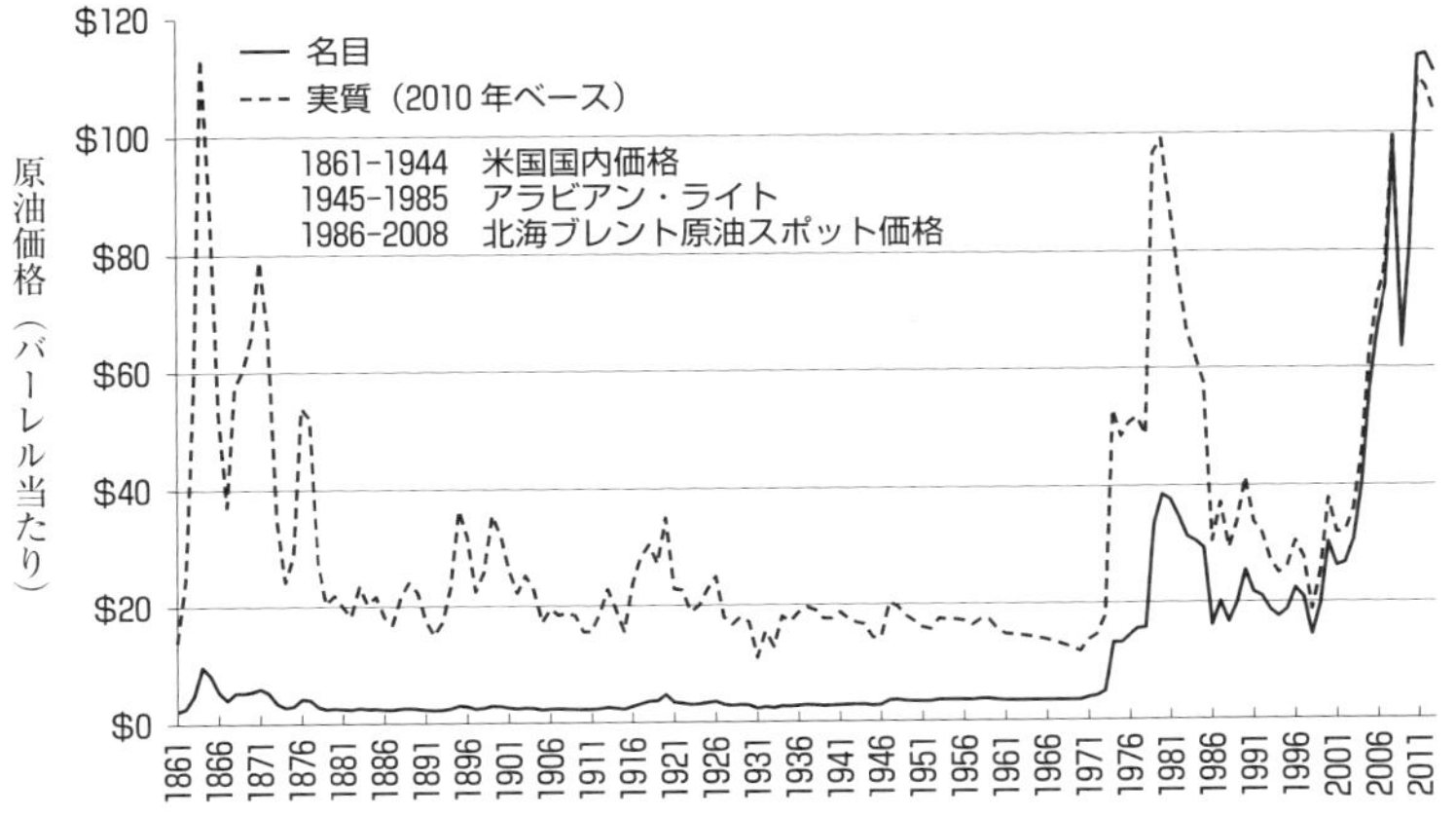

〈図３−１〉名目・実質原価の推移

［出典：米国エネルギー情報局および© ケイシー・リサーチ／2014］

不況でありながら、物価が高騰するスタグフレーションに悩まされることになった。その苦しみは一九八〇年代初めまで続いた。

この頃、ソビエトは冷戦に敗れる気配が濃厚だった。ソビエトはアメリカに敗れたのではなく自滅だった。当時はレーガン政権の時代であった。レーガンの対ソ強硬外交がロシアを弱体化させたという説明は、アメリカにとっては快いが、額面どおり受け取ることはできない。明確な説明は難しい、というのが本当のところである。はっきりしているのは石油問題が大きな要因になっていることだ。ソビエトは自身の持つ膨大な石油資源の取り扱いに失敗したのである。

ソビエトは天然資源に恵まれていた。石油と天然ガスによる大きな収入があった。計画経済の失敗で、ほぼすべての産業が赤字だった。命脈を保てたのは石油や天然ガスがあったからだった。ソビエトは天然資源の収入を国民の最低生活水準を維持することに回した。その結果、設備投資をしなかった。生産を維持するために必要な投資までも蔑《ないがし》ろにした。

油田の維持管理には継続的な投資が不可欠だった。それを惜しんだ結果、生産量が低下した。新しい油田の探査もなされなかった。古い油井に残った原油を新技術を使って取り出すこともできたが、それもしなかった。それでも原油価格の右肩上がりが続く限りは問題は表面化しなかった。

アラブ諸国による禁輸が終了したあともソビエトの生産量は減少した。価格も下がり続けた。石油からの収入は、国民生活に必要な品をまかなうのにも不足した。生産維持の再投資にも使われなかったから生産量は減少の一途だった。この悪循環はおよそ二十年にもわたって続いた。その結果自国の消費量もまかなえないという状況に陥ったのである。ソビエトは、新技術を開発する資金も手段も失った。新技術がなければ、西側諸国のような経済発展は望むべくもなかった。

これこそがソビエトが冷戦に敗れた理由だった。巷間言われているようなレーガンの強気外交の成果ではない。一九八九年、ついにソビエトは崩壊した。冷戦は終焉を迎えた。安価なエネルギー価格。市場への影響力。自由主義社会の当然の副産物である技術発展。アメリカはスーパーパワーの国として勝利した。

貨幣の歴史とドル支配工作

第二次世界大戦の終了で、アメリカだけが荒廃した世界の枠組みを再構築できる立場を得た。アメリカが始めた最初の作業はドルを世界通貨にすることであった。アメリカは石油取引にドルをリンクさせた。このリンクのメカニズムを理解するためには貨幣とは何かについての知識が必要になってくる。

貨幣が発明されたのは紀元前七世紀から前五世紀の間である。世界の三カ所、中国、インドそして地中海東部の地域でほぼ同時にそして独自に発生したと考えられている。使用されたのは金、銀、銅、あるいは青銅のコインであった。基本的には貴金属が使用されたから、価値の保存が可能だった。コインは持ち運びが容易でその価値の計算も簡単だったので交換手段として重宝された。価値を保存しながら交換を容易にする手段。それが貨幣であった。

コインの発明は社会的にも大きなインパクトを持った。物々交換の非効率性を一気に解消した。しかし難点もあった。かさばる上に重かった。またそのコインの性質上所有権が簡単に移った。失くしたり盗まれたりして所有者の手を離れてしまえば、所有権も移った。ヨーロッパでは、この問題を解決するために貸金庫が利用された。頑丈な金庫を持つ業者にコインや金塊、銀塊を預けたのである。

頑丈な金庫を持っていたのは金細工師であった。誰もが金細工師の金庫を利用した。金細工師は預かり証を発行した。引き換えができるのは預けた本人だけであった。お金を預かる金細工師はしだいに銀行の機能を持ちはじめた。金を貸し付ける際には利子をとって預かり証を発行した。借り手はその証書を（裏書きすれば）貨幣として利用することができた〔訳注：この証書は経済史上では「金《きん》匠《しょう》手形」と呼ばれる〕。

当然、金細工師が発行する預かり証の額と保有する金の額は一致していなくてはならない。しかし、しだいに実際に預かっている貴金属の量以上の預かり証を発行するようになる〔訳注：金細工師は経験を通じて、実際に金の引き出しにやってくる者は少なく、発行額のおよそ四分の一程度あれば、引き出しに対応できることを学んだ。したがって少々大目に預かり証を発行しても問題にはならないことに気づいた〕。つまり実際に存在しない金を預かったことにしたのである。これが部分準備銀行制度の原型である。

紙幣は六世紀頃、中国で発明された。マルコ・ポーロはその旅行記のなかでその存在に驚いたと記している。ヨーロッパに紙幣が現われたのは一六六一年のことであった。ヨハン・パルムストルヒが創設したストックホルム銀行による発行が初めてであった〔訳注：この紙幣には偽造を防ぐ工夫がなされ、紙幣所持者には貴金属との兌換が保証されていた〕。銀行による紙幣の発行システムはたちまち各地に広がった。

銀行が独自に印刷した紙幣の価値は、銀行の信用力によって担保された。アメリカでは数千の銀行が独自に紙幣を発行していた時期があった。全国的に流通するものもあれば一部地域だけで流通するものもあった。銀行の発行する紙幣はかつての金匠証券と同様に貴金属との兌換が保証されていたが、銀行が実際に兌換できる量の貴金属を保有しているのかは誰にもわからなかった。

銀行はかつての金細工師と同様に保有貴金属の量以上の紙幣の発行を始めた。したがって、万一、一時に兌換を求められたら兌換できなくなる可能性が出てきた。そして実際にそうした事態は頻繁に起きた。そうなると大概経済が悪化した。

政府が銀行券発行のうまみに気づくのは時間の問題であった。銀行券を独占的に発行できれば、

（不換部分からの）巨額の利益〔訳注：貨幣発行益あるいは出目ともいう〕を手中に収めることができる。イングランド銀行が独占的に紙幣の発行を始めたのは一六九四年のことである。アメリカでの紙幣発行の独占は一九一三年のＦＲＢ（連邦準備銀行）の設立まで待たなければならなかった。

当初は兌換性は維持された。しかしそれもしだいに蔑ろにされるようになる。一九三三年、フランクリン・ルーズベルト大統領はアメリカの一般市民が金を保有することを禁じた。形式上は、連邦準備銀行券は金との兌換を保証しながらアメリカ国民は金を保有できないことにしたのである。つまりアメリカ国民に対しては兌換性を拒否したのも同然だった。こうしてアメリカは不換紙幣（何の価値の保証もない紙幣）への道をひた走った。そして他国もアメリカに追随した。

誰にも必要とされるドル

第二次世界大戦も末期になると二つのことがはっきりしてきた。連合国は勝利するだろうこと、そしてアメリカ一国だけが経済大国として君臨するだろうことである。アメリカにとって大きなチャンスが到来した。

ドイツ降伏の九カ月も前の一九四四年七月、連合国側四十四カ国の政府代表七百七十人がニューハンプシャー州ブレトンウッズにあるマウント・ワシントンホテルに集まった。連合国通貨金融会議（通称ブレトンウッズ会議）が開催されたのである。会議の目的は戦後の金融システム復興を協議することであった。

合意内容には二つの重要な約束事があった。

第一に参加各国の通貨はアメリカドルと固定相場でリンクすることであった。決定された相場を常に一パーセント以内に収めるように、参加国はドルを売り買いしなくてはならないことが決められた。第二にアメリカはドルの価値を担保するために、ドルを保有する外国人が金兌換を求める場合、一オンス(二八・三五グラム)当たり三十五ドルでの引き換えを約束した(後に引き換えは外国の中央銀行のみに制限された)。当時アメリカ政府は金を大量に保有していた。大恐慌時代には金が余り、戦争による貿易黒字でも金が増えた。世界各国にあった金も安全を求めてアメリカに移動していた。オンス当たり三十五ドルの交換の約束は簡単にできたのである。

ブレトンウッズ会議によってアメリカは世界金融の中心に位置することになった。このことを快く思わない国も、国家再建のためにはこの取り決めに従うほかはなかった。こうしてドルは世界の準備通貨の立場を確立した。

金とドルの兌換の約束は二十七年間守られた。しかしアメリカは財政赤字とインフレーションの結果この約束を守ることが難しくなった。オープン市場での金価格は値上がり傾向だったから価格を三十五ドルに抑えるためには、アメリカや同盟国政府は金を継続的に市場に放出せざるを得なかった。もちろん放出を永久に続けることはできない。困難な時期にあって、フランス政府はニューヨーク連銀に預けてあった金塊をフランス本国に戻す決定をした(一九六七年)。フランスの決定以降もアメリカは金の放出を続け、金の市場価格が公定の三十五ドルに張りつく努力を続けた。

アメリカがドルとの兌換を放棄したのは一九七一年八月十五日のことであった。リチャード・ニクソン大統領はドルと金の交換を止めると発表した。大統領はその理由を、「国際通貨投機を防ぐためである」と説明した。この後もドルは準備通貨としての機能は持ち続けたが、不換紙幣に成り下がった歴然とした事実があった。このことは、ドルとリンクしていた他国の通貨も自動的に不換紙幣に化したことを意味した。貨幣と金とのリンクは失われたのである。

金の鎖から解放された政府は、（理論上は）いくらでも貨幣を印刷することが可能になった。その結果インフレーションが当たり前の社会になった。現在のドルの価値は一九七一年から比べれば八〇パーセントも減価している。

トリック

金とのリンクが消えたドルの価値を維持し、世界の準備貨幣の地位を保つには工夫が必要だった。貿易赤字を減らすことは一つの手段であった。しかし発行するドルの量を減らすことは痛みが伴う。アメリカはこの方法を取らなかった。不換紙幣となったドルを大量に発行し続けることができる方法《トリック》を選択したのである。

それは世界各国の準備貨幣としてのドルの力の利用だった。これがうまくいけば、アメリカ国外で生産された製品を大量に安価にアメリカの消費者に届けることができる。失敗すればアメリカ国民の生活水準は大きく低下し、政権は激しい批判にさらされる。

アメリカはうまい方法を見つけた。金とドルのリンクから、石油とドルのリンクに替えたのである。リチャード・ニクソンはいろいろな意味で嫌われた政治家であったが、アメリカ国民のために「ペトロダラーシステム」を作り上げていた。アメリカが強国としての立場を維持するのに大事な役割を果たしていた。

金との兌換停止を発表したニクソンは、キッシンジャー国務長官をサウジアラビアに遣った。キッシンジャーはサウジ王朝に対して次のような条件をオファーした。サウジアラビア（つまり同国の石油基幹設備）をアメリカは防衛すると約束した。同国が欲しがればどんな兵器も売ると約束した。イスラエルからの攻撃だけではなく、他のアラブ諸国（たとえばイラン）などの脅威からも守ると伝えた。さらにサウジ王家を未来永劫にわたって保護することも確約した。サウジ王家にとって、特に最後の約束は魅力的だった。

アメリカは見返りに二つのことを要求した。一つは同国の石油販売はすべてドル建てにすること、そしてもう一つは、貿易黒字部分で米国財務省証券を購入することであった。

サウジアラビアは人口が希薄でありながら莫大な石油資源を保有している。しかし危ない隣人（隣国）に囲まれている。宗教指導者がおかしな命令を下せばたちまち虐殺事件が起こるような国が隣人である。そうした国がいつサウジアラビアを狙ってもおかしくはない。サウジ王朝や支配層にとって、アメリカの保護の確約は魅力的だった。

サウジアラビアがこの要請に応える協定書にサインしたのは一九七四年のことであった。一九七五年には、ニクソンとキッシンジャーの狙いどおりＯＰＥＣの他のメンバーも原油のドル建て取引を決めた。

アメリカのやり方は実に賢いものだった。世界の石油需要の増大に伴いアメリカドルへの需要も増えていった。金とリンクさせたドルよりも石油取引とリンクさせたドルの方がアメリカにとっては格段に有利であった。面倒だった金との兌換約束もなく、思う存分にドルを刷ることができた。膨れ上がる輸入決済にそのドルを使い続けることが可能になったのである。

アメリカにとって最高のメカニズムの完成であった。石油には世界中からの需要があった。その石油を買うためにはドルが必要になった。石油購入のためにはドルを貯めなくてはならなかった。世界的な需要が高まるドルを連邦準備銀行はほとんどゼロコストで発行することができた。

これがニクソン政権が作り上げた「ペトロダラーシステム」だった。これによって、アメリカの経済覇権は長期化した。しかしこの体制を脅かす男がヨーロッパの東端に現われた。荒廃した国を建て直し、再び世界の覇権を争うパワーゲームにその男がチャレンジを始めたのである。

＊１：［原注］Anthony F. Lucas, "The Great Oil Well near Beaumont Texas," *American Institute of Mining Engineers Transactions*, XXXI, 1902, pp362-374.

第4章
スラブ戦士プーチンの登場

これまでの章でプーチンがロシア再興の盟主（新皇帝）としての地位を築いた経緯はすでに述べた。プーチンは国民の心に強い男のイメージを投影した。銃器を巧みに操り、飛行機を操縦し、腕まくりをして馬を駆る姿。それが国民の心に焼きついた。そのプーチンを国民は支持している。「愛している」と表現してもよいくらいだ。プーチンの前任者は無能でいつも酔っ払っていた。長かったエリツィン時代の終焉とともに現われた指導者がプーチンであった。国民が待ち望んだ強いリーダーの誕生だった。

スピーチのうまさに優れているだけで国民の人気が高いのではない。やる時にはやるリーダーのイメージがあるからだ。チェチェン紛争を解決し、国民の憎悪の的であった新興財閥の処分も進めた。プーチンは誰からの批判も許さない強力な指導者なのである。

アメリカにとって不気味なのは彼の狙いである。アメリカ国民がそれを理解することは簡単ではない。政治家もメディアも町の労働者も理解できないでいる。それこそがアメリカのアキレス腱である。

筆者はプーチンの周囲に漂う霧を払い、真のプーチン像を伝えたい。西側メディアが描くプーチン像とは違う本当のプーチンの姿である。それは、プーチン自身が投影しようとするプーチン像でもない。

本当のプーチンを知れば彼の狙いも見えてくる。

幼少期

一九五二年、プーチンはサンクトペテルブルク市に生まれた。スターリンが世を去る一年前のことである。この町は当時、レニングラードと呼ばれていた。スターリンの支配は長かった。二千万人以上の命を奪った恐怖政治の傷跡を残してスターリンは死んでいった。

サンクトペテルブルクは十八世紀初めピョートル大帝によって築かれた都市であった。彼が、スウェーデン帝国からこの港町を奪い取ったのである〔訳注：ここでいう戦いは大北方戦争（一七〇〇―二一年）を指す〕。ピョートルは強い意志を持ち、栄光あるロシア建設を夢見た皇帝であった。ピョートル大帝こそがプーチンが敬愛する理想のリーダーである。

サンクトペテルブルクはヨーロッパ文明への玄関口となった。この町はネヴァ川のデルタ地帯に形成されていた。バルト海の向こうはストックホルムである。ロシアはしだいに東進しアジアに領土を広げた。太平洋方面にまで進出したが、プーチンにとって母国ロシアはあくまでヨーロッパの国である。ヨーロッパ諸国の頂点に立つ国。それがロシアである。

プーチンの母は工場労働者であった。父は徴兵によって海軍軍人となった。彼の育った家はネズミが走り回る共同アパートの一室だった。二〇〇平方フィート（一九平方メートル）の小部屋に家族六人が暮らした。蛇口から出る水は冷たかった。風呂も冷水だった。トイレは屋外にあり、冬にトイレに行くことは拷問のようなものだった。

こんな環境にありながら、プーチンはロシアエリートの生活に早い時期から詳しかった。父方の祖父スピリドン・イワノヴィッチ・プーチンから多くを学んでいたのである。スピリドンはロシアが経験した数々の戦争と革命を体験していた。それを幼いプーチンに聞かせたのである。彼がプーチンの人格形成に大きな影響を与えたのは言うまでもない。祖父の昔話からロシア政治の本質を学んだ。

スピリドンはヴォルガ地方の小作農の子として生まれた（一八七九年）。モスクワから南西一〇〇マイル（一六〇キロメートル）にある村であった。十五歳のとき、サンクトペテルブルクに出た。そこで料理人としての腕を磨いた。あの悪名高いグリゴリー・ラスプーチン（訳注：宮廷の女性から篤い信仰を集めた僧）に料理を出したこともあった。その味に喜んだラスプーチンは、スピリドンにチップをはずんだ。十ルーブル金貨の大盤振舞いであった。姓に同じプーチンがあることも気をよくした理由かもしれなかった。

第一次世界大戦が始まり（一九一四年）、続いて革命が勃発（一九一七年）した。スピリドンはモスクワに移った。彼の料理人としての腕前は知られていた。レーニンの住むゴーリキーパークの邸で料理人として採用された。レーニンは一九二四年に亡くなったがスピリドンは残された家族の料理人として働き続けた。

スターリンが権力を握ると、スターリンに仕える料理人として採用された。（よく知られているように）レーニンはスターリンを評価していなかった。スピリドンはそのことを聞いていたはずだけに、スターリンには煙たがられる可能性があった。しかしうまく切り抜けた。スターリンは近しい者も平気で殺した。強制収容所送りにもした。スピリドンはそうした目にもあわず身を守り、スターリンより長生きした。

権力中枢の近傍にいたスピリドンがあの時代を生き抜くことは容易ではなかったはずだ。政治的センスとバランス感覚に長《た》けていたのだろう。彼は学んだ知恵を孫のプーチンに伝授した。スピリドンはもう一つ大事なことをプーチンに教えていたようだ。それは諜報の重要さであった。スピリドンはＫＧＢとなる前の秘密警察ＮＫＶＤで訓練を受けていた可能性があった。祖父スピリドンが世を去ったのはプーチンが十三歳のときであった。

プーチン自身の回想によれば、わんぱくな子供であったらしい。ガキ大将の彼は人から指図されることが嫌いだった。衝動的なところもあって学校では平気で暴力を振るった。貧しかった彼は近所の悪ガキにつるし上げられることもしばしばだった。

ロシアでは反ユダヤ人感情が根強い。ユダヤ人迫害事件も多発していた。しかし（その理由は明らかではないが）プーチンはユダヤ人に対する反感を持つことはなかった。近所のユダヤ人の子供たちとよく遊んだ。彼はその頃ドイツ語を学んでいるが、彼にそれを教えたのはユダヤ人女性だった。後のことになるが、彼女がイスラエルに移民する際にはテルアビブのアパートに入れるよう手配し、彼女への感謝の気持ちを表わした。

プーチンに反ユダヤ人意識が希薄だったことは彼に有利に働いた。ユダヤ系新興財閥の支援が必要であったときにそれが役立ったのである。彼はまた、イスラエルを中東における潜在的同盟国と見なして冷静に対応している（後述）。

青年期

貧しい子供の多くがそうであるように、プーチンはスポーツに打ち込んだ。十二歳の頃からボクシングを始めた。柔道、空手、サンボなどの格闘技にも引き込まれていった。サンボではサンクトペテルブルク市のチャンピオンとなり、柔道の世界チャンピオンを倒したこともあった。

格闘技で強くなるためには肉体だけでなく精神も強靱でなくてはならない。それにプーチンは魅せられたのである。

彼は小柄な子供だった。レニングラード（サンクトペテルブルク）がナチスに占領された時期の女たちは飢えていた。そんな女を母親に持つ子供は一様に小さかった。プーチンはその体格のわりに身体は強かった。

柔道の修練からは勝つためには知恵もいることを学んだ。柔道で勝つためには、厳しい鍛錬はもちろんだが、ずる賢さも必要だったのである。

成長するにしたがい、スパイという職業に興味をそそられた。スパイ小説に親しみ、テレビでも映画でもスパイ物を見るのが好きだった。ＫＧＢが作らせたプロパガンダ漫画のなかで、ソビエトのスパイたちがナチスドイツを相手に大活躍だった。プーチンにとって、スパイは英雄であった。十六歳のときに観た映画『盾と剣』〔訳注：一九六八年製作のソビエト映画〕には感銘を受けた。ジェイムズ・ボンド張りの主人公がダブルエージェントとして活躍し、ナチスの戦争計画を混乱させる物語だった。

プーチンはロシアのスパイとなることを夢見るようになった。九年生のときには、地元のＫＧＢの幹部に面会を求め、スパイとして働きたいと訴えた。この訴えが通るはずもなかったが、面会したＫＧＢの幹部は、大学で法律を学ぶこと、それがＫＧＢで働く第一歩であると諭した。その「指導」に続いて、もうＫＧＢに二度と顔を出してはいけないときつく叱った。

プーチンはその「指導」どおり法律を学んだ。法律を学んでも高収入の見込みはない時代であった。それでも両親の反対を押しきってレニングラード州立大学法学部に進んだ（一九七〇年）。大学を五年で終えることにしていたプーチンにＫＧＢからコンタクトがあった。一九七五年、彼はＫＧＢの正式職員となった。二十二歳のときであった。

スパイ時代

その後十六年間ＫＧＢのスパイとして活躍した。ドイツ語の堪能な彼は北欧系と振る舞っても十分に通用した。一九八五年、彼はドイツ民主主義共和国（東ドイツ）の町ドレスデンに赴任した。彼は人間関係を作るのが巧かった。そこで五年間秘密エージェントとしての生活を続けた。

彼には三度の昇進があったから、評価は高かったと思われる。それでも彼に任された仕事はとりたてて重要なものではなかった。ソビエトのスパイ（ＫＧＢで働く者）にとって、生き残るためには他人の心理を読む技術、他者を操縦できる能力が要求された。また暴力に対しても動じない精神力が必要だった。こうした能力のない者がロシアの政治で力を持つことは絶対にない。

一九八九年、ベルリンの壁が崩壊した。それとともにドイツ民主主義共和国も崩れた。プーチンに対するモスクワからの指令も途絶えた。プーチンは自らの考えで行動することを余儀なくされた。後に次のように語っている。

「私は母国が消えてしまったような感覚に襲われた。確かにソビエトは病んでいた。死に至る道を歩んでいた。権力機構は完全に麻痺《まひ》していた」

ベルリンの壁の崩壊で東ドイツに留まることが危険になった。彼のオフィスはいつ暴徒に襲われてもおかしくなかった。オフィスにある重要書類のほとんどを焼却し、彼はひそかにオフィスから消えた。焼却できない書類だけは持ち出した。

一九九一年、プーチンはＫＧＢを辞めた。サンクトペテルブルクの大学に戻り博士論文を完成させた。論文の主旨は、ロシアの経済再生は天然資源の有効活用にかかっている、というものであった。

大学を終えると、サンクトペテルブルクの政治の世界に入った。今プーチンを支えているドミートリー・メドヴェージェフやイーゴリ・セーチンとはこの時期に知り合った。

プーチンの執務室には肖像画が飾られている。彼を後継指名したエリツィンのものではない。彼が真に尊崇するピョートル大帝のものである。

初期ロマノフ王朝時代の栄光の姿である。プーチンの野望とぴったり重なりあう人物がピョートル大帝である。大帝が即位した十七世紀末（一六八二年）のロシアはヨーロッパ・ルネッサンスのうねりから置き去りにされ、科学も技術も後れたままであった。ロシア正教会の力が強く、中世的迷信にも溢れていた。

ピョートル大帝は貴族階級からの反発を受けながらも政治と軍制の改革に取り組んだ。彼の築いた海軍は、トルコのオスマン朝と抗争を続けながらも黒海の制海権を握った。北方のバルト海方面にも領土を拡大した。

文化的にも、ロシア語表記法を改良し、ロシアで初めての新聞も発行させた。教育の普及にも熱心だった。服装もヨーロッパ風を取り入れ一般市民にも流行《はや》らせた。科学技術の発展のためにヨーロッパ諸国から学者を招聘《しょうへい》し、若者の教育にあたらせもした。ピョートル大帝のやり方は強引だった。嫌がる者がいてもその首根っこを摑んで従わせるやり方であった。ピョートル大帝はその意味では暴君であった。このような君主であるからこそプーチンはピョートル大帝を敬愛する。

プーチンに託されたロシアは経済状況も政治状況も混乱の極みであった。それはピョートル大帝が即位した頃のロシアに酷似していた。大帝は、ロシアを世界の大国に変貌させた。次は自分である。プーチンはそう決めている。

グルジア問題 その一

エリツィンがプーチンを後継指名したことに誰もが驚いた。見たことのない彗星《すいせい》が現われたような感覚に襲われ、誰もが首を傾げた。このときのプーチンにはすでに明確な国家ビジョンがあった。自分が何をすべきかもわかっていた。周りには信頼できる仲間もいた。何よりも彼にはロシアの抱える問題を解析し、その解決策を見出す能力があった。自分に対する批判を気にするような男ではなかった。

今から考えると、彼は絶妙なタイミングで大統領職に就いた。就任が数年早かったら、あるいは逆に数年遅れていたら、彼の権力掌握はかなり難しいものになっていただろう。

すでに述べたように、彼はチェチェンへの対応を通じて、リアリストであることをロシア国民の心に強烈に焼きつけた。手のつけられなかった新興財閥も不要な者は葬り、必要な者は手なずけた。ロシアの資源産業をコントロールする立場も築き上げた。

すべて彼の狙いどおりだった。資源産業の支配。それがプーチンのロシア再興の切り札である。ユコスを解体・吸収し、ロスネフチ社やガスプロム社を親プーチン企業に変えた。

旧ソビエト連邦諸国との連携もプーチンは重視している。そうした国々は天然資源に恵まれ、その利用を可能にするインフラも整っている。プーチンのビジョンを成功させるために彼らの協力は欠かせない。

そんななかでグルジア共和国はロシアにとって頭痛の種であった。昔から、ロシアがイランやオスマン朝（トルコ）と揉めるたびにグルジアの態度がロシアを悩ませた。最近でも、エネルギー政策を巡ってロシアと対立している。ＮＡＴＯ（北大西洋条約機構）のメンバーにまでなろうとした。

ソビエトの崩壊でグルジアは独立した（一九九一年）。グルジア国内には紛争の火種が残ったままだ。アブハジア（グルジア北西部、黒海沿岸）と南オセチア（グルジア北部）の問題である。どちらの地域も事実上自治権をもつ独立国となっている。住民はロシアに親しみを感じていて、そこではグルジア語は話されていない。グルジアに反発してきた長い歴史があり、どちらもグルジアからの独立を望んでいる。

二〇〇三年、グルジアでバラ革命が勃発した。当時、ソビエト連邦時代の外相だったエドゥアルド・シェワルナゼ（グルジア人）が大統領であった。彼は独裁的な政治を進めていた。シェワルナゼ政権は親西欧の色彩がきわめて濃かった。アメリカからの資金援助、軍事支援を得ることにも熱心だった。ＮＡＴＯの戦略的パートナーとなることに成功し、正式メンバーとなる道も模索した。

シェワルナゼは西側投資家との間で三十億ドルのパイプライン敷設プロジェクトをまとめた。このパイプラインはアゼルバイジャンとトルコを結ぶもので、一部ロシアのパイプラインネットワークと競合した。シェワルナゼに対しては何度か暗殺が試みられた。少なくともその内の一回はロシアが仕掛けたものだと見られている。シェワルナゼがアメリカとの協力関係を探ったことで刺激されたのはロシアだけではなかった。

アメリカはシェワルナゼの外交を歓迎した。南カフカス地域〔訳注：カフカス山脈の南からトルコ北部に至る地域。グルジア、アルメニア、アゼルバイジャンを内包する」におけるロシアの影響力が弱まることを期待した。ロシアは、チェチェン紛争では、グルジアが反政府組織を支援したのではないかと疑っていた。

シェワルナゼ政権時代、グルジアの治安は悪かった。政府高官や政治家の汚職もひどかった。シェワルナゼのアドバイザーを務めた者のなかには彼の親族もいたが、彼らはみな巨富を得た。政権中枢にある者たちが国富の七〇パーセントを支配したのである。

国民はシェワルナゼ自身が私腹を肥やしたとは考えなかったが、そうした状況を許した彼を批判した。彼の親族優遇の政治も嫌われた。投票行為にも多くの不正が行なわれた。「グルジア」は不正行為の代名詞になった。

アメリカにいたシェワルナゼ支援者もあまりの腐敗にあきれた。彼らはシェワルナゼが政権に留まることはもはやどうでもよい、とにかく民主主義を確かなものにして、選挙の不正を正したかった。シェワルナゼを排除したいという、モスクワとワシントンの思惑が一致した。

バラ革命でシェワルナゼは去った。しかし、だからといって事が解決したわけではなかった。バラ革命で中心的役割を果たしたのはいわゆるＮＧＯに分類されるグループであった。グルジアでは一九九七年民法でＮＧＯ団体の設立が容易になった。ほとんど制限なく設立できた。二〇〇〇年までにおよそ四千の団体が出現した。これらすべてが政治的な団体ではなかったが、実質的に政治結社と見なされる団体が多く、こうした組織は西側諸国から資金を調達した。

西側の支援者は腐敗するシェワルナゼ政権ではなくＮＧＯ組織に期待した。その結果、彼らは国会においても力を持ち、反シェワルナゼの政治運動の中心となった。

対立が鮮明になったのは二〇〇三年十一月二日の国会議員選挙のときであった。選挙の翌日、首都トビリシで選挙不正を糾弾するデモが発生した。十万人規模に膨れ上がったデモ隊は選挙無効を訴え、シェワルナゼの辞任を要求した。

シェワルナゼは現場に軍隊を派遣したが、彼らは群衆に向かって発砲することを拒否したのである。これが流血騒ぎなしのバラ革命であった。シェワルナゼが職を辞したのは十一月二十三日のことであった。

この騒動にプーチンは介入しなかった。アブハジアと南オセチアの問題があるにもかかわらず彼は動かなかった。かつてのソビエト指導者であればたちまち介入したに違いなかった。プーチンは違った。もちろん軍を動かさなかったのは介入した場合の損得を計算した上であった。プーチンは法の支配を（少なくとも形式上は）重んじる。法の許す範囲で行動する。それがプーチンの方針である。介入が絶対的に必要でない限り動かない。成り行きを見つめる。プーチンはそう決めたのである。

グルジア問題 その二

しかし結局、アブハジアと南オセチアでも紛争が始まった。二つの地域が独立国としての承認を求めて、ロシアを含む世界各国、そして国際機関に訴えたのである。二〇〇八年四月、プーチンはアブハジアと南オセチアを国家として承認すると発表した。この頃は、プーチンは、いったん首相に降りていた時期だったが、実権は握ったままであった。両国の分離独立派とグルジア軍との抗争が激化した。ロシアは独立派を推し、西側はグルジア政府を支援した。内戦はロシア対西側諸国の代理戦争となった（この頃ガスプロム社はアブハジアを通るパイプラインの敷設を検討していた）。

この年の八月、ロシアは両国を国家として正式承認した。これが引き金となってロシア・グルジア戦争が勃発した。戦いは南オセチアで始まった。ロシアは空軍力も投入しあっさりと十二日で決着をつけた。民間人の負傷者は多かったが戦死者は少なかった。グルジアは敗北した。ロシアの承認を受けたアブハジアと南オセチアは独立国家として振る舞っている（訳注：現在、両国を承認しているのはロシア、ベネズエラなどの数カ国）。グルジアは国土の五分の一、人口の六パーセントを失った。

プーチンがこの戦いを全面戦争に拡大させなかったこと、そしてアブハジアと南オセチアを併合しなかったことには重要な意味があった。軍事力を行使したが現状維持を図っただけであった。

プーチンは対立を妥協に替えた。二〇一一年十一月、スイス政府の仲介で、ロシアとグルジアは和解し、貿易再開の道を開いた。グルジアとの関係修復には副次的な利益があった。ＷＴＯ（世界貿易機関）参加が叶ったのである（訳注：加盟申請は一九九三年、加盟は二〇一二年八月）。ＷＴＯに加入するためには加盟国の承認が必要である。グルジアとの関係修復は賛成票獲得に役立った。

第5章 ウクライナ問題

ロシアとウクライナの関係は複雑で古く、かつ血にまみれた歴史である。歴史を遠く遡ればウクライナがロシアそのものであった時代があった。

東方スラブ民族の国家として初めてキエフ大公国が成立した。この国は九世紀にヴァリャーグ族（東スラブ民族でゲルマン系）によって建てられたが、十二世紀に分裂した。それ以来紛争の舞台となった。十八世紀末、一部はオーストリア・ハンガリー帝国となったが、ほとんどはロシア帝国の領土となった。

一九一〇年代のウクライナは、他の地域同様に混乱した。一九一七年から二一年まで内戦が続き、ウクライナ共和国が成立したものの短命だった。

一九一八年にウクライナは独立宣言し、キエフを首都とした。ロシアはそれに対抗する国を作り、ハルキウ（ハリコフ）を首都とした。一九二二年、ソビエトロシア軍がウクライナ軍を圧倒し、ウクライナ・ソビエト社会主義共和国を建てた。その後はウクライナはスターリンの圧政に苦しんだ。

悲惨だったのはホロドモール（一九三二―三三年）だった。これはスターリンによって人工的に起こされた大飢饉《ききん》であり、飢饉を利用した断種政策でもあった。スターリンが農民を集産主義組織に強制的に編入したことが飢饉の引き金だった。

兵士は農民から穀物を接収し人工的な飢饉が広がった。ソビエトは何の対策も講じなかったから、少なくとも二百五十万人が餓死した（七百万という数字もある）。なかには人肉を食らって生き延びる者もいた。

ウクライナの悲惨な状況は第二次大戦中も続いた。独立を目指す戦いが進められたが、それはナチスドイツとソビエト両方を敵に回す戦いだった。多くのウクライナ人にとってホロドモールの記憶が強烈なままだったから、ナチス側についてソビエトと戦った者も少なくなかった。今現在もナチス時代を懐かしむ政党がウクライナにあるのはそのせいである。

一九四一年、ウクライナはドイツに占領され、百万単位のウクライナ人がドイツ国内で強制労働に従事させられた。政治犯としての扱いを受ける者もいた。兵士として徴兵される者も多く、ウクライナ兵の六人に一人が戦死した。一九四四年にナチスの占領が終わるとソビエトの占領下に入った。

一九五四年、首相ニキータ・フルシチョフはクリミア半島をウクライナに戻した。ウクライナが、ロシアに統合されてから三百周年だと称し、それを祝福するプレゼントであった。彼の生地はウクライナ国境近くの村で、戦後はウクライナ復興事業に関わった。そのせいか彼にはウクライナに甘いところがあった。フルシチョフはスターリンによって起こされたホロドモールを気にしていた。

クリミア返還はその償いの意味もあった。

プーチンのウクライナ観

ソビエト連邦の崩壊でウクライナは再び東西の狭間《はざま》に立たされることになった。ＥＵに接近したいグループとロシアに頼りたいグループに分裂した。ロシアにとってウクライナは次のような意味を持つ。

１　ロシアからヨーロッパに送る天然ガスのパイプラインはウクライナを通る。
２　セヴァストポル（クリミア半島にある）はロシア海軍に欠かせない軍港である。
３　ウクライナのロシア系住民の安全は、ロシアが守らなければならない（ウクライナにおけるロシア系人口は八百万であり、これは全人口のおよそ一八パーセントに相当する）。
４　ウクライナにはＮＡＴＯに対する緩衝国の役割を持たせなくてはならない。

天然ガスパイプライン問題

ウクライナはヨーロッパ諸国のなかで最も天然ガスの「浪費」が目立つ国である。ＥＵ諸国平均と比較するとＧＤＰ一単位当たり四倍のガスを消費している。筆者はキエフのホテルに宿泊した経験があるが、バスルームのヒーターからは温風が出ていながら、部屋のエアコンは強にセットされていた。

ロシアからのEU向け天然ガスの輸出量はEU全体の二五パーセントをまかなっている。その半分はウクライナ経由のパイプラインで送られている。長年にわたって、ウクライナはパイプライン使用料（transit fee）を請求していなかった。そのこともあってウクライナ向けガス価格は極端に低く設定されていた。その結果、（火力発電による）発電コストが安く、電気料金が安かった。

それが浪費癖を生んだ。天然ガス輸入大国でありながら最もエネルギー効率の悪い国。それがウクライナだった。

二〇〇五年、両国関係が悪化すると、ロシアはガス料金を上げた。タダ同然の価格に慣れ親しんできたウクライナにとっては衝撃的であった。ソビエトの崩壊と同時に、ウクライナの天然ガス支払い債務の問題が表面化した。ウクライナの「盗ガス」も事態を悪化させた。交渉は埒《らち》が明かず、ロシアが冬季に送ガス停止に踏み切ったこともあった。ウクライナ国民は厳冬のなかで寒さに震えた。

二〇〇六年、二〇〇九年には、ガスプロム社は「盗ガス」に怒ってヨーロッパ向け送ガスそのものを止めた。二〇一〇年半ば、ストックホルムの仲裁裁判所は、二〇〇九年のウクライナ国営ナフトガス社による「盗ガス」量は四三〇〇億立方フィート（一二〇億立方メートル）であったと認定したが、返せる額ではなかった。

現在、ロシアはこの問題を回避するため、黒海海底パイプライン（〈図5—1〉参照）を敷設している。ウクライナは現行のパイプラインの近代化の方が安上がりであると主張しているが、ロシ

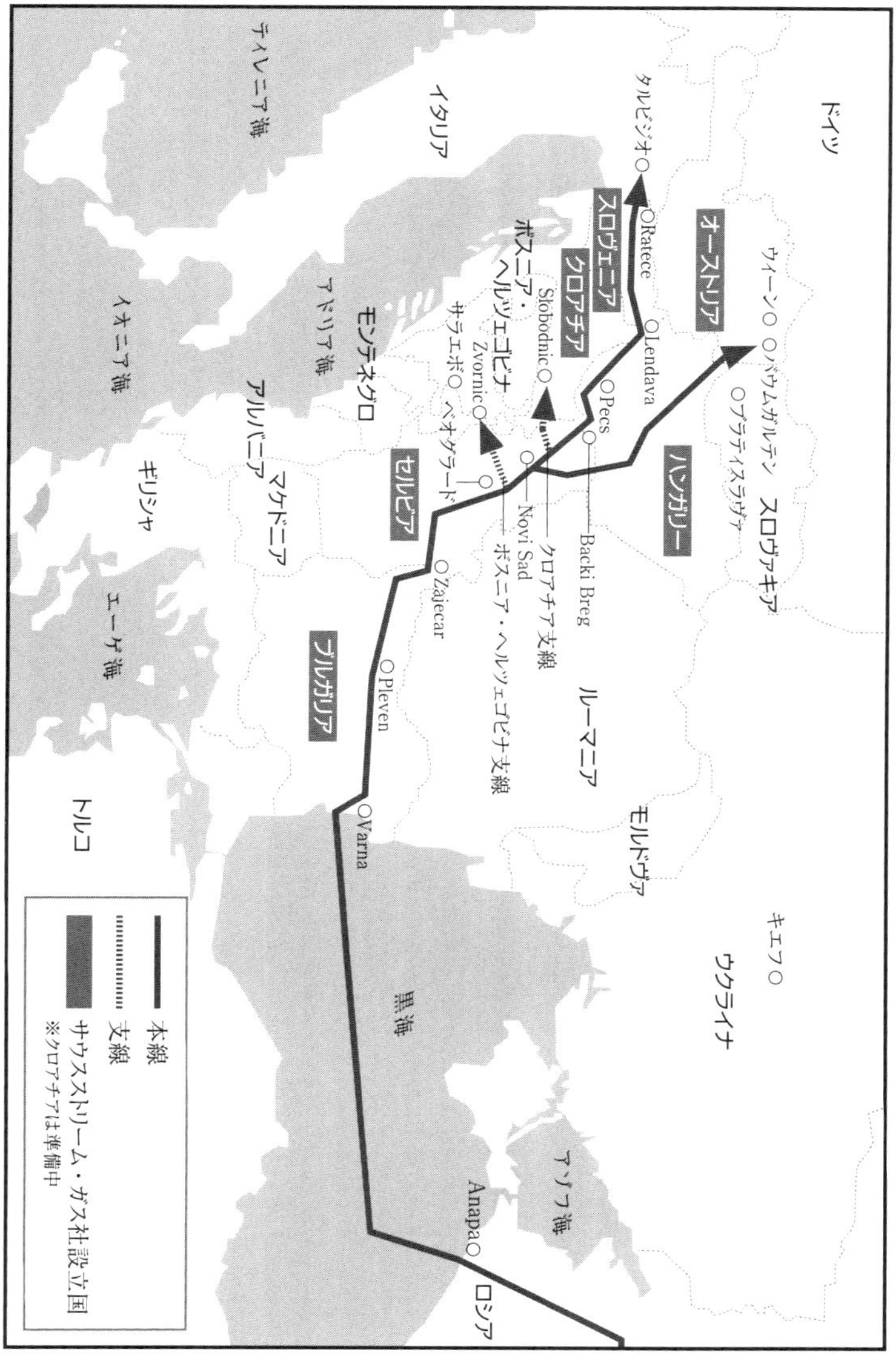

〈図5−1〉ウクライナを迂回して建設中のサウスストリーム・パイプライン［出典：ガスプロム社HP］

アは聞く耳を持たない。

ロシアにとってのウクライナ問題は政治問題であり、また経済問題でもある。ヨーロッパ諸国への天然ガス輸出は重要な収入源である。そして同時に、ヨーロッパに対して必要とあればパイプラインのバルブを閉めるというオプションも持ちたいが、ウクライナ問題でパイプラインのバルブを閉めるような事態は好ましくない。

セヴァストポルおよびクリミア半島

クリミア半島の帰属問題はロシアの安全保障に直結する。セヴァストポルはロシア黒海艦隊の母港である。フルシチョフが一九五四年にクリミアをウクライナに返還したが、セヴァストポル軍港はそのまま使用を続けている。現在同港には二万五千の兵士が駐留しているが、その使用権は二〇四二年で終わる。

クリミア半島近くのウクライナ領海海底にはサウスストリーム・パイプラインが敷設中（九七ページ参照）であり、この海域にも油田がある可能性が高い。

ロシアの安全保障

ウクライナの人口は四千五百万人であるが、その三分の一の千五百万の人々はロシア語を使って

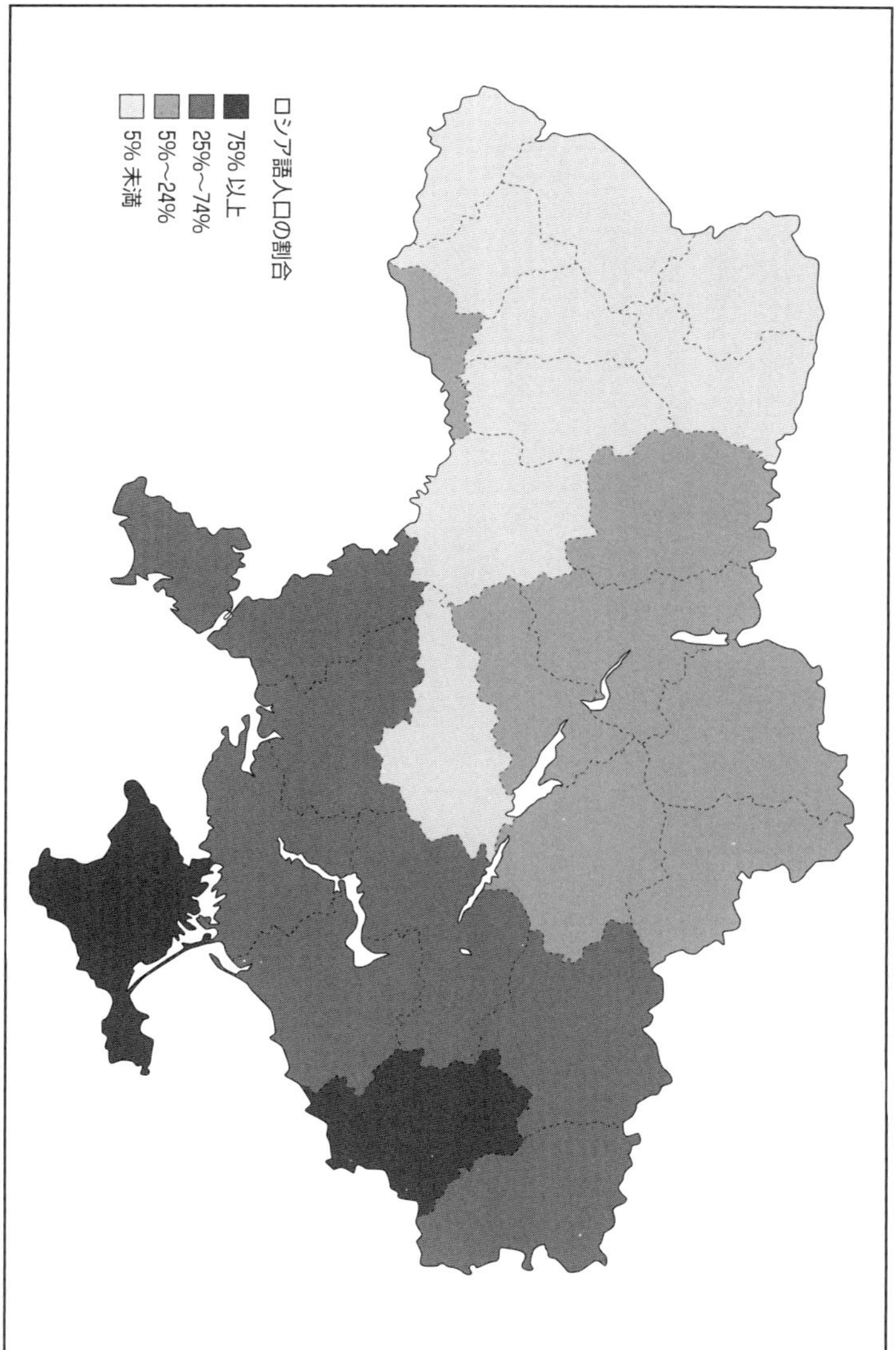

〈図5−2〉ウクライナにおけるロシア語人口分布 ［出典：ウクライナ統計局／2001年国勢調査］

いる。そのほとんどがクリミア半島を含む東部に居住し、多数派を形成している（九九ページ〈図5―2〉参照）。彼らはロシア政府の保護を望んでいる。

二十世紀はウクライナの悲劇の歴史だったと述べたが、それに対する解釈はウクライナ系とロシア系では大きく異なっている。ホロドモールはロシア（ソビエト）がもたらした悲劇であった。一方ナチスドイツ占領時代にも数百万人が死んだが、この時代にはウクライナ系はナチスに協力した。したがって、二〇一三年以来の争いもこの歴史をひきずっていて二つの民族がいがみ合っている。

ロシア系住民は当然ながらロシアに助けを求めた。プーチンはこの要請に応えざるを得ない。

緩衝国

「二〇一四年のクリミア紛争では、ロシアは西側諸国からの軍事攻撃を恐れたはずだ」。西側に暮らす者はそう思ったかもしれない。しかし現実はまったく違う。

西側諸国は現実には軍備を縮小し、戦争リスクのない生活に満足している。人々が興奮するのはせいぜいサッカーぐらいのものだ。軍事介入などは毛頭考えていない。アメリカにしても同じである。アメリカの軍事介入は荒っぽく雑なケースが多いが、ソビエトとの直接対決だけは避けている。アメリカにとって大きな脅威になることがわかっていても、ロシアに対しては簡単には動けない。二〇一四年の危機も例外ではなかった。

ロシアは先の大戦で二千万人を失った。人口比でいえば八人に一人が命を落とした計算だ。それ以前の戦いでもロシアの犠牲者は甚大だった〔訳注：ナポレオン戦争や第一次世界大戦を指している〕。ロシアにはそれがトラウマになっていて、周辺国には緩衝国の役割を持たせたいと願う。他国からはそれが自己中心的だと思われようが、苦い記憶がロシアにそういう行動をとらせるのである。したがって、ウクライナには少なくとも中立であってほしいと願う。ウクライナは平野部が多くロシアを攻撃する場合には好都合の進路となる。そんな国がＮＡＴＯのメンバーとなることは許されない。ましてやロシアを標的にするミサイルなど配備されたらかなわない。できるなら、親ロシアの国であることを望む。ロシアに軍事的脅威を与えるような国になってもらっては困るのである。

ソビエト崩壊後の対ウクライナ外交

ウクライナ共和国はソビエト崩壊によって独立した（一九九一年）。しかし政治は策謀に満ち腐敗も激しく経済は低迷した。政治は、親ＥＵ派と親ロシア派が対立した。

ウクライナも共産主義体制の崩壊で秩序が乱れ、経済的混乱は目を覆うばかりだった。その混乱はおよそ十年続いた。わずか七年でＧＤＰは六〇パーセントも落ち込んだ。国民は食べていくだけで精一杯であった。何もかもが不足した状態では価格統制もできなかった。一方で、国営の農場や工場には支援が続いた。

放漫な金融緩和政策はハイパーインフレーションを生んだ。一九九三年には物価が百倍にもなる有様だった。新通貨フリヴニャの導入（一九九六年）でようやく鎮静化に向かい、二〇〇〇年には年率七パーセント成長を遂げるまでに回復した。しかし二〇〇八年の世界不況でそれも再び低迷する。この年の十一月、IMF（国際通貨基金）は百六十五億ドルの与信枠（スタンバイローン）を組みウクライナ支援を余儀なくされた。

ウクライナの経済事情はソビエト崩壊後とほぼ同じで、にわか成金（新興財閥）が出た。ロシアではプーチンが登場し新興財閥を制御したが、ウクライナにはプーチンのような人物は出なかった。新興財閥は、二十年間にもわたり、好き放題の経営を進め、官僚は賄賂《わいろ》をむさぼった。

選挙

こんな状況のなか、二〇〇四年の選挙を迎えた。この年の選挙は実質、現職ヴィクトル・ヤヌコーヴィッチとヴィクトル・ユシチェンコの戦いだった。前者は親ロシアであり、後者は親EUであった。ユシチェンコにはこの数カ月前にダイオキシン〔訳注：使われたのはTCDDという化学物質で親油性が高いため体外に排出されにくい毒物〕で命を狙われたことがあった。親ロシアの現職ヤヌコーヴィッチが勝利したが、不正選挙が疑われた。国内外から組織されていた監視委員会も不正があったと認めた。

二〇〇四年十二月、選挙結果に納得できないユシチェンコ支持者（ほとんどがウクライナ系）は抗議行動に出た。キエフの町に溢れた人々は非服従運動を訴えた。これがいわゆるオレンジ革命の始まりだった。抗議活動は全国に広がったが暴力的なものではなかった。非服従、座り込み、ゼネストといった抗議手法がとられたからである。活動資金は、数あるＮＧＯグループが西側から得ていた。

ウクライナ最高裁はこの月再選挙を命じた。選挙は再び監視委員会が見守るなかで実施された。選挙では、親ＥＵのヴィクトル・ユシチェンコが勝利した。オレンジ革命は国民革命だと言われた。しかしその資金は西側から出ていた。勝利したヴィクトル・ユシチェンコは六年間の任期を全うし、ロシアは干渉しなかった。プーチンは一連の騒動を静かに見守ったが、辛い我慢の日々であったに違いない。

二〇一〇年の選挙では前記二人の戦いに首相のユーリア・ティモシェンコが参戦した。彼女の参戦で親ＥＵ勢力は割れた。第一回投票でヤヌコーヴィッチが多数票をとり、決選投票でもティモシェンコを破った。親ロシアの大統領が再び生まれた。

ヤヌコーヴィッチの外交は西側諸国の支援とロシアからの援助を天秤にかけるスタイルだった。二〇一三年末には経済危機に陥ったが、ヤヌコーヴィッチはロシアとの協定を結ぶことで難局を乗り切ろうとした。ところが、その親ロシア政策に抗議する群衆がマイダン広場（キエフ）に集まった。これが暴動に発展し、ヤヌコーヴィッチ政権は倒れた（マイダン革命）。新政権の外交は再び西側にシフトした。

マイダン革命分析

アメリカメディアはマイダン革命を好意的に報道した。

「国民がその日の食料にも苦労しているなか、大統領（一族）は贅沢な生活におぼれている。それにうんざりした国民が革命を起こした。国民はＥＵに加入すれば未来に希望が持てると考えている」

しかし現実はより複雑だった。

確かに西側メディアの分析は一部真実であった。ヤヌコーヴィッチは専制的で、国家資産と税金の上に胡坐《あぐら》をかいていた。外国からの経済援助で私腹を肥やすことも平気で、彼に近しい者はその分け前にあずかった。

国民の多くがＥＵとの連携を望んだことも事実だった。そんななか、ヤヌコーヴィッチ政権は、検討されていたＩＭＦおよび世界銀行からの借款（総額二十四億ドル）計画を棚上げした（二〇一一年）。この借款が実現したら、ウクライナとＥＵの関係はきわめて強固になると見込まれていた。ロシアとの関係は後戻りできないほどに悪化することは確実だった。また、退職公務員や老人の年金カットが借款の条件になっていただけに国内政治が不安定化する可能性もあった。

ヤヌコーヴィッチはロシアからＩＭＦ／世界銀行の条件よりも有利な条件での借款の道を探った。それに失敗すると彼は再びＥＵへ接近する。二〇一三年にはＥＵ加盟を目指すことを決め、ＥＵからの協力を前提にＩＭＦ融資を再検討する。ＩＭＦ担当理事クリスティーヌ・ラガルドは、ヤヌコーヴィッチ政権に徹底的な財政改革を進めることを要求し、金融政策およびエネルギー政策の見直しも融資の条件とした。

ヤヌコーヴィッチはこの条件を了承した。二〇一三年九月、ウクライナ国会議長は、ＥＵ加盟に必要な国内法改正の作業はもうすぐ終わるとヤヌコーヴィッチに伝えた。反対する政党は共産党だけであった。

しかし、ヤヌコーヴィッチは二つの難題を抱えていた。一つは、ＥＵがヤヌコーヴィッチの政敵ユーリア・ティモシェンコの解放を要求していたことである。それがＥＵ加盟の条件となっていた。彼女は選挙戦の後、横領罪（一億ドル）で収監されていた。もう一点はＥＵからすぐにでも金融支援が必要で二百七十億ドルを要求していたが、ＥＵのオファーはわずか八億三千八百万ドルだった。

ウクライナにはとにかく金がなかった。外貨準備も尽きかけていた。新通貨フリヴニャの価値も大きく下がり、フィッチ・レーティングス〔訳注：イギリスの信用格付会社〕は、ウクライナの格付けをＢマイナスからトリプルＣに下げていた。ウクライナはどこからか資金を調達できなければ財政破綻寸前であった。

二〇一三年十一月、リトアニアで開かれていたＥＵサミットの場で連合協定にサインすることになっていた。ヤヌコーヴィッチも、「ウクライナは自らを改革し、西欧の国々と協調していかなくてはならない」と語っていたのである。

ちょうどこの頃、旧ソビエト構成国による独立国家共同体（ＣＩＳ）の会議（サンクトペテルブルク）が開催された〔訳注：十一月二十日〕。議題は貿易の活性化でウクライナ首相も出席していた。ロシアはこの会議でウクライナに外交攻勢をかけた。ＣＩＳとの経済連携の強化を訴え、負債支払期限の延長、天然ガスの割引価格販売の再開を表明したのである。もちろんＥＵへの参加を取りやめることが条件であった。この会議終了後、ロシアはウクライナ国債百五十億ドルの買い付けも決めた。買い付けに当たって何の条件も付けなかった。内政改革も要求しなかった。組織的な腐敗の横行するウクライナにとっては魅力的なオファーであった。

ロシアの攻勢はこれだけではなかった。この年の八月、ロシアはウクライナの産物のほぼすべてを危険物に分類して、ウクライナ製品をロシア市場から締め出していた。ロシアはその制限の解除をほのめかした。ロシアはプーチンが主導した共同経済圏（ロシア、ベラルーシ、カザフスタン）を作り上げていたが、ウクライナが望めば、他の二国との交易も拡大する可能性まで示唆した。

いずれにせよヤヌコーヴィッチは、最後の場面でＥＵとの連合協定調印を取りやめ、再びロシアの側につくことを決めた。この背信に、ウクライナ参加を祝うパーティーまで用意していたＥＵは驚いた。そのまま黙っているわけにはいかなかった。これが「マイダン革命」の裏事情であった。

西側のプロパガンダ活動も活発化した。アメリカメディアは、「（ＥＵとの調印を拒否したことに反発した）反政府運動は、勇気ある、武器を持たない市民による抗議活動である。ヤヌコーヴィッチ政権は国民の支持を失った」と報道した。確かにヤヌコーヴィッチは独裁的で不人気だった。それでも、彼は選挙によって選ばれた指導者であった。

実は、抗議活動も自然発生的に起きたものではなかった。アメリカとＥＵはウクライナをロシアから離間させる工作を続けてきた。ウクライナを反ロシア国家にすることが西側の外交目的だった。ヤヌコーヴィッチの背信を受けて、アメリカは五十億ドルを使い翻意を促したが失敗した。ウクライナ政局をますます混乱させただけだった。

この失敗はアメリカ自身が認めている。アメリカ国務省次官補ヴィクトリア・ヌーランド（ヨーロッパ・ユーラシア担当国務次官補）の言葉と行動を見ればそれがわかる。

十二月半ば、ヌーランドは、アメリカがいかにウクライナの民主化に力を注いできたかを自慢したことがあった。「数十億ドルの金銭的支援だけでなく、五年もの間、民主化の準備作業を後押しした。ウクライナ国民が民主主義を学び、民主主義国家を建設するためにアメリカは支援を惜しまなかった」と述べた。この後、彼女はヤヌコーヴィッチ大統領と二時間にわたって会談し、EUとIMFとの交渉を再開することを要求したのである。それでもヤヌコーヴィッチはアメリカの要求を聞き入れなかった。アメリカがマイダン革命を支援したのはそのためであった。

二〇一三年十一月末、欧州委員会委員長は、「ロシアが、EUとウクライナの約束を反故《ほご》にさせるようなことは許さない」と語った。

EU加盟が実現しなかったことに憤った群衆はキエフの町に繰り出した。それを煽ったのはフロマツケ・テレビ局だった。アメリカ資本の入ったインターネットテレビ放送局である。

キエフの群衆は数百数千と数を増し、警官隊と衝突した。親EUの外交方針に舵を切り直せという主張が、いつのまにか政権交代を要求する声に変わった。双方を狙った狙撃事件があったが、衝突をエスカレートさせる意図のある行為だった。群衆が政府の建物を占拠するに及んで、ヤヌコーヴィッチは国外に脱出した（二〇一四年二月）。暫定政府が組織され、ペトロ・ポロシェンコが大統領に指名された。彼は菓子の製造販売で財を成した実業家で「チョコレート王」と呼ばれていた。

ウクライナの騒動は西側諸国とロシアとの代理戦争であった。アメリカによる「悪人対善人の戦い」であるという公式説明には無理があった。追い出されたヤヌコーヴィッチ大統領は、選挙で選ばれた大統領であった。民主主義的手続きを踏んでいた。その大統領を暴力的に失脚させることにアメリカは手を貸した。

それでも西側メディアは、この蜂起は、独裁者を追放し民主主義を実現するための市民革命だと報じた。しかしその報道には明らかな嘘があった。メディアが報じた「勇敢なる市民」のなかには怪しい輩《やから》もいた。一九三〇年代を想起させる過激なスヴォボダ党のメンバーが紛れ込んでいたのである。そのなかの一人は、ヨーゼフ・ゲッベルス政治研究所創立のメンバーであった（訳注：ゲッベルスはナチスドイツの宣伝相）。彼らは反ユダヤを標榜していた。

しかし、アメリカは、ネオナチ・グループが革命に関与していることには目をつぶった。ジョン・マケイン上院議員（共和党アリゾナ州）がウクライナを訪問したことがあった（二〇一三年十二月）。これは国務省のお膳立てで実現したものだったが、完全な失敗だった。マケインはスヴォボダ党党首オレフ・チャフニボクと席を同じくしてしまったのである。チャフニボクはナチス式敬礼が平気でできる人物で、「モスクワに巣食うユダヤ・マフィアと戦え」と国民を煽動し、政府には「ユダヤ人犯罪組織をつぶせ」と要求していた。

国務省とネオナチ・グループとの関係は一般には知られてはならないことだったが、アメリカ政府にとって彼らは便利な存在だった。先述の国務省高官ヴィクトリア・ヌーランドは、ヤヌコーヴィッチ追い落としの作戦をオレフ・チャフニボクと打ち合わせていた。もちろん対外的には、「民主主義の考え方を教え、民主主義的組織の作り方を協議した」と説明していた。

しかし、彼女の電話でしゃべったことが外部に漏れてしまう。彼女は、「(ネオナチの)チャフニボクは政権の外に置くが、これから選ばれる大統領とは週に四回は会談させる」などと語っていたのである。選ばれる大統領はもちろんアメリカが承認する人物でなくてはならなかった。

アメリカ主要メディアはこの政権交代劇の裏の部分は伝えない。『タイム』誌の記事では、ネオナチ・グループは一切関わっていない、ことになっている。この件について報道したのは『サロン』誌であった(二〇一四年二月二十五日付)[*1]〔訳注:『サロン』はネット配信のニュースサイト〕。記事のタイトルは「アメリカは、ウクライナのネオナチ・グループを支援しているのか?」となっていた。

「ウクライナの反政府運動(ユーロマイダン)[*2]は今週大きな盛り上がりを見せた。そのなかでファシズムを標榜するネオナチ・グループの活動は無視できないほどに活発だ。群衆は、独立広場に集まり、警官隊と衝突し、『腐敗した親ロシア大統領ヤヌコーヴィッチを追放せよ』と要求した。極右の行動派は、『ウクライナの人種的純潔を守れ』とも主張していた」

「占拠されたキエフ市役所には、ウクライナ旗と併せて白人至上主義者のシンボル旗も持ち込まれた。ひっくり返されたレーニン記念碑の周りではナチス親衛隊旗や白人の力をシンボル化した旗が振られた。大統領がヘリコプターで宮殿から脱出すると、かつてナチスと戦ったウクライナ人を顕彰する記念碑は破壊された。広場では、ナチス式敬礼をする者、ナチス党旗を振る者がいたるところで見られた。ネオナチ・グループはキエフ周辺で自治区的な空間まで作り上げた」

実際に、暫定政権では、スヴォボダ党員が四つの要職を占めた（副首相、農業相、環境相、司法長官）。

ＥＵは内政改革を求めた（二〇一三年）が、改革は進まずウクライナの新興財閥は昔どおりのやり方でビジネスを続けている。新政権が親ＥＵになったとしてもウクライナの腐敗は変わらない。新興財閥のメンバーも暫定政権の要職に就いた。たとえば、ウクライナ第十六位の富豪セルゲイ・タルタはドネツィクの知事となっている。暫定大統領に「チョコレート王」のペトロ・ポロシェンコが就いたと述べたが、彼のビジネス成功のきっかけは国家財産民有化の過程できわめて安価に国家財産を手中に収めたことにあった。彼はＩＭＦが求める内部改革を断行できるような人物ではない。

ウクライナ人ジャーナリストのアンドリ・スクーミンは次のように書いている。[*3]

「西欧側は親ＥＵの考えを持つ人物をウクライナの既存勢力のなかから見つけようとしている。彼らはペトロ・ポロシェンコを信用できると考えているようだ。彼なら必要な改革を断行し、ＥＵ・ウクライナ関係を大きく前進させる。そう期待している。しかし新興財閥の独占的経済力を温存したままで西側とのスムースな統合など期待できない。国内改革も難しい。おそらくポロシェンコにできるのは、外面《そとづら》を取り繕うことだけであろう」

クリミアはロシアに還る

先に、フルシチョフがクリミア半島をウクライナに返したのは一九五四年のことだったと述べたが、この返還には実質的な意味はなかった。当時は、ソビエト連邦がばらばらになるなどと想像できる者は一人もいなかった。実はこの返還にあたってフルシチョフは法律違反を犯していた。返還の是非についてはソビエト連邦最高裁判所の行政委員会で検討されたうえ、最終的にはレファレンダム（国民投票）によって決められる手続きが必要だったのである。確かに行政委員会は返還を満場一致で可決していた。しかし問題は採決に必要な定足数が不足していたのである。六十年後にこの法的手続き違反を指摘したのがプーチンであった。

マイダン革命を見つめるプーチンの思いは複雑だったに違いない。ウクライナがＮＡＴＯ（ＥＵ）に近寄っていくことは面白くないが、その一方で、ウクライナは金食い虫という現実もあった。問題児のウクライナをどこかが引き受けるのなら、それでもよいとの思いも脳裏をよぎったに違いない。

マイダン革命後、ロシアはウクライナ政策をドライに転換した。ガスプロム社はウクライナに対して債務返済を迫り、安価販売もやめた。ガス価格は一夜にして倍になった。ウクライナは市場価格での購入を余儀なくされ、支払いには西側諸国からの借入金があてられた。

ただプーチンはクリミア半島の軍港だけは手放せなかった。セヴァストポル軍港はロシアの絶対的管理の下に置かなくてはならなかった。プーチンはまずセヴァストポル駐留軍に警戒態勢を取らせたうえで、軍港周辺に戦闘態勢の整った軍を新規に派遣した（ただプーチンはこのことを否定している）。クリミア議会がウクライナからの分離を決議するとそれを歓迎し、同地での国民投票の採決を待った。

ロシア系住民が多数派のなかでクリミアがロシア帰属を決めたことに誰も驚きはしなかった。クリミアがロシアに帰属しないのであれば、アメリカが糸を引くクーデターを受け入れなくてはならなかった。クリミアのロシア系住民は、キエフの暫定政権にロシア系住民を嫌う勢力が入っていることを知っていた。ファシズムに哀愁を持つ連中が紛れ込んでいることもわかっていた。キエフではロシア系市民が殺されていた。クリミアのロシア系住民にとってロシア帰属を決めることは難しい決断ではなかったのである。

クリミアのロシア帰属決定プロセスは迅速でかつ平和的であった。キエフでの革命には流血があったが、クリミアでは一滴の血も流れていない。西側諸国はロシアへの帰属決定プロセスを強く非難したが、プーチンは一顧だにしない。クリミアはロシアに帰属すべきであるというプーチンの強い信念の前に、西側の抗議も制裁もロシア孤立化政策もその効果は限定的だ。

これからウクライナがどうなっていくのかは誰にもわからない。おそらく相当に醜いことになるだろう。アメリカとEUの支援を受けて親西側政権ができたものの、新指導部はすでに紛争の種をまき散らしている。ドネツィクとドニプロペトロウシク両地区の知事に新興財閥に属する人物を任命した。両地区ともウクライナからの分離活動が活発な土地だ。ロシアへの帰属を望む勢力が強い。

彼らが、クリミアのように、それを望めばプーチンも積極的歓迎とは言わないまでも迎え入れざるを得ないだろう。ただ経済的困難を抱える多くの人口を取り込むことに消極的である。

ウクライナへの軍事介入の可能性はプーチンは否定している。東部ウクライナでのロシア系住民の安全が脅かされることにならなければ軍事介入はないだろう。

アメリカが今のウクライナの混沌を生んだことははっきりしているが、この紛争が悪化することを望む者はいない。ただ、アメリカが、これからもプーチンを苛立たせる外交を続ければ、プーチンのペトロダラー体制打破の動きをよりいっそう早めるだろうことは十分にあり得ることだ。

ウクライナのエネルギー資源事情

ウクライナについては次の二点がよく知られている。一つは天然ガス使用代金の未払い問題であり、もう一つはチェルノブイリ原発事故問題である。しかしほかにも知っておくべき事柄がある。

ウクライナの天然ガス埋蔵量は豊富であり、従来の技術でも十分に開発可能である。オイルシェール層も発見されていて、アメリカで採用されている水圧破砕法を使えば利用可能である。

隣国ポーランドではシェールガス開発が進みブームになっている。ルブリン地区の埋蔵量は五〇兆立方フィートと見込まれていて、現在のヨーロッパ市場価格に換算すると四兆ドルの価値を持つ。ポーランドは将来的にシェールガス輸出国になろう。ルブリン地区の地層はウクライナまで続いている可能性が高く、ウクライナ領土内の埋蔵量はポーランドに匹敵するかもしれない。

ウクライナが自国内でのエネルギー資源開発に成功すればロシアへの依存は軽減する。しかし、これまでのところウクライナの資源開発に向けての動きは弱い。その理由は開発資金獲得競争でポーランドに後塵を拝しているためである。ポーランドは投資家優遇策を取り、政治的にも安定している。

ウクライナの開発となれば、(開発に成功しても)ガス製造ライセンスを裁判所から受けなくてはならず、販売にあたっても、上限価格を決められてしまうリスクがある。

ポーランドでは開発業者登録も開発許可申請も一つの官庁との交渉で足り、登録までの期間はおよそ三カ月である。ウクライナでは同じ作業に複数の官庁との交渉が必要で、実際の開発作業を始めるまでに数年を要する場合もある。ウクライナでの開発を試みたが撤退した大手企業は多い。マラソン石油もその一つである。

ウクライナには石炭も豊富で、埋蔵量は三四〇億トンと見込まれている。こちらの開発も進んでいない。シェールガス開発と同じように煩雑な手続きや規制が障害になっている。現在稼働している炭鉱も非効率で、利益を上げている民間企業は少ない。ほとんどの炭鉱が、国営炭鉱の低価格に引きずられて赤字経営を強いられている。豊富な埋蔵量にもかかわらずウクライナは石炭輸入国である。

炭層メタンガス（coal bed methane：CBM）

豊富な石炭層が存在しているだけに、ウクライナの炭層メタンガス埋蔵量も莫大である。一〇五兆から一二五兆立方フィートの埋蔵量があると見込まれている。ＣＢＭの開発に成功すればウクライナはエネルギー自給が可能となる。メタンガスは爆発の危険があるが、それが採取できれば炭鉱自体が安全になるというメリットもある。ウクライナの炭鉱事故による死者は多く、平均で年三百十七人となっている。この数字を上回るのは中国だけである。またメタンガス濃度が高まったことで生産量が落ちた炭鉱や廃鉱になった鉱山もあるが、これらを再び活性化できる。メタンガスはグリーンハウス効果を持っている。ウクライナの炭鉱からは毎年三〇億立方メートルのメタンガスが排出されているが、これを利用できれば排出権取引に優位になる。

ウクライナの投資環境は悪く開発は遅れている。それでも二〇〇九年にはキエフにおいて、ＣＢＭ開発におけるルールを定めるまでになり、許認可、安全基準、環境保護についての法律が整備された。投資促進策としての優遇税制も導入された。（法人）所得税の免除も二〇二〇年までの延長が認められた。これを受けて、ガスプロム社（ロシア）はナフトガス（ウクライナ）とのＣＢＭ開発合弁事業に乗り出すことを決めた。

＊1：［原注］Max Blumenthal, "Is the US backing neo-Nazis in Ukraine?", *Salon*, Feb. 25, 2014.

＊2：〔訳注〕Euromaidan 直訳すれば欧州（Euro）広場（Maidan：ウクライナ語）である。ヤヌコーヴィッチ大統領への抗議行動が独立広場での集会から始まったことから、抗議活動そのものを指す言葉になった。

＊3：［原注］Andriy Skumin, "The Return of the Prodigal Son, Who Never Left Home", *Ukranian Week*, March 30, 2012.

第6章 プーチン分析

すでに述べたとおりプーチンの外交は強引ではあるが、柔軟な態度もみせ、無用な対立を避けている。

彼の協調的外交がよく表われたのは共同経済圏（ＣＥＳ）の創設であった。この自由貿易圏にはロシア、カザフスタン、ベラルーシの三国が加入している。プーチンは、「ポストソビエトを象徴する新経済圏で、歴史的な価値がある」と述べた。

日刊紙『イズベスチア』はプーチンの言葉を次のように伝えている。

「ＣＥＳを、より包括的で、持続可能な長期的プロジェクトにしたいと考えている。この試みはビジネスにとっても参加国の国民一人ひとりにとっても有益である。ＣＥＳは、政治情勢を含む各種要因に左右されないものにしていきたい」

「将来的には、共通ビザの導入で人的移動を自由にし、出入国管理も撤廃したいと考えている。そうなればＣＥＳ参加国間の協力関係も強化される。労働許可割り当て規制も撤廃し、どこで学び、どこで働くか、そしてどこに住むかも自由にしたい。そうなれば労働力の移動もスムースになる。それを目指した環境整備に努めたい」

「ビジネスの機会も大いに広がるだろう。物やサービスの基準やルールが統一され、それらはヨーロッパ基準を満たすだろう。CESが共栄圏となるためには交易における自由度が広がらなければならない」

「(フェアな)競争環境を整える法整備も進める。起業の地も、営業の地も自由に選べるようにしたい。市場取引の円滑化や投資環境整備に向けて、政治がリードしていくべきである。作業を進めるなかで、これまで気づかなかった欠陥が出てこようが、そうした不適切な部分はしだいに矯正されるだろう。そうなれば、ヨーロッパの、いや世界の標準を満たす投資環境ができ上がるだろう」

「一般国民も事業家も、CES構想が、官僚が頭だけで考えたお飾りのような代物ではないということを理解してほしい。CESは目的を持った生命体である。イニシアティブを持って、官僚主義的な煩雑な手続きを排除し、ビジネスでの成功の機会を増やし、参加国の国民の利益を高める。そういう大胆な試みである」

「我々は次なるステージに向かおうとしている。それは(CESをさらに拡大した)ユーラシアユニオンである」

このプーチンの言葉は信用できるだろうか。筆者は肯定的に捉えている。

プーチンの構想は壮大であり本格的な経済圏創出を目論んでいる。成功すればEUあるいは中国に匹敵する新経済圏ができ上がる。プーチンはCESの関税同盟拡大に向けて、カザフスタンとキルギスにも参加を呼びかけている。両国ともモスクワからの支援を必要としている。キルギスは二〇一五年には参加の見通しである。アルメニアもそれに続く可能性が高い。

プーチンはアゼルバイジャンとモルドヴァにもアプローチしている。ただこの二国についてはＥＵとの綱引きになろう。ウズベキスタン、トルクメニスタン、タジキスタン三国には中国の影響力が及んでいる。この三国にはモスクワへの警戒感が強いが、アプローチはしていくだろう。

アゼルバイジャンには石油がある。トルクメニスタンとウズベキスタンにもエネルギー資源を含めた鉱物資源が豊富だ。こうした国々がＣＥＳに参加すれば大いにプラスとなる。ユーラシアユニオンが現実になれば、それはかつてのソビエト連邦の再現になるのだろうか。ワシントンはそうなるだろうと見ているが、プーチンはそれを否定している。

「私の構想はかつてのソビエト連邦の再現を目指すものではない。ソビエト連邦はもう過去の遺物である。私は統合を目指してはいるが、それは新たな政治的あるいは経済的基盤の上に立つもので、これまでになかった価値観に基づいている」（『イズベスチア』報道）

ユーラシアユニオン構想の狙い

この構想は壮大である。単一国家を超えたスーパーナショナルな組織を作り上げ、世界にもう一つの新しい極を作り上げる。これを梃《てこ》にすれば、ＥＵや発展著しいアジア太平洋地域との有利な交易が可能になるとプーチンは考えている。

プーチンは、ユーラシアユニオンがEUと敵対するとは考えていない。「ユーラシアユニオン参加国は、ユニオンの成立そのものでの（域内）ベネフィットはもちろんのこと、ヨーロッパ各国（EU）とも協調的な関係を（有利な立場を保ったままで）構築できる」と説明する。

ワシントンは、これに対して「空虚なレトリックにすぎない」と冷ややかだ。確かに、プーチンが真の自由市場創設を目指すのかは未知数だが、筆者は、彼の言葉に誠実さを感じている。彼の構想が実現すればロシアの立場は経済的にも政治的にもそして軍事的にも格段に強化される。

もちろんその作業は容易でない。クレムリンがどのような誘いの言葉を投げかけようが、ウクライナとアゼルバイジャンが耳を傾けることはないだろう。財政難にある独裁的な国もあり、ロシアの金銭的支援を要求するかもしれない。それを約束すればロシア財政に大きな負担となる。

また人的交流の自由化についてはロシア国内の反発がある。ロシア国民はプーチンをスラブ民族の闘士であると敬愛してはいるが、他民族の低賃金労働者が流入することは歓迎しない。そのほとんどがイスラム教徒であり、ロシアではどこに行っても危険視されている。プーチンの構想は掛け声だけに終わる可能性もある。ただそうなったとしても、プーチン構想の根幹が潰れてしまうことにはならない。

ほかにもこの構想に似たものが現われている。それが上海協力機構（SCO）である。これにはロシア、中国、カザフスタン、タジキスタン、キルギス、ウズベキスタンの六カ国が加盟している。国境の安全確保を機構の主目的としているが、実質はNATOに対抗する組織である。非同盟、非対立、非干渉を謳《うた》っていながら、現実には共同軍事演習も実施している。SCOの今後は流動的である。ロシアはパキスタンの参加を、中国はイランの参加を促している。それが現実になればロシア、中国、パキスタン、イランの経済軍事協力も視野に入ることになる。

そうなればエネルギー資源取引にも大きな変化が生まれる。イランがメンバーとなれば、ＳＣＯが世界の半分の天然ガス埋蔵量を牛耳ることになる。これがパイプラインで結ばれれば、ユーラシアの完全一体化とまではいかないが、アジア方面での部分統合までは期待できる。

これは、アメリカやヨーロッパ諸国がかつてやってきたことなのである。世界覇権を誰が握るのか。プーチンの進める「超冷戦」は石油、天然ガス、ウラン、石炭、パイプライン、港湾施設を巡る戦いである。プーチンは過去十年にわたって戦いの準備を進め、その戦いはすでに始まっている。戦いがどれほど長期にわたるものになろうとも彼はその指揮官であり続けるだろう。世界の枠組みを再編する戦い「超冷戦」は始まったばかりである。

西側諸国がどういった対応を見せるか興味深い。

プーチンは各国の協調を訴えていると述べた。しかしロシアの国益が常に最優先である。どのような枠組みになろうともロシアはその主導権を握ろうとする。その武器（手段）がエネルギー資源なのである。各国との関係はエネルギー資源取引との関係を通して築き上げる。そうすることでアメリカの影響力を減退させる。それが狙いである。

プーチンは次のような論文を書いている（一九九七年）。当時、ロシア経済は文字どおりボロボロの状態にあった。そんな状況のときに書かれた論文であることを念頭にして読んでほしい。

「ロシアの置かれている社会経済的条件を勘案しつつ、停滞を克服し、失った過去の力を取り戻さなければならない」

「わが国の豊富な天然資源こそが国力回復のキーになる。我々は次の点に注意を向けなくてはならない。

1 いかに早く現在の混沌状況から抜け出すか。

2 ハイテク工業製品を製造できる体制をどう構築するか、そしてその原料および技術をどう確保するか。

3 食料安全確保を確実にすること。食料生産地の安全保障をどうするか。

4 先進国間における交易構造を（ロシア有利に）変化させる。

5 ロシアの直面する問題を解決し、ロシアの将来を明るくするためには、わが国天然資源の合理的な活用が必須である」

プーチンが質的な変化を求めていることがよくわかる。彼は、資源エネルギー分野（特に石油、天然ガス、ウランの三分野）において、圧倒的な支配力を持つ国に導こうとしているのである。

繰り返す歴史

プーチン論文が「超冷戦」の本質を示している。ロシアの戦いの武器はもはや戦闘機や戦車ではない。それは、石油、天然ガス、ウランであり、それを利用可能にする精製設備、パイプラインそして港湾設備などのインフラストラクチャーである。プーチンの真の敵はアメリカであるが、現在

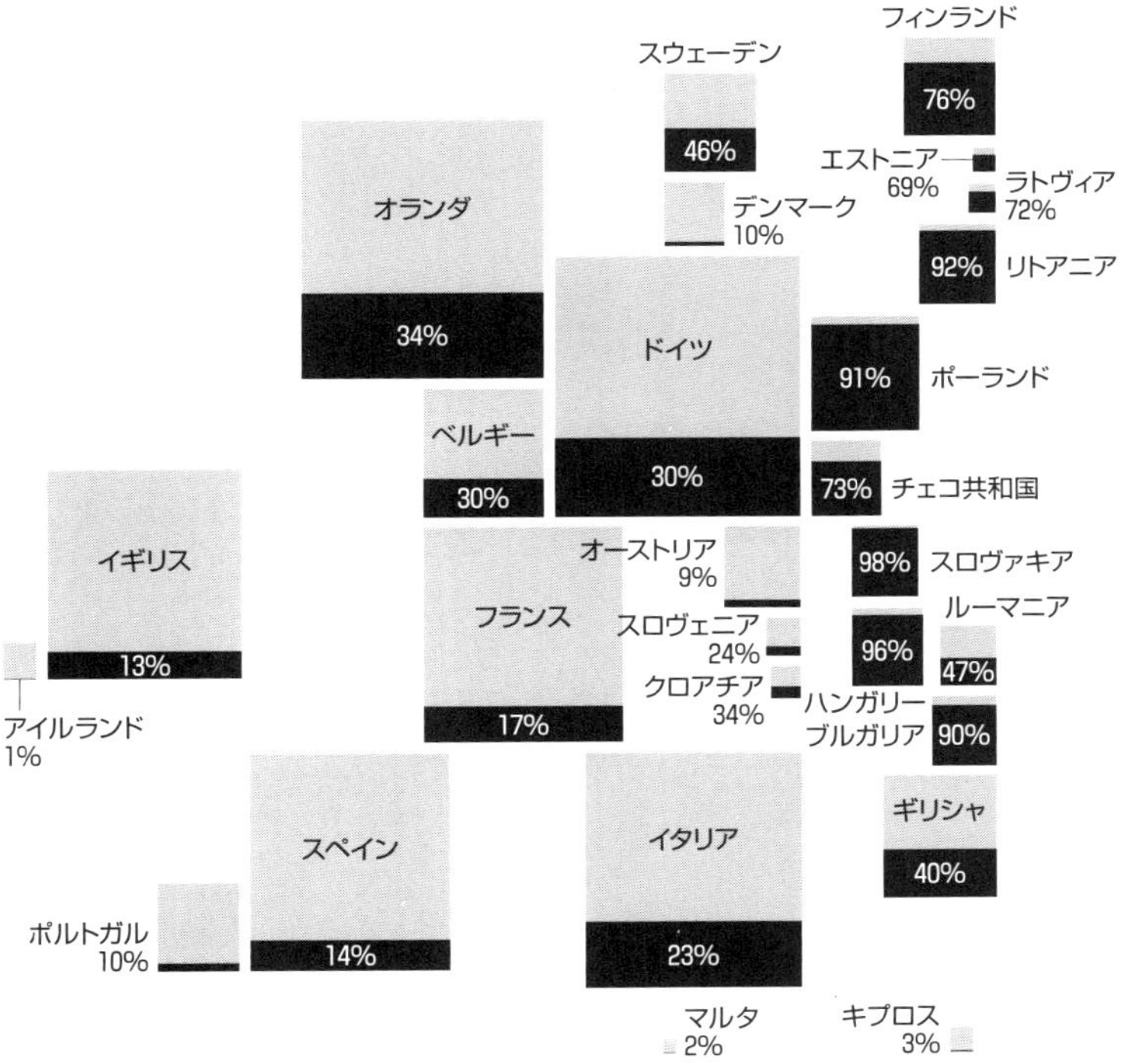

・四角の大きさは輸入エネルギー総体を示す（EU 域内調達分を除く）
・黒い部分はロシアからの調達割合を示す

〈図６−１〉ヨーロッパ各国のロシアのエネルギーへの依存度

［出典：ユーロスタット（Global Trade Information Services）］

の戦いの舞台はヨーロッパである。

先に述べたように、ロシアと中国は連携を進めている。ロシアの膨大な天然資源と中国の豊富な外貨準備を梃にして、かつての旧ソビエト連邦諸国を含むユーラシアから極東までの国々を包み込む連合体の準備を着々と進めている。この新しい枠組みはアフリカやラテンアメリカをも引き込む魅力を持っている。これまでのアメリカのやり方とは違う枠組みだからである。いまや、プーチンは新興国家群のリーダーとして振る舞っている。

プーチンは、アメリカが世界の警察官として振る舞うことを嫌う。それに協力するヨーロッパ諸国も同罪だと考えている。プーチンは何度かアメリカ大統領と会談はしているが、ブッシュやオバマが嫌いである。

プーチンは、指導者たる者は強いだけでなく、柔軟でなければならないと考えている。彼は、ブッシュもオバマもその資質に欠けると見ている。プーチンの目には、ブッシュはネオコンのアドバイスに引き回された、頭の回転の鈍い頑固者であり、ただ乱暴な軍国主義者と見なしていた。オバマ大統領の評価も低い。プーチンは、シリア問題でもイラン問題でもオバマを軽くいなした実績があるだけに、オバマを軽量級の政治家だと見下している。

プーチンは軍事力の重要性をはっきりと認識している。それを行使する場合は、迅速に圧倒的な兵力を展開させるべきことを知っている。チェチェン紛争では実際にやってみせた。しかし、彼は挑発されない場面で軍事力を使うことには慎重である。長い目で見れば、不必要に対立することは愚かなことである。プーチンにとって重要なのは先を見据えた目標の達成である。彼はアメリカの政治が常に次の選挙のことばかりを見て、より重要なことに無関心であることを軽蔑している。

　これまでのアメリカなら、ロシアが何を言おうが、国連安全保障理事会がどのような意向であろうがお構いなく行動した。ロシアが拒否権を発動する場合でも、ＮＡＴＯ、あるいはアメリカに理解を示す国と提携して、独自の外交を進めた。時には一国だけででも、行動に移すことを厭わなかった。モスクワの意向など斟酌《しんしゃく》しなかった。

　これまでのアメリカ外交で、プーチンとうまくやれた場面があっただろうか。それは誰にもわからない。両国間には敵意と相互不信による深い溝がある。両国の関係が今後どうなるか誰にもわからないが、ロシアが、「アメリカの金魚の糞《ふん》」のような役割を果たすような行動は絶対にとらないことだけははっきりしている。

　もちろんロシアがそんな立場に追い込まれる可能性はないことをわかっている。ロシアには十分な天然資源がある。平方マイル当たりの資源埋蔵量は世界一である。第二位のカナダの倍の量を保有している。地球規模で見ても、ロシアは、石油、天然ガス、石炭、金、銀、ウランなどの宝庫である。プーチンはロシアの天然ガスに頼る「顧客」を増やし続けている。ヨーロッパ方面には新しいパイプラインを建設し、中国とは長期供給計画を結んだ。

　プーチンはウランマーケットでも影響力を増している。ウラン精製の寡占化を進め、すでに世界の生産量の四〇パーセントを支配するまでになった。ダウンブレンド（兵器グレードの高濃縮ウランを発電用の低濃縮ウランに替えること）設備も十分である。ロシアの原子力発電の大手「ロスアトム」の原子炉製造能力は世界一の規模であり、現在二十一基の受注を抱えている。

ここに挙げたすべての地下資源の動向を見極めなければプーチンの戦略は理解できない。重要エネルギー資源すべてについてプーチンの戦略を明らかにしたい。次章ではまず石油に焦点を当ててプーチンの狙いを見ていくことにする。当面、石油が最も重要な役割を果たすことは間違いないからである。

第7章
プーチンの石油戦略

今日のロシアの原油のほとんどが西シベリアで生産されている。第3章で述べたように、ソビエトの石油産業の衰退は留まるところを知らない状態にあった。原油生産設備は荒れ放題で、生産量はソビエト連邦の崩壊まで減少の一途をたどった。その後も経済的・政治的混乱が続き事態は好転しなかった。

プーチンが権力の頂点に登りつめた頃、生産はようやく増加に転じた。プーチンは石油増産のために、合併を進めた。二〇〇七年以降にも石油産業寡占化に千六百億ドルが投じられた。その結果生産量は大幅に増加した。一九九八年には日産六〇〇万バーレルだったが、十年後の二〇〇八年には日産一〇〇〇万バーレルとなった。翌二〇〇九年には、サウジアラビアを抜き、世界最大の石油生産国となるまでの変貌を遂げた。

二〇一二年には日産一一〇〇万バーレルにまで伸びている。一方で過去二十年間の国内消費量はほとんど増えていない。その結果、日産八〇〇万バーレルを輸出に向けられる。金額に換算すれば十億ドルの輸出代金が毎日ロシアに入ることになる〔訳注：二〇一四年の価格暴落でこの半額程度に落ち込んだ〕。

二〇一二年の数字で見ると、世界の石油消費量は日に八五〇〇万バーレルであり、うち五五〇〇万バーレルは国際間取引によって調達されている。ロシアは世界の一三パーセントの石油を生産し、国際取引市場の一五パーセントを占めている。ロシアは本物の石油大国である。

埋蔵量も莫大だ。正確な埋蔵量を数字で示すことは難しいが、六〇〇億バーレルないし七七〇億バーレルと推定されている。この数字は世界の推定埋蔵量の五パーセントに相当する。

北極圏石油開発

前述の推定埋蔵量には北極圏に見込まれる石油およびシェールオイルの埋蔵量はカウントされていない。これらを含めればおそらく二〇〇〇億バーレルを超えるだろう。この数字は世界の推定埋蔵量の一〇パーセント強に相当する。

北極圏の石油の帰属については、関係国（ロシア、カナダ、ノルウェー、デンマーク〔グリーンランド〕）間でつば競り合いが続いてきた。十三年間に及ぶ交渉の結果、オホーツク海周辺については、国連が二万平方マイル（五万二〇〇〇平方キロメートル）をロシアに帰属させた。もちろんプーチンは可能な限り広いエリアを獲得したいと狙っている。二〇一四年四月、プーチンが軍船および次世代型潜水艦のための軍港建設を北極圏で進めることを明らかにした。さらにＦＳＢに海軍

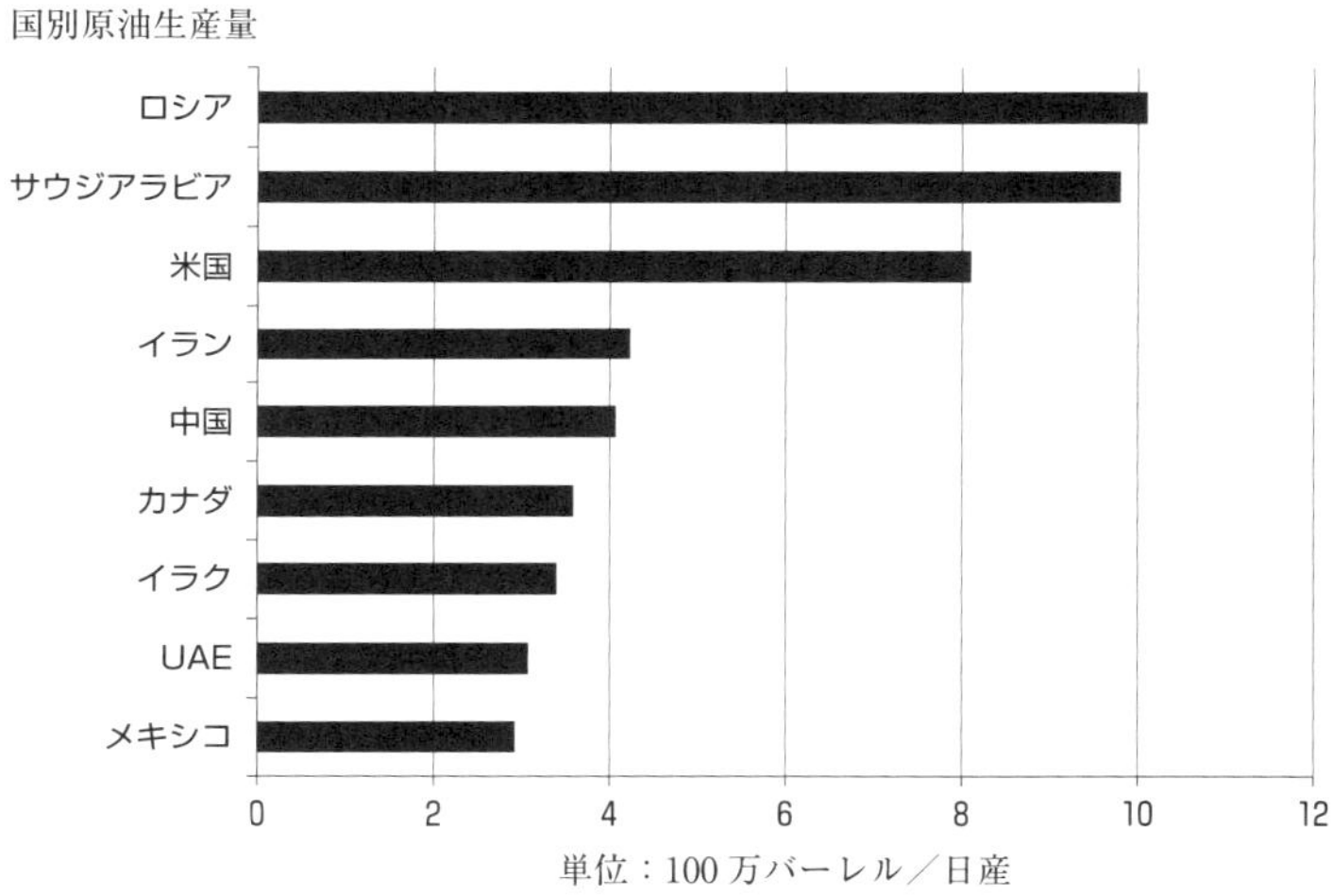

〈図7−1〉世界の原油生産量
［出典：米国エネルギー情報局および © ケイシー・リサーチ／2014］

機能を持たせる意向も示した。北極圏でのロシア権益防衛が狙いである。

極地での石油探査作業はきわめて難しい。しかしロシアはそれに果敢に挑戦している。昨年（二〇一三年）には、ペチョラ海のプリラズロムノエ鉱区での生産が始まった。そこには五億三〇〇〇万バーレル（推定埋蔵量）の石油が眠っていて、現在四十本の油井が掘削されている〔訳注：ペチョラ海は、ロシア北西部に面する海。海底油田はガスプロム社の子会社（GazpromNeftShelf）によって開発されており、最初の出荷を祝う記念式典は海上プラットフォーム内で行なわれた（二〇一四年四月十八日）〕。*1

海上に設置された巨大プラットフォームは北極圏では初めてのもので、これが指令センターとして機能する。プラットフォームに使用されている鋼材は、低温下の環境で塩水に常に浸されても腐食せずに抵抗力を保持できる特別合金である。北極圏の厳しい環境（強風、海面氷結など）に十分に耐えられる設計となっている。

自重は五〇万トンにもなる。これには、基礎部分に設置された石の重さも含んでいる。これは流氷に押し流されることを防止するためのものである。プラットフォームの基礎は海底にしっかりと固定され、海面部分には水切りつばを設置し高波や流氷の圧力を減衰させる工夫がなされている。

油漏れによる海洋汚染を防ぐために、油井の頂部はプラットフォーム構造体の内部に収まるように設計されている。すなわち油井頂部は海とは直接接していない。

極地での石油開発事業では、プーチンは西側との協力関係構築に積極的だ。二〇〇九年には、（プーチンのお気に入りの）ロスネフチ社が、極地の共同石油開発事業でエクソン・モービル社と合意した。第2章で、ミハイル・ホドルコフスキーとの合弁交渉ではエクソン・モービル社が手を引いた顛末《てんまつ》を述べたが、彼らのロスネフチ社に対する態度はまったく違うものになっている。この契約は、二〇一一年および二〇一三年に再延長された。二〇一三年と言えば、エドワード・スノーデン亡命問題[*2]やロシアにおける人権問題でプーチンとオバマの間で激しい舌戦が繰り広げられていた頃である。そんななかで、この契約が更新されていることに注目しなくてはならない。

計画は、カラ海〔訳注：ロシア北部の海。北極海の一部〕での共同石油探索が目的である。計十五基の海上プラットフォーム建設が予定され、三千億ドルの予算が計上されている。

さらに両社は、シベリアにおけるオイルシェール開発（水圧破砕法）、黒海油田開発（推定埋蔵量八六億バーレル）あるいは極東（サハリン）におけるＬＮＧ（液化天然ガス）輸出ターミナル建設においても協力して進める計画である。

前記の契約には無関係だが、二〇〇九年にはロスネフチ社はエクソン・モービル社のアメリカ国内、メキシコ湾あるいはカナダでの油田開発で三〇パーセントの持ち分を獲得した。

中東では政治的な不安定が続いているが、ロシアの石油会社「ルクオイル」はイラクのウェスト・クマ二番鉱区からの生産を開始した。一四〇億バーレルの埋蔵量があり、同社は日産一二〇万バーレルの生産が二十年間続けられると見込んでいる。このプロジェクトにおける同社の持ち分は七五パーセントである。

ヨーロッパ石油事情

言うまでもないがロシア産石油の最良顧客はヨーロッパ諸国である。域内ではほとんど石油を産せず、わずかに北海油田（ノルウェーと英国）があるだけだ。しかも北海油田の埋蔵量は減り続けている。

ロシアの膨大な石油資源を前にして、ヨーロッパ各国のロシア依存はますます高まっている。ヨーロッパ諸国にすれば隣国ロシアからパイプラインによって石油を入手する方が中東からの輸入より効率的である。中東の不安定さを考えればなおさらである。

現在、フィンランドとハンガリーはほぼ一〇〇パーセント、ポーランドは七五パーセント、スウェーデン、チェコおよびベルギーは五〇パーセントをロシアに依存している。ドイツとオランダは若干低いもののそれでも四〇パーセント強の依存率である。ヨーロッパ全体で見た依存率も増加傾向にある。二〇〇二年には二九パーセントだったが二〇一〇年には三四パーセントに上昇した。ヨーロッパ諸国のカザフスタンへの依存率は二パーセントから六パーセントに、同じくアゼルバイジャンへの依存率も一パーセントから四パーセントに上昇している。両国ともプーチンの主導する独立国家共同体（ＣＩＳ）のメンバー国である。

この数字を見れば、プーチンのＥＵに対する影響力の強さが一目瞭然である。どの国も、プーチンの進める外交を邪魔して、石油供給を不安定にしたくはない。そのことでアメリカを苛立たせたとしても致し方がない。ロシアはますますその生産量を増やし、ヨーロッパ諸国のロシア依存度は高まる一方である。これがプーチンのパワーの源泉となる。二〇〇二年から二〇一〇年にかけて、ノルウェー（北海油田）への依存率は一九パーセントから一四パーセントに、サウジアラビアは一〇パーセントから六パーセントに下がっている。

もちろんＥＵ諸国もできることならロシアに過度に依存することは危険だと考えている。しかしできることは限られている。考えられる方策は次のようなものである。

●ヨーロッパ大陸以外での油田開発

●領土内での油田開発

この二つしか手がない。

ヨーロッパ以外の土地での開発はますます難しく、コストも莫大だ。さらに中国とインドとの競争も覚悟しなくてはならない。両国も新しい長期的安定供給源を求めて必死なのである。

そうなるとヨーロッパ域内の開発に活路を求めなければならないがこれも難しい。ここには通常の意味での油田はないし、新しいタイプの「油田」も少ない。仮に見つかっても、環境規制の問題が立ちはだかる。フランスは水圧破砕法を禁じていて、オランダもその方向で規制する予定である。ドイツの環境規制も同様だ。水圧破砕法によって天然ガス（シェールガス）を生産することはヨーロッパではほぼ不可能である。

結局できることは通常タイプの油井を探すことだけである。そうした掘削は二〇〇九年には八十カ所で行なわれ、現在は百四十カ所に増加した。しかし、油田が見つかったとしても必要量にはまったく足りないだろう。

ロスネフチ社

プーチンの石油戦略の核はロスネフチ社である。すでに書いたように、プーチンが権力を掌握した二〇〇〇年には、取るに足らない小さな会社だった。プーチンはこの赤子の会社を一気に逞《たくま》しい成人に変貌させた。まず少数株主の株を強制的に買い上げさせたうえで、政府プロジェクトをこの会社に任せた。生産量の一部が会社のものになるよう保証してキャッシュフローを担保させた（プロダクション・シェアリング）。国内生産基盤を確実にしたロスネフチ社は海外プロジェクトも積極的に進めた。手始めはアルジェリアとカザフスタンでの開発プロジェクトであった。

同社の生産量は四年で五〇パーセント増加し、日量四〇万バーレルとなった（二〇〇四年）。ガスプロム社による買収工作があったが、その危機もうまく乗りきった。

プーチンはこの会社を、誰からも一目置かれる会社に成長させなければならなかった。邪魔をするものはプーチンからの嫌がらせを覚悟させた。それでもその作業は簡単ではなかった。

二〇〇四年、プーチンはイーゴリ・セーチンに経営を託した。セーチンとプーチンのコンビがロスネフチ社を一気に世界的プレイヤーに変身させた。先に述べたようにセーチンはサンクトペテルブルク・ボーイズの一人であり、プーチンの忠臣としてモスクワにやってきた男だった。

セーチンは非情なタフガイで秘密主義の人物として知られている。ソビエト時代はアフリカ担当のスパイであり、ラテンアメリカや中東諸国への武器輸出にも関与した。セーチンはクレムリン内シロヴィキ派[*3]の実質的首領である。シロヴィキ派は国家主義者の一群であり、旧KGB（国家保安委員会）、旧GRU（国防省参謀本部情報部）あるいはFSBなどの組織を経験してきたメンバーで構成されている。彼らのセーチンに対する忠誠心は高い。これが彼のプーチンへの強い影響力の所以《ゆえん》である。

セーチンには政治力もある。彼は十年間にわたってプーチン政権では副首相であった。しかし彼の経済分野における貢献は政治分野での活躍の比ではない。セーチンがロスネフチ社のCEOに就いてから（二〇〇四年七月）の成長は著しい。

セーチンは同社株を二〇〇六年七月にロンドン市場で公開した。公開された株は同社の四分の一である。残りは実質ロシア政府の所有である。つまりプーチンのコントロール下にある。重要な点はこの株式公開で、既存株主は急激に富（キャピタルゲイン）を得たことである。プーチンとセーチンが同社株を多く所有していることは公然の秘密だ。

ロスネフチ社は先に述べたように競合会社を買収することで成長した。なかでもＴＮＫ―ＢＰ社の買収は画期的だった。この会社は垂直統合ができ上がった優良石油会社で、二〇一二年まではＢＰ（英国石油）とロシアの投資組合ＡＡＲの所有であった。一時期はロシア第三位、世界でも十位以内の生産量を誇っていた。

ＴＮＫ―ＢＰ社は高額配当を実施し、投資家にとっては「おいしい会社」の代表格だった。しかしその一方で、権力争いが絶えない会社でもあった。二〇〇八年には当時のＣＥＯボブ・ダドリーがロシアから逃げ出した（ロシア政府は同社の二人の英国人幹部を逮捕している）。二〇一一年には同社子会社の最高幹部（ＣＥＯ、ＡＡＲ側の人物）が退陣した。ＢＰとＡＡＲの対立は御しがたいものになっていた。

投資家の間では、ＡＡＲの持ち分を誰かが買い上げることになるのではとの噂が絶えなかった。買収できるのはロスネフチ社以外には考えられなかった。同社はすでに「プーチン石油」と呼ばれてもおかしくない立場を作り上げていた。

買収のやり方は二段階方式であった。まずロスネフチ社が、ＢＰのＴＮＫ―ＢＰ社株所有分（ＴＮＫ―ＢＰ社の五〇パーセント）を買い上げた。総額二百七十億ドルであるが、その代金には現金とロスネフチ社株を充てた。これによってＢＰ社はロスネフチ社の二〇パーセントの株を所有することになった。

なぜＢＰ社はこの条件を受けたのだろうか。ＴＮＫ―ＢＰから、ＢＰは十分な利益を上げてきてはいるが、とにかくＡＡＲとの権力闘争に疲れたのである。それでも、ロシアの石油開発には参加し続けたかった。ロスネフチが提示した条件はその望みを叶えるものだった。ロスネフチがプーチンの寵愛を受けている事実もBPにとって魅力だった。ロシアの石油開発ではロスネフチが「最もおいしい利権」に与《あずか》ることは確実であるからだ。

BPにとっては、ロスネフチの大株主になることでセーチンとの直接コンタクトが可能になる利点もあった。

もちろんプーチンにも思惑があった。BPは囲い込まなければならなかった。プーチンはロシアの石油をロシア一国で独り占めできない現実を理解している。油田開発は高度な技術なしでは難しい。ロシア一国でそれを可能にする人材や技術を確保することはできない。BPの持つノウハウが必要だったのである。

プーチンはサウジアラビアの苦い経験から学んでいた。一九八〇年にサウジアラビアは石油を国有化し、外国人技術者を国外に追放した。その結果、当時日産一〇〇〇万バーレルだった生産量がたちまち四〇〇万バーレルに落ち込んだ。プーチンは自国の石油開発にはBPの力が必要なことを自覚している。

またBPに株を持たせることで、ロシアは二度と共産主義国家に戻らないという意志を示したのである。ここまでが第一段階だった。

第二段階は、残り半分のAAR所有分の買い上げだった。それはロスネフチが二百八十億ドル（現金）で買い上げた。AARの投資家たちはロスネフチが株主になる時点で覚悟を決めていた。彼らはホドルコフスキーの運命を知っていた。AARはロスネフチと対等の株主のままでいることがどれほど危険なことかわかっていた。現金を手にして去るのが最も賢明だった。いずれにせよこの買収劇は、一九九九年のエクソンによるモービル石油買収以来の大型案件だった。こうしてロスネフチは世界最大の石油会社の地位に駆け登ったのである。

同社の一九九八年の石油生産量はロシアのわずか四パーセントにすぎなかったことを考えると、ロスネフチの躍進ぶりはすさまじい。当時国内最大の石油会社はルクオイルで、一七パーセントを生産していた。残りは小規模の会社による生産であった。しかし二〇一三年には、ルクオイルはほとんど変わらない一六パーセントの生産を維持していたが、弱小会社は姿を消した。ロスネフチがそのほとんどを吸収したのである。その結果、ロスネフチの生産量はロシアの四三パーセントを占めるまでになった。同社一社の生産量が、中国一国の生産量を上回り、ナイジェリアの二倍に匹敵している。

ロスネフチはプーチンが後ろについた「国営企業」と見なしてもよい。資金調達にもきわめて優位な立場にあり、何があっても「大きすぎて潰せない会社（too big to fail）」のカテゴリーに入った。同社は今後とも極地開発も含めた国内石油開発で成長を続けるだろうし、これからも国内外を問わない買収を継続するに違いない。

実質「国営企業」のようなものではあるが、上場企業としての経営も求められている。それが堅実経営の担保になり、ロシア政府のバックアップと重なって会社の強みとなっている。世界のどこにでもチャンスさえあれば出ていける資金力も持っている。

ロスネフチを支配するプーチンは世界の石油産業の生殺与奪の力まで持ったのである。生産調整によって価格への影響力を行使できる。エネルギーを必要とする国にプレッシャーをかけることも容易である。ヨーロッパ諸国にとっては唯一安定的なエネルギー供給源がロシアである。ロシアにとって有利な条件で長期供給契約を結べる環境が整った。

すでにロシアからの石油供給に頼っている国にも、有望な油田があれば開発援助を厭わない。

OPECへの気配り

プーチンはOPECとの連携も視野に入れているに違いない。実現すればアメリカとEUにとっては最悪の事態だ。そうなれば世界の石油供給の五六パーセントがプーチンの影響下に入る。埋蔵分まで含めばその力はさらに増す。この「超OPEC（an Ultra OPEC）」が現実となれば、世界の石油価格の決定力を持ち、消費国は決まった価格に従わざるを得なくなるだろう。外交面でもプーチンに対抗することがいっそう難しくなろう。ヨーロッパ各国のロシア石油への高い依存度はすでに述べたとおりである。

アメリカにとっては幸いなことに、国内生産が増加した。輸入石油依存率は二〇〇五年には六〇パーセントだったが二〇一三年には三二パーセントにまで減少した。それでも消費量の六分の一はロシアあるいはOPEC諸国からの輸入である。

OPECはロシアをどう考えているのだろうか。OPECの指導者にはすでにプーチンとうまくやっている者がいる。OPECの会議にはロシアの代表も参加している。ロシアはOPECが減産

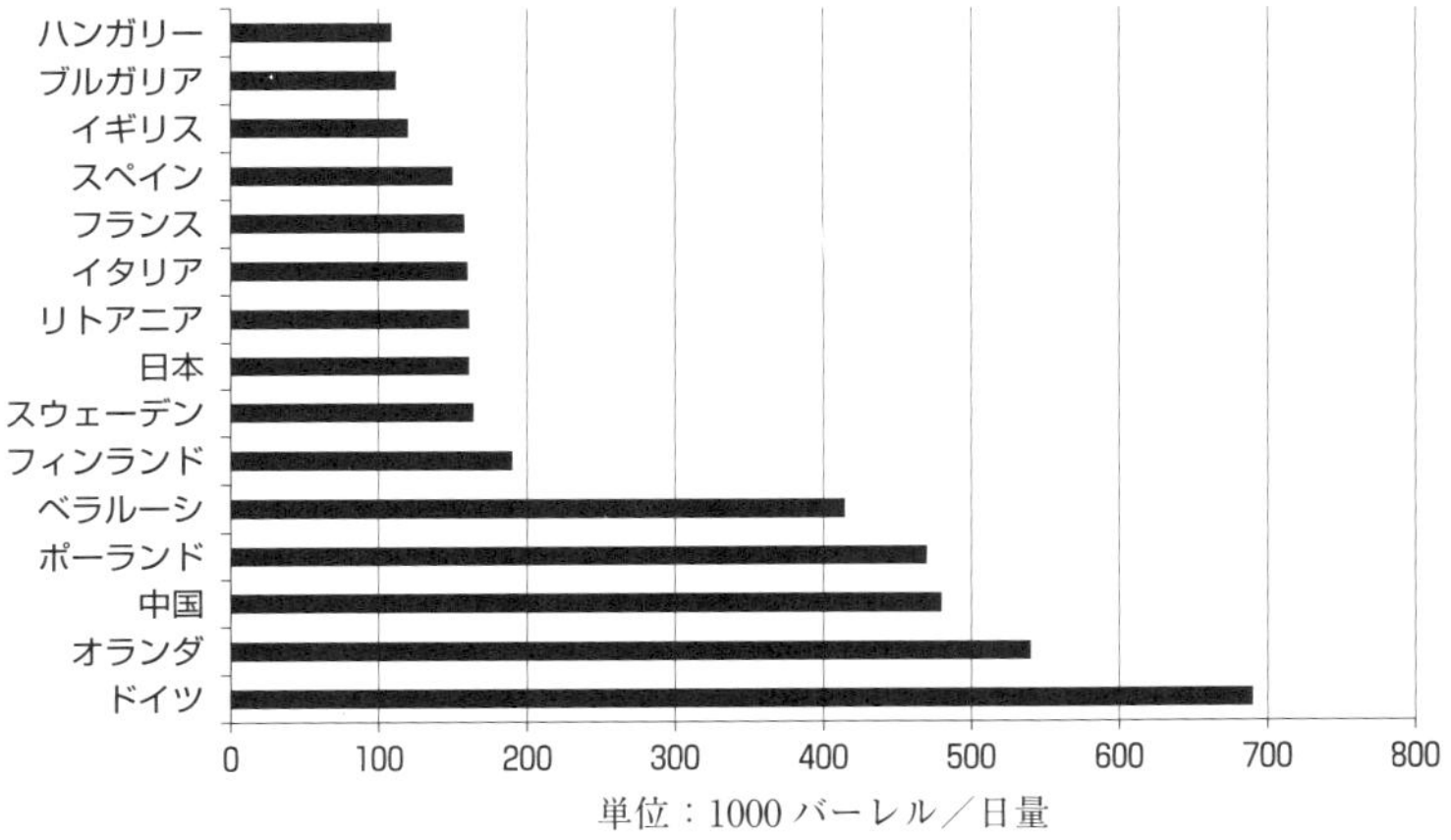

〈図７−２〉ロシア産原油国別輸出量（2012年）［出典：世界貿易地図（Global Trade Atlas）、米国エネルギー情報局および©ケイシー・リサーチ／2014］

する場合には協力する姿勢を見せたこともある。それでもＯＰＥＣとの約束を違《たが》えたこともＯＰＥＣの価格設定に従わなかったことも多い。プーチンがＯＰＥＣに参加すると表明したことはない。価格があまりに高くなりすぎることはロシア経済の悪化につながり、好ましいとも思っていない。

ロスネフチ社ＣＥＯのイーゴリ・セーチンは、「ＯＰＥＣに加わることは（民間企業としては）好ましくない」と『ウォールストリート・ジャーナル』紙に語っている。ＯＰＥＣメンバーの石油会社が国営であることを（民間企業の経営者として）問題視している。

そうはいっても「絶対」はない。プーチンは、ＯＰＥＣには加わらないと述べてはいるが、「すでにＯＰＥＣのパートナーとして良好な関係を築いている」と述べている。しかし「パートナー」が何を意味するのかについては口を濁したままである。

二〇〇八年、当時大統領の職にあったドミートリー・メドヴェージェフは次のように語っていた。[*4]

この言葉はプーチンの意向を反映している。世界不況が悪化していた時期であった。

「我々はOPECに参加する準備はできている。我々自身を守る必要があるからだ。石油も天然ガスもロシアの大事な収入源である。国家防衛のためには生産量を下げることもあろうし、既存の生産者の連合体に参加することもあり得る。あるいは新組織を作ることもあろう。もちろんそのような合意ができればの話だが」

「どのような可能性もあり得る。繰り返すがこの問題はわが国の収入に関わる大事な問題であり、国家の将来にも関わる。したがって、曖昧な方針で決めることではない。たとえば他の国際組織の勧奨（干渉）などを考慮することはない。あくまで国家利益の観点から必要なことを粛々と進めていく」

石油パイプライン敷設

プーチンはインフラ整備にも余念がない。権力を握ると同時に、パイプラインと港湾設備の増強を始めた。

二〇一〇年にはその成果が出た。東シベリア・太平洋石油パイプライン（ESPO）が完成し、すでに稼働している。第一期の計画は、東シベリアの油田と中国との国境に近い町スコヴォロジノに日産最大六〇万バーレルを送るパイプラインの敷設である。半分の三〇万バーレルは、中国のパイプラインと連結させ、CNPC（中国石油）に販売する。CNPCへの供給は二十年の長期契約に基づいている。残り半分は、鉄道で、太平洋岸の港コジミノ〔訳注：ロシア沿海州ナホトカ湾南東部に位置する〕に送り、スポット市場での販売に充てる〔訳注：二〇〇九年十二月二十八日、プーチン（当時首相）はヘリコプターでコジミノ港に降り立ち、初の積み出しを祝う記念式典に参加した〕。

第二期計画は、キャパシティを日産一〇〇万バーレルまで増やし、ESPOパイプラインをコジミノまで延長することであった。これは当初の計画より二年早く二〇一二年に完成を見た。アジアマーケットに直結する供給網を完成させたのである。特にプーチンのエネルギー戦略の重要ファクターとなっている中国市場と直結させたことには大きな意味がある。エクソン・モービル社とロスネフチ社による極地生産の増加に鑑《かんが》みれば、中国への輸送網はいっそう充実することになろう。

プーチンは、ヨーロッパ方面への供給インフラ作りにも余念がない。先にパイプライン使用料あるいは盗油の問題でウクライナと揉めていると述べた。ウクライナがロシアにとっては一番の問題児であることは間違いないが、ほかにも問題児はいる。ベラルーシである。ベラルーシとはドルジバ・パイプラインで揉めている。このパイプラインは世界最長で日産一〇〇万バーレルを西ヨーロッパの製油所（ポーランド、チェコ、スロヴァキア、ドイツ、ハンガリー）に送っている。このパイプラインはベラルーシを通り、ベラルーシはその使用料を上げるよう迫っているのだ。

この要求にプーチンは屈しなかった。輸出ターミナル新港ウスチ・ルガを建設したのである。この港は二〇一二年三月にオープンした。ウスチ・ルガはバルト海に面し、バルチック・パイプラインの終点である。ティマン・ペチョラ盆地および西シベリア盆地で産する石油はこのパイプラインによって運ばれる。ウスチ・ルガ新港の完成で、この地域の石油の一部はベラルーシを通るパイプラインを経由せず、タンカーによる積み出しが可能になったのである。

ウスチ・ルガ新港の完成で、ウラル石油と呼ばれている原油を安定して供給できることになった。取引業者にとって、ウラル石油を原油ブレンド上の標準グレードにできる可能性が高まった。安定供給能力をさらに高めるためにロッテルダム港（オランダ）に十億ドルをかけてウラル石油専用備蓄施設および積み出しターミナルも建設済みである。

プーチンがいかにエネルギー問題に熱心に取り組み、創造性に富む施策を実施してきたか理解いただけたと思う。石油問題はこれまではロシアにとっても頭痛の種でもあった。それをプーチンは平和的なやり方でロシアの力に変えた。次章は石油と同様に重要なエネルギー資源である天然ガスについて彼の戦略を検討したい。

＊1：〔訳注〕ＪＯＧＭＥＣ（石油天然ガス金属鉱物資源開発機構）二〇一四年四月月報「ロシア情勢」。

＊2：〔訳注〕元ＣＩＡ職員エドワード・スノーデンが香港滞在中に米国家安全保障局（ＮＳＡ）による個人情報収集（対テロ対策名目）を暴露した。米当局よりスパイ容疑がかかったスノーデンはモスクワに亡命した（二〇一三年六月）。

＊3：〔訳注〕「シラビキ」（シロヴィキ）とは、ロシア語の〝力〟を意味する「シーラ」から派生した用語。ものごとを〝力〟で決着させようとする傾向が強い人々を指す。具体的には、旧ＫＧＢ（ソ連国家保安委員会）、内務省、検察庁、軍部など「力の省庁」にかつてまたは現在勤めている人々。「武闘派」と訳

される。「シラビキ」は、プーチン政権の中核をなす側近のなかで一大勢力を結成している。（日本財団：木村汎）〈http://eri-21.or.jp/other/20080226.shtml〉

＊4：［原注］Medvedev: Russia May Join OPEC, Cut Crude Output, *The Other Russia*, December 12, 2008.

第8章 天然ガス戦略

石油市場でビッグプレイヤーになるだけではプーチンは満足しない。彼は天然ガス市場でも支配的立場を築こうとしている。シベリアのガス田では過去二十年にもわたって、日産五〇〇億立方フィートの天然ガスを生産し続けてきた。その生産量は二〇一四年には六〇〇億立方フィートにまでなろうとしている。これは金額ベースに直すと日に一兆ドルという数字である。

かつてのソビエト連邦がまとまることができたのは安価な天然ガスがあったからだった。今それがヨーロッパ諸国や旧ソビエトの衛星国をロシアに再び惹きつける役割を担う。彼らはロシアからの安定供給に頼らざるを得ない。天然ガスはロシアに莫大な収入を生むのはもちろんだが、プーチンは、天然ガスの安定供給源になることによって需要国に対する政治的影響力の強化を狙う。

ロシアからの天然ガスはすでにＥＵの三分の一をまかなっている。ブルガリアとセルビアは消費量の半分以上がロシア産である。

ロシアの埋蔵量は豊富である。一六〇〇兆立方フィートという途方もない量であり、ロシアが過

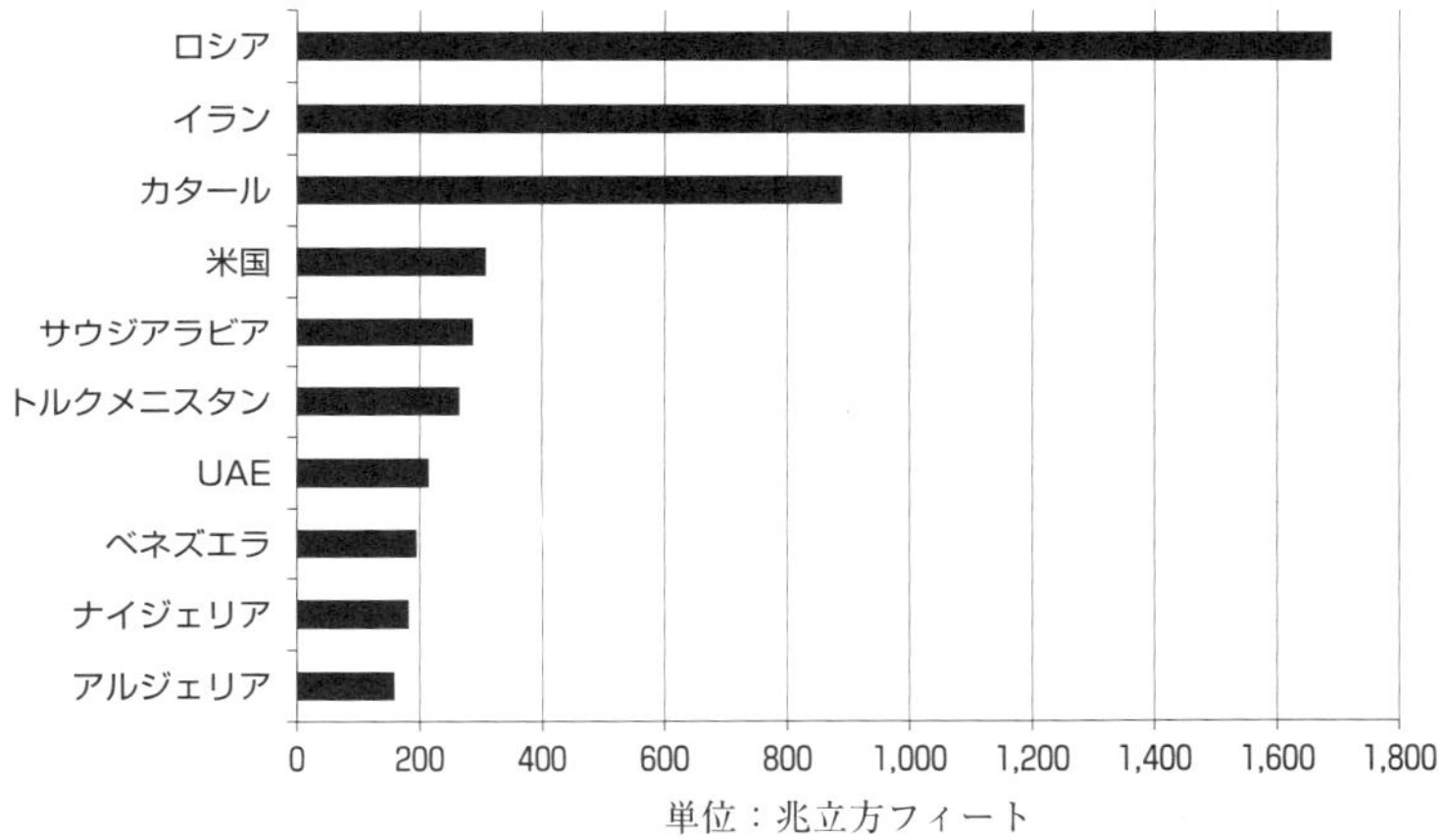

〈図8―1〉国別天然ガス埋蔵量（確定分）
［出典：米国エネルギー情報局および© ケイシー・リサーチ／2014］

去二十年間に生産した量の五倍にあたる。その上この数字には一般的な方法で生産が可能な数字だけしか含まれていない。新技術による生産可能分は加味されていない。ロシアは世界埋蔵量の三分の一を保有している（〈図8―1〉参照）。

天然ガス市場においては運搬手段に関わるインフラストラクチャーの整備が欠かせない。石油はトラックや鉄道を利用できるが、天然ガスはそうはいかない。専用インフラ設備が必要だ。

ロシアの天然ガス用インフラ整備には二つの戦略がある。

第一は、パイプライン敷設にあたっては、信頼できない国を通さず、ヨーロッパやアジアのユーザーへの安定した供給能力を確保することである。第二は、LNG（液化天然ガス）専用施設を太平洋岸および北海沿岸に構築し、パイプラインのない地域への輸送も可能にすることである。

パイプラインについてだが、ソビエト時代からのものは問題を抱えている。パイプラインが通る国々がその使用料（transit fee）値上げを求め続けている。値上げを拒否すれば、それを盗ガスの理由にする。これにロシアは悩まされ続けてきた。

新パイプライン建設

プーチンは既存のパイプライン設備の抱える問題を解消する新パイプラインの設置に忙しい。ヨーロッパ向けの新パイプラインは問題を起こす国を迂回して敷設されている。また東に向けたパイプラインも充実させ、これからの成長が見込めるアジア諸国への直接販売を可能にする。太平洋岸に新設したLNGプラントへの供給も確かなものにする。

ヨーロッパへのガス搬送は、ウクライナの地下に埋設されたパイプラインが使われてきた。直径四〇インチ（一メートル）のパイプの総延長は九三〇マイル（一五〇〇キロメートル）に及ぶ。ソビエト時代は、ウクライナに対して十分な土地使用料（トランジット・フィー）を支払い、市場価格以下の優遇価格で供給した。

ほとんどの国では相互に利益が出る関係を築けたがウクライナは違った。両国関係は悪化し、ロシアがガス価格を上げれば、ウクライナは支払いを拒否した。そのうえ、あからさまに盗ガスを始めた。

両国間の緊張は三度にわたって危機的状況にまで高まった（二〇〇六年一月、二〇〇八年三月、二〇〇九年一月）。ロシアはウクライナを通るパイプラインへの供給量を絞ったり停止することまでした。このためウクライナだけでなくヨーロッパ十八カ国が寒さに震えたこともあった。プーチンは反ロシアのウクライナと付き合うことに辟易した。ウクライナを迂回する新ルートを、どれほどの時間と費用がかかろうが、建設する。そう決めたのである。

「我々はウクライナ経由のガス搬送の一部をベルトランスガスに任せ、新海底ガスパイプラインによって（ヨーロッパ諸国に）供給する」

ガスプロム社のスポークスマン、セルゲイ・クプリヤノフがこう発表したのは二〇一二年のことであった。これに続いてウクライナ経由の送ガス量を半分に絞り込んだ。ウクライナ政府に対する警告だった。

ベルトランスガスは、北西シベリアのガス田からベラルーシ経由で西ヨーロッパ諸国に送るパイプラインを所有していた。ロシアはこの会社をベラルーシ政府から二十五億ドルで買収した（二〇一三年）。この頃のベラルーシは財政破綻の状態にあり、ＩＭＦの支援を要請していたが、それが断わられた時期だった。ロシアはこの買収に併せて、百億ドルの融資を決めた。原子力発電所建設のための資金提供である。さらに同国へのガス販売価格はヨーロッパ向け価格の半分にするという気前の良さを見せた。

プーチンはウクライナを諦め、ベラルーシを取ったのである。ベラルーシとの間には、ウクライナのような歴史的確執はないだけに頭痛の種が減るのは間違いない。第6章でＣＥＳ（共同経済圏）について述べたが、ベラルーシは設立時からのメンバー国である。ベラルーシはロシアにとって信頼できるパートナーなのだ。

セルゲイ・クプリヤノフの言う新海底ガスパイプラインとはバルト海海底に敷設されたノードストリーム・パイプラインのことである。ロシアとドイツを結んでいる。二〇一二年暮れから稼働を始めたこの海底パイプラインは世界最長であり、敷設には二百億ドルが費やされた。ノードストリーム・パイプラインを通じて西ヨーロッパ諸国向けに年間一兆立方フィートが送られている。

プーチンは、ヨーロッパ諸国にとっての安定的エネルギー供給国になると決めた。その狙いは、ノードストリーム・パイプラインの完成と、ベルトランスガスの買収で大きく前進した。次のターゲットはアジアである。パイプラインとLNG施設の充実で、アジア諸国を取り込むのである。そうなればアジアの国々も（ヨーロッパ諸国同様に）ロシアのエネルギー依存国にならざるを得ない。

アジア攻略の第一歩はアルタイ・パイプラインである。計画では西シベリアからロシア極東地帯を抜け中国に天然ガスを供給することになっている。細かな条件についての折り合いがつかず遅れていたこの計画も二〇一四年五月に合意に達した。この巨大プロジェクトが完成すれば、巨額の買い付け代金がロシアの懐に入る。

アルタイ・パイプラインは、二〇一一年に完成したサハリン・ハバロフスク・ウラジオストックガスパイプラインにリンクする。このパイプラインの東端はさらに延長して北朝鮮経由で韓国に供給する計画もある。まだコンセプトの段階であるが北朝鮮はこれに前向きなようである。現行の案によれば、北朝鮮は年間一億ドルのトランジット・フィーを得る見込みだ。

ＬＮＧ（液化天然ガス）戦略

次にＬＮＧについて分析したい。ＬＮＧ需要は増加しているがその要因の一つが、クリーンエネルギーであるという事実である。天然ガスは、石油よりも石炭よりもはるかに優れたクリーンエネルギーである。それに加え、過去十年間に多くのガス田の発見があり、液化コストを下げる新技術も開発された。

ＬＮＧの歴史は古い。液化技術の特許が登録されたのは一九一四年のことだ。実用化されたのはその三年後だった。液化プロセスは、まず地下から採取されたガスから不純物を除去し九〇パーセント以上の純度のメタンガスにするところから始まる。そのガスを華氏マイナス二六五度（摂氏ではマイナス一六五度）まで冷やすと、ガスは液化し体積は六〇〇分の一になる。これを（ＬＮＧ専用船で）海上輸送するのである。

可燃性ガスを商業的スケールで液化するプロセスは危険が伴い、そのプロセスでもエネルギーを消費する。液化に要するエネルギーは、ガスそのもののエネルギー価の三五パーセントから五〇パーセントに相当する。ＬＮＧ専用埠頭建設コストも莫大である。たとえばアメリカ・ルイジアナ州のターミナル建設に要した費用は百億ドルであった[*1]。ＬＮＧ市場は巨大プロジェクトになるのが常であり、大きな資本を持たなければプレイヤーになることはできない。

ＬＮＧの備蓄には特殊な冷却タンクが必要となるが、これもコストがかかる。ＬＮＧが長期に保管されることはない。すぐに再ガス化されパイプラインで消費地に送られる。

二十一世紀に入って多くの分野で技術革新があり液化プラント、LNG専用船建造あるいは受入れターミナルおよび再ガス化プラント建設コストが大幅に削減された。一九九〇年のLNG製造能力は全世界で五〇〇〇万トンだったが、二〇一三年には五倍に増えた。

それでもLNGマーケットはまだまだ未成熟である。LNG輸出が可能な国は少なく、現在は十九カ国が輸出し、受入れ施設を持つ十七カ国が輸入しているにすぎない。

なかでも日本の輸入量は突出している。福島原発事故以来、LNG需要量は激増した。日本の原発は完全に麻痺《まひ》したため、二〇一三年の日本のLNG輸入量は八八〇〇万トンに跳ね上がった。この数字は世界のLNG生産の三分の一に相当する。韓国は日本に次ぐ輸入国である。

プーチンはこの成長著しいLNGマーケットにおいてもビッグプレイヤーになることを目論んでいる。パイプラインでは供給できないアジアマーケットへのアクセスは重要である。そのため特恵税制により国内外からの投資家を誘い、ロシアにおけるLNG生産施設の建設を進めている。

すでにサハリン2の液化プラントは稼働しており、年間一〇〇〇万トンを中国、日本、韓国に供給している。プーチンは二〇二〇年までに製造能力を六〇〇〇万トンにまで引き上げる計画だ。この計画に沿った新規建設がプリモリエ州とレニングラード州で始まった。

シュトックマン海底ガス田(バレンツ海)ではフランス企業と連携している。この鉱区は七五パーセントをガスプロム社が、残りの二五パーセントをフランスのトタル社が所有する。埋蔵量は推定一三七兆立方フィートであり世界最大級のガス田だ。開発に成功すれば六〇〇キロメートルの海底パイプラインを敷設し、ムルマンスク南方に通し、ノードストリーム・パイプラインに連結する計画である。現在、ムルマンスクの北西一〇〇キロメートルに位置するテリベルカ村にＬＮＧプラントの建設計画があるが、それが完成すれば同プラントへの供給も可能になる。

シュトックマン海底ガス田の開発は簡単ではない。かつてノルウェーのスタトイル社が二三パーセント所有していたが、二〇一二年に、その持ち分をガスプロム社に譲渡した。将来性を危惧したためであろう。この海底ガス田は沿岸部から五五〇キロも離れたバレンツ海海底にある。寒さ、強風、流氷との闘いは壮絶なものになろう。開発コストは四百億ドルにもなることが見込まれていて、現状のガス価格では採算は見込めない。開発を進めるにはＭＭＢtu（一〇〇〇立方フィート）当たり十二ドル以上の価格になる必要がある。

ヨーロッパ事情

ヨーロッパ全体の数字で見るとロシア産天然ガスへの依存は減っている。二〇〇二年にはロシア産天然ガスがヨーロッパ需要の四五パーセントを満たしていたが、二〇一四年にはその数字は三〇パーセントに低下した。カタール、リビア、ナイジェリアからの輸入量が増えたためである。ＬＮＧ受入れターミナルが、イギリス、オランダ、イタリアに新設されたこともロシアへの依存度低下の一因だ。

これだけを見ているとヨーロッパ諸国のロシア依存度が低下しているかのようだが、事は単純ではない。ＬＮＧ受入れターミナル建設には莫大なコストがかかる。ターミナル建設に相応しい沿岸の土地が必要でもある。ＬＮＧを輸入できる国は限定される。したがってＬＮＧを利用できない国はこれまでどおりパイプラインによる供給に頼らざるを得ない。フィンランドとスロヴァキアはロシアに一〇〇パーセント依存である。チェコは若干少ないがそれでも九〇パーセントであり、ドイツも四〇パーセントをロシアに頼っている。このような国々にとって少なくとも今世紀中は天然ガス供給をロシアに頼らざるを得ない。

ガスプロム社

ロシアのガス生産の最大手はガスプロム社である。同社は石油市場におけるロスネフチ社と同様の立場にある。〈図8―2〉は同社供給の天然ガスに対する国別依存率である。

この表を見れば、ガスプロム社を梃《てこ》にしたプーチンの影響力の大きさが容易に想像できよう。石油における影響力と併せれば、プーチンの力がいかに強力か一目瞭然である。

ガスプロム社も、プーチン時代以前には、ロスネフチと同様、取るに足らない会社にすぎなかった。新興財閥の餌食になるのを防ぎ、死に体だったガスプロム社を世界的大会社に変貌させたのがプーチンだった。

ガスプロム社の成長の過程を語ることはそのままプーチンを語ることだ。

一九八九年、ベルリンの壁が崩壊した。この年、ソビエトのガス工業省が廃止され、ガゾヴァ

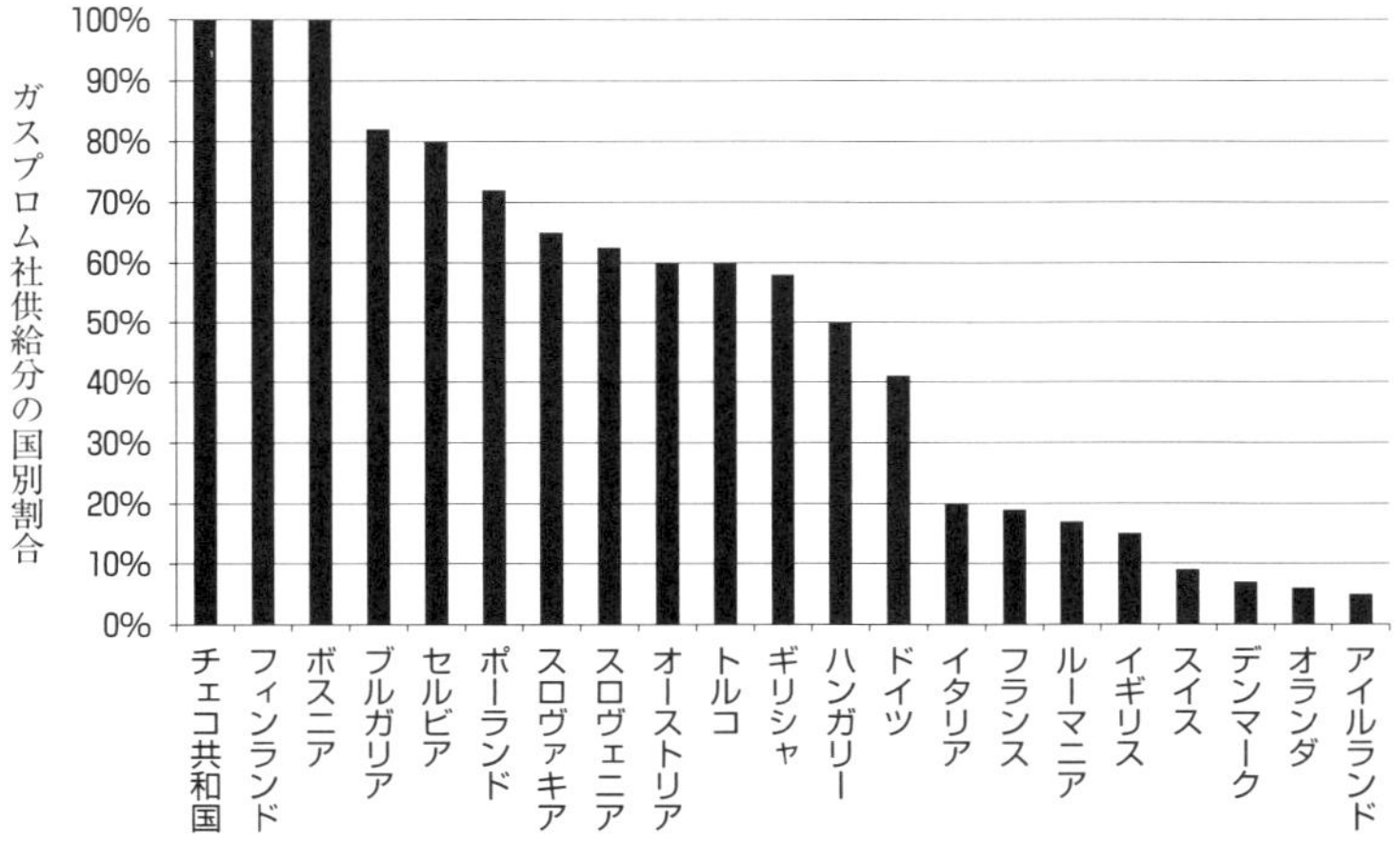

〈図8－2〉ガスプロム社への国別依存度

［出典：米国エネルギー情報局および© ケイシー・リサーチ／2014］

ヤ・プロムイシュレンノスチ（直訳すればガス工業）となった。この名称を短縮してガスプロム社とした。当初は国営企業であったが、一九九一年にソビエト連邦の終焉で、民間企業となった（一九九三年）。ガスプロム社は、国家財産の多くをそのまま引き継いだから、生産量は高かった。当時ロシアで天然ガス生産に当たっていた大手四社（シェヴロン、ＢＰ、エクソン・モービル、ロイヤルダッチシェル）合計の二倍に匹敵する量であった。

したがって立ち上げ時点からビッグプレイヤーだったと言えそうだが、現実には大きな問題を抱えていた。ガスプロム社は代金回収ができなかったのである。自由市場に不慣れな国内の会社は支払いを滞らせ、物品での支払いを頼み込んでくる始末だった。旧ソビエト連邦諸国も支払いができなかった。その筆頭がウクライナであった。一九九四年の数字で見れば、四大石油会社のガス生産量の二倍を販売しながら、収入は四社合計の八分の一という有様だった。

一九九六年、同社はＡＤＲ預託証券〔訳注：米ドルでの株券の売買を可能にする証券〕を登録し、アメリカ市場で投資家を募った。併せて国際金融市場から二十五億ドルの調達に成功した。ここで得た資金でひとまず危機を乗りきったガスプロムは、その後は好条件で外国企業への供給契約を結ぶことに成功した。一九九八年にはロシア国内で金融危機があったが、それも無事乗りきった。

しかしこの年に経営上の大きな問題に直面した。

同社は税金をうまく免れてきたが、それは当時の首相ヴィクトル・チェルノムイルジンの力に負うところが大であった〔訳注：チェルノムイルジンは同社の元社長。就任一九八九年〕。チェルノムイルジンはエリツィン大統領の下で最も長く首相を務めた人物であったが、一九九八年に解任された。その彼が再びガスプロム社のトップに戻ったのである。

彼は同社の財産を親族や友人に分け与えることに熱心だった。最も典型的な例は同社の子会社プールガス社株三二パーセント相当を売却したケースだった。四億ドル相当の株をわずか千二百ドルで売り渡したのである。この数字は誤植ではない。本当に千二百ドルでの売却だった。また八億五千万ドルを、チェルノムイルジンのお気に入りの人物たちに低利で融資したことがあった。ガスプロム社はその資金を市場金利で金融市場から融通していた。結局、一九九七年から二〇〇〇年の間に六十億ドルの価値のある資産をわずか三億二千五百万ドルで売却したのである。

そしてプーチンの時代が始まった。これがガスプロム社再生の始まりだった。石油産業において新興財閥を処理したようにプーチンの動きは素早かった。プーチンの大統領就任から十二週間後には、チェルノムイルジンを更迭し、ドミートリー・メドヴェージェフに代えた。この翌月にはＣＥＯのレム・ヴャヒレフを、当時無名であったアレクセイ・ミレル〔訳注：エネルギー産業省高官〕に代えた。メドヴェージェフとミレルの二頭体制になってガスプロム社は蘇った。その好例はシブネフチガスの買収だった。同社にガスを供給するパイプラインを遮断すると脅かし、市場価値よりも明らかに低い価格で買い取った。

ガスプロム社の経営が正常化すると、同社の海外からの資金調達も楽になった。国内ではガスプロム銀行を設立して金融セクターにも参入した。いま同銀行（頭取：アレクセイ・ミレル）は国内第三位の銀行となっている。財務の健全化により、新規鉱区の獲得、設備の更新、新規増設などにも積極的となった。二〇〇五年にはロシア政府所有分は同社の過半数を超え実質国有化した。ガスプロムは、先に述べたように、極地での開発を積極的に推進している。ＬＮＧマーケットでも、サハリン２に参加しているが、これも石油・天然ガス生産を統合した世界最大級のメガプロジェクトである。

ガスプロムのシェールガス開発についても目が離せない。近年の水平水圧破砕法の導入により、従来の方法では採取が難しかった鉱床の開発が進んでいる。たとえばアメリカ北部のノースダコタ州ではシェールガス生産が始まり、これによってアメリカは天然ガスを輸入に頼らなくてもよいほどの生産量を上げている。

ロシアにはまだ従来の方法でも十分採掘可能な油田やガス田があるため、シェールガス鉱床に対する関心は低いと見られているが、シベリアのバジェノフ地区（地表面積はテキサス州とメキシコ湾を合わせたほどに広大）には有望な鉱床が存在しているようだ。正確な調査はできていないが、二八五兆立方フィートの天然ガスと、三億五〇〇〇万バーレルの石油があると見込まれる。

ガスプロムはシェールガス開発については口を閉ざしている。また同社はシェールガス開発についてネガティブな態度でいるように感じられ、専門家のなかには新技術が必要な場面では同社は弱いのではと疑う者もいる。しかし筆者はそうは思わない。同社のシェールガス開発についてのネガティブな発言は、ためにしているのではないかと考えている。外国勢に興味はないと見せかける一方でひそかにその将来を探っているのではなかろうか。

すでに述べたことだが、同社はサウスストリーム・パイプライン敷設による天然ガス搬送システムにも莫大な投資を行なっている。二〇〇七年に立案されたこのプロジェクトは本来はEUが主導したナブッコ・パイプラインへの対抗策として企画されたものだった。EUはロシアへのエネルギー依存度を低めるための一方策として、アゼルバイジャンからオーストリアに至るナブッコ・パイプライン計画を起案した（二〇〇二年）。しかし政治的および経済的理由で中止した（二〇一三年）。

これに代わるものとしてトランス・アナトリアン・パイプライン計画（TANAP）がある。これはアゼルバイジャンとトルコによるプロジェクトで、アゼルバイジャンの天然ガスをトルコに送るパイプライン敷設構想である。予定どおりなら二〇一九年までの完成を目指し、搬送されるガスはアドリア海横断パイプライン（TAP。計画段階）に連結することになる。TAPはトルコからギリシャ、アルバニアそしてアドリア海海底を経由して南部イタリアにつながる計画だ。

たしかにTANAP／TAP計画が実現すれば、EU諸国のロシア依存度は下がる。しかし、このルートで搬送できるガス量は、計画中止になったナブッコ・パイプラインの三分の一にすぎない。またガスプロム社が進めるサウスストリーム・パイプラインの能力のわずか四分の一である。ＴＡＮＡＰ／ＴＡＰ計画で実現できる供給量はヨーロッパ全体の消費量の一パーセントにすぎない。

その一方で、サウスストリーム・パイプラインの敷設は着々と進んでいる。黒海海底に敷設されるこのパイプラインはブルガリアに通じる予定である。総工費二百三十億ドルをかけるこのメガプロジェクトは二〇一八年に完成予定だ。このパイプラインによってヨーロッパ消費量の六パーセントをまかなうことになる。二〇二八年までにはこの能力は二倍になる。

アフリカ戦略

プーチンはロシア国内のエネルギー資源開発に余念がない一方で、アフリカにおける開発も疎かにしていない。ナイジェリア、エジプト、モザンビーク、アルジェリアで積極的な開発を進めている。

まずアルジェリアであるが、この国とロシアの関係は深い。アルジェリアは一九六〇年代にフランスの植民地支配からの独立を果たしたが、ソビエトが国家として承認した初めての国であった。また冷戦期にはロシアとは同盟国の立場でもあった。武器調達分野での取引は今でも盛んである。二〇〇三年から二〇一二年の間、アルジェリアは五百四十億ドルの武器を海外調達したが、その九〇パーセントがロシア製武器の購入に充てられた。ロシア軍事産業にとってアルジェリアは、中国、インドに次ぐ第三の優良顧客である。

武器取引との関連があるかどうかはっきりしないが、二〇〇六年、アルジェリアは石油資源開発の取り組み企業としてガスプロム社を招待した。同社の参加するベンチャープロジェクトでは、アルジェリア国土の二〇パーセントにも相当する地域で資源開発を目指しており、開発は二〇三九年まで続く。

アフリカにロシアが触手を伸ばす理屈は簡単である。アフリカはヨーロッパへの天然ガス供給量では第三位である。アフリカでの生産に参加することで、二〇一五年にはその半分をロシアがコントロールすることになる。そうなると、ヨーロッパへの天然ガス供給量の四割にロシアの息がかかることになる。南欧に位置するイタリアやスペインは従来、ロシア産天然ガスの依存度は低くアフリカ産を利用していた。しかしロシアがアフリカ産天然ガスの生産に関われば、この二国もロシアの軍門に下ることになり、ロシアの顔色を窺わざるを得なくなる。これがプーチンの狙いである。

プーチンの戦略は長期的視野に立っている。アフリカにおける天然ガス生産のインフラストラクチャーが完成を見たとき、ヨーロッパは「ロシアにコントロールされた天然ガス」の軍門に下る。そうなればいつでもそしていかなる理由でもヨーロッパへの揺さぶりが可能になる。

ヨーロッパの今後の成長は鈍化することを考えれば、成長著しいアジアでの立場の強化も必要である。だからこそガスプロム社は極東における事業展開にも余念がない。

アジアで最も重視すべきは中国である。中国は貪欲なエネルギー消費国である。中国にとってロシア以上の天然ガス供給源となる国はない。両国の間には長い長い相互不信の歴史があるが、満足

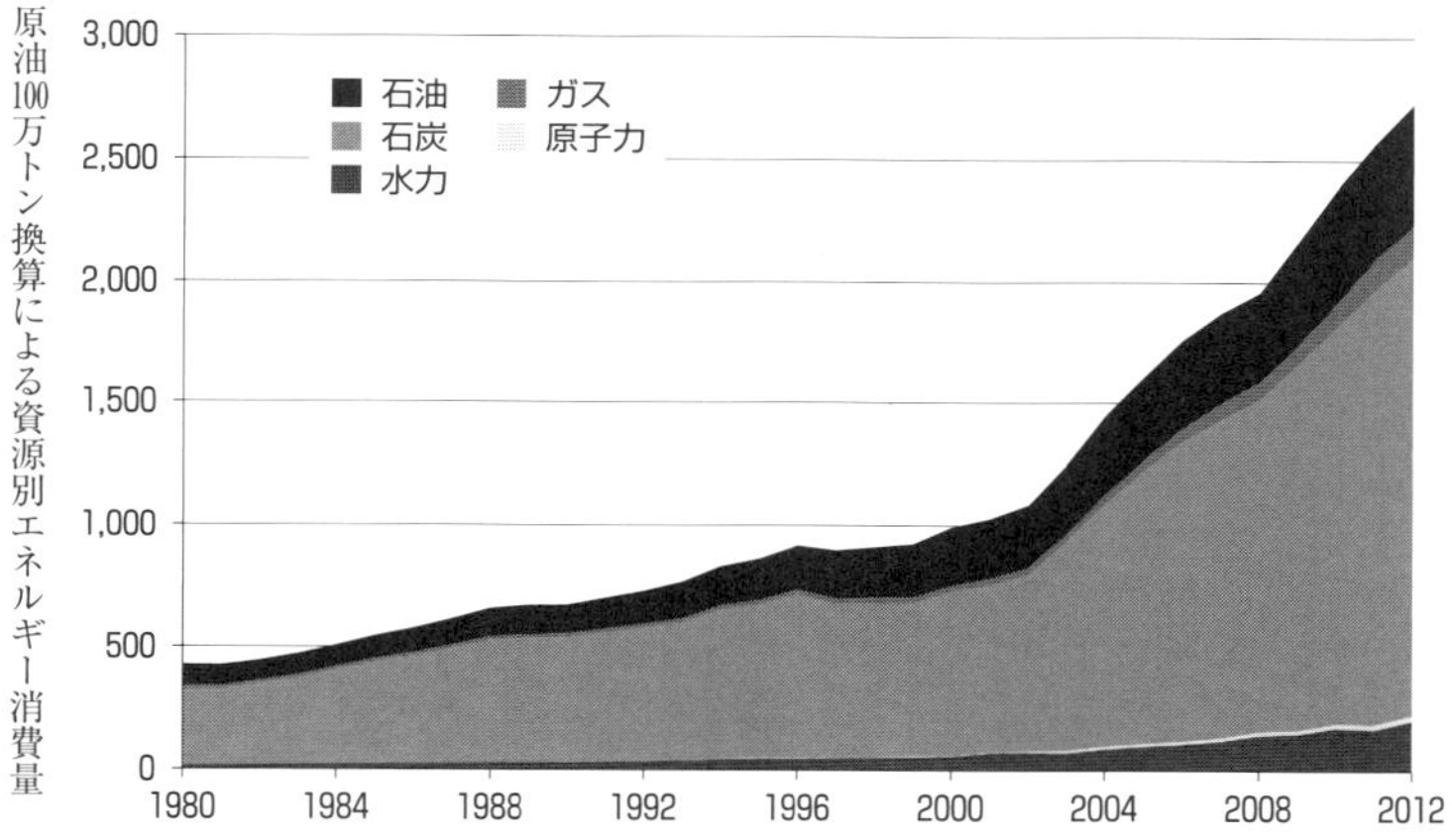

〈図 8－3〉中国のエネルギー消費量の推移

［出典：米国エネルギー情報局および © ケイシー・リサーチ／2014］

できる条件が整えば、計り知れない利益を享受できる。二〇一四年五月、両国の間で長期契約が結ばれた。十一年にも及ぶ交渉の末の調印だった。最も難しかった価格設定方式で双方が納得できる合意形成ができたからである。

この契約がアメリカの関与なしで成立したことには大きな意味がある。長年の懸案であった石炭をエネルギー源にすることによって発生した空気汚染の解決に中国は目途がつけられる。天然ガスを利用した火力発電に切り替えるのである。

この合意は三十年の長期契約である。ガスプロム社は中国石油に毎年一・三兆立方フィートのガスを供給する。中国の天然ガス消費量の四分の一に相当する。金額でいえば四千億ドル相当の契約である。供給は二〇一八年ないしは二〇一九年から始まる予定である。[*2]

このプロジェクトにロシア側は五百五十億ドル、中国側は二百億ドルを投資する。この計画のなかには中国北東部を通じて西シベリア産天然ガスをウラジオストックに送るパイプライン建設も含まれている。同港から日本・韓国への供給を視野に入れたプロジェクトでもある。

「掛け値なしで世界最大級のプロジェクトである」とプーチンは語り、喜びを隠せなかった。ロシア国会上院の外交問題委員会委員長ミハイル・マルゲロフは、「プーチン大統領の（この契約調印に合わせた）中国訪問は、ロシア・中国両国が戦略的パートナーとなるための第一歩だ」とまで語った。

ロシア国会下院の国際問題委員会委員長アレクセイ・プシコフはアメリカへの皮肉も込めて次のように述べている。

「三十年もの長期契約が調印に至ったことはきわめて重要な意味を持つ。オバマ政権はロシア孤立化政策をやめるべきだ。そんな政策は何の役にも立ちはしない」

ここで忘れてならないのは、この代金の支払いに使われる通貨は何かということである。それがルーブルないし人民元であれば、アメリカのペトロダラーシステムに大きなダメージを与える（これについては後述する）。

＊1：〔訳注〕このターミナルは二〇〇九年に完成したLNG受入れターミナルのことを指している。この建設に関与した日本のIHI社のプレスリリース（二〇〇九年九月二十八日）は以下のとおり。

米国最大級のLNG受入れターミナルの完成

ＩＨＩは、このたび、米国センプラ・ＬＮＧ社向けＬＮＧ（液化天然ガス）の受入れターミナル建設工事を米大手エンジニアリング会社（アーカー・ソリューション社。以下ＡＳ社）と共同で完成し、引き渡しました。

今回、完成したＬＮＧ受入れターミナルは米国ルイジアナ州ハックベリー近郊に建設されたもので、米国内で最大級となる一六万キロリットルのＬＮＧタンクを三基有し、最大一五億立方フィート／日の天然ガス（年間ＬＮＧ受入れ量：七〇〇万～一二〇〇万トン）を米国国内に供給します。

米国では、近年ＬＮＧの需要が高まっており、いくつかの新規ＬＮＧ受入れターミナルの建設が多数計画されており、ＩＨＩはＬＮＧ受入れターミナルおよびＬＮＧタンクの案件にＡＳ社と共同で取り組む業務提携締結後、初の共同完成工事となります。当該工事を皮切りに、二〇〇八年に受注したＧＵＬＦ　ＬＮＧ受入れターミナルに続き、両社でさらなる北米シェア拡大を図っていきます。

ＩＨＩは、日本国内では多数のＬＮＧ受入れターミナルの建設実績を有しており、海外でも二〇〇〇年以降、インド、メキシコ、台湾、中国などのＬＮＧ受入れターミナルを受注しています。今後、これまでの実績を足がかりに、需要が拡大する海外向けＬＮＧ受入れターミナルへの積極的な営業展開を図っていきます。

＊２：〔訳注〕この部分については『ハフィントン・ポスト』紙がロイター電で次のように伝えている（二〇一四年五月二十三日付）。

【ロンドン　二十二日　ロイター】ロシアと中国は今週、ガスプロムがロシア産天然ガスをパイプラインを通じて中国に供給する四千億ドル規模の契約に調印した。これによって天然ガスの国際価格に新たな基準がもたらされ、他のガス生産者は価格競争に伴うコストの圧縮を迫られることになる。

今回の契約で中国は大口の燃料供給源を確保できる一方、ウクライナ危機のために欧州の顧客を失う恐れがあるロシアにとっては新たな市場を切り開く形になる。

ガスプロムは天然ガスの売却価格を公表するのを拒否しているが、業界筋によると、一〇〇〇立方メートル当たり三百五十〜三百八十ドルとされる。これは欧州の大半のエネルギー企業が過去二年間に結んだ長期契約に基づき支払っている金額に近く、複数の業界筋はガスプロムとしては採算ぎりぎりの価格設定だという。

フィッチ・レーティングス社（信用格付会社）は、この契約は「中国が天然ガスの長期購入契約に際して支払ってもよいと考える価格の新基準を設定するものだ」と指摘した。

ガスプロムはこれまで収入の八〇パーセント程度を欧州から得ていた。その欧州で需要が停滞し利益が減りつつあるなかで、中国という広大な市場に参入する機会をつかんだことになる。

エネルギー分野の調査・コンサルティング会社ウッド・マッケンジーのスティーブン・オルーク氏は「欧州の天然ガス需要の伸びがどうなるかは不透明で、ウクライナ危機によって欧州はロシアのガス依存を減らすべきだとの声が高まっているため、ガスプロムは『新たな欧州』を必要としていて、中国に向かっている」と述べた。

第9章 ウラン戦略

二〇一一年三月十一日金曜日、地球が震えた。日本の本州北東四〇マイル（六四キロメートル）〔訳注：公式発表は仙台市東方七〇キロメートル〕の海底でマグニチュード9・0の大地震が発生したのである。このモンスター級の地震は本州を東に八フィート（二・四メートル）動かし、地軸も四インチ（一〇センチメートル）以上ずらした〔訳注：地軸は一七センチメートル動いたとされている〕。同時に発生した津波は、高さ一三〇フィート（四〇メートル）にもなり、内陸六マイル（一〇キロメートル）の地点にまで到達した。多くの住民が避難したものの、およそ一万六千人が遺体で発見され、二千五百人の行方はいまだに知れない〔訳注：二〇一四年三月十一日、警察庁のまとめでは死者一万五八八四人、行方不明者二六三三人である〕。

福島第一原発はその津波の行く手にあった。津波で同原発の電源が破壊され冷却システムがダウンした。炉心のメルトダウンがそれに続いた。国際原子力事象評価尺度はレベル7で、これに匹敵するのはチェルノブイリ事故だけであった。

この事故で、ウランのイエローケーキ〔訳注：ウラン精鉱を指す。ウラン鉱石を精製練した製品で黄色い粉末である〕価格は六〇パーセントも下落し、ポンド（四五三グラム）当たり二十八ドルに落ち込んだ。

ウラン鉱山会社の株価も六〇パーセントから八五パーセントも暴落した。日本は安全点検のため五十二基すべての原発を停止した。韓国も同様に全二十三基を止めた（韓国の原発のほとんどはすでに再稼働している）。

福島の事故は反原発運動を刺激した。それは日本国内だけでなく世界的な広がりを見せた。ドイツは十七基の原発すべてを二〇二二年までに停止することを決めた。この動きに多くの国が追随すると考えられた。

しかしそうはならなかった。すでに七十一基ほどが建設中であり、計画段階にあるものが百六十三基、提案段階にあるものが三百二十九基となっている。

これまで一基も原発のなかった国々も導入を決めている（トルコ、カザフスタン、インドネシア、ヴェトナム、エジプト、サウジアラビア、ペルシャ湾岸諸国）。

福島の事故を受けて、多くの国々が安全対策についての再評価をすることになったが、結局はほぼすべての国が現状を変えていない。確かに原子力はグリーンハウス効果のあるガスを排出しない唯一のエネルギー源である。

アメリカは一九七七年以来新規建設をやめてきたが、二〇二〇年までに六基が新たに稼働する予定である。また二〇〇七年半ばから四基の新設申請が出ている。アメリカは世界最大の原子力発電

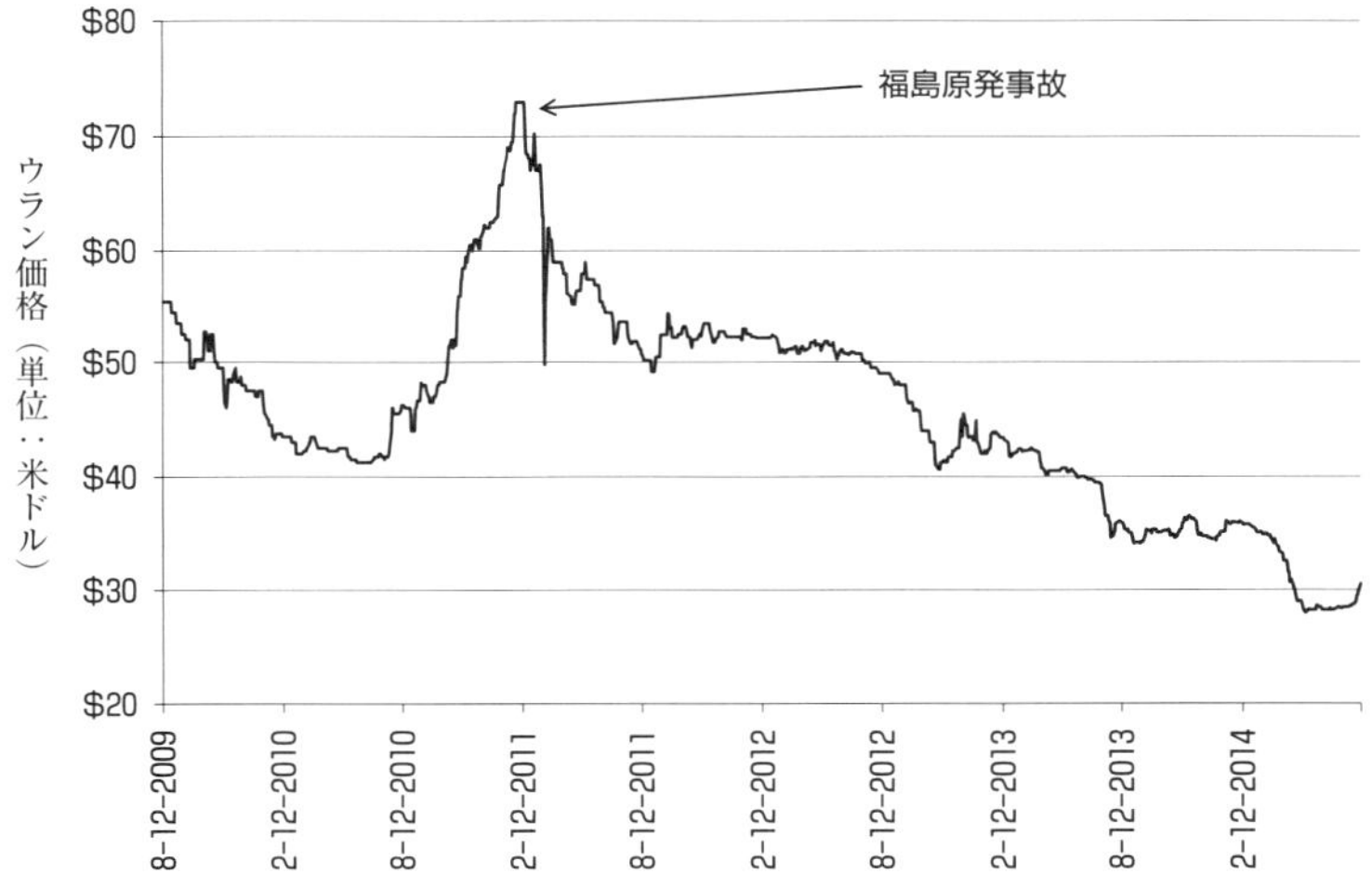

〈図9−1〉ウラン：スポット価格の推移

［出典：S&P Capital IQ および © ケイシー・リサーチ／2014］

国であり、世界の原子力発電量の三〇パーセントを占める。現在六十五の原子力発電所（およそ百基）でアメリカ国内需要の二〇パーセントをまかなっている。

フランスの原発依存度はもっと高く七五パーセントが原子力発電によるものだ。

中国も石炭による火力発電からの転換を進めていて、現在十七基が稼働し、新たに二十九基が建設中である。二〇二〇年までには原発による発電量を現在の四倍規模にする計画だ。

インドは二十の原発施設があるが増設を計画している。

アフリカでは人口の九〇パーセント以上が電気のない生活であるが、ここでも原子力発電所の建設が検討されている。

新規建設の原子炉は、福島の事故を受けて、安全性が強化されたものになる。福島の格納容器はチェルノブイリのそれに比べれば格段に頑丈であったが、すでに四十年が経ち、現代の設計のものからすれば数世代も前の製品である。福島（のような古いタイプ）は廃炉になるであろう。

長期的には不足するウラン資源

西ドイツはフランスから電力の融通を受けることで、原発をやめることができるかもしれないが、他国にはそれはできない。原子力に代わるものがないからである。このことは今後はウランに対する需要が増加することを意味している。経済が成長し、化石燃料に頼ることの不安がある以上、その傾向は変わらない。そのことは同時に、ウラン産出国の経済的利益でもあり、そうした国の政治的立場も強くなる。

世界原子力協会〔訳注：世界の原子力産業の業界団体。本部はロンドン〕によれば、ウランの需要は二〇一〇年から二〇二〇年にかけて三三パーセント増加の見込みで、その後の十年間もほぼ同様の予想である。二〇一一年のイエローケーキの消費量は一億六〇〇〇万ポンド（七万三〇〇〇トン）であった。二〇二四年には二億ポンド（九万トン）に増加すると見込まれている。

需要増に対して供給がタイトになることは確実である。二〇一二年の消費量は年間産出量を二五パーセント上回っていた。つまり四〇〇〇万ポンドの需給ギャップがあった。二〇二〇年にはこれが五五〇〇万ポンドに広がると推計されている。

ウラン鉱山の数は少ない。一カ所以上の鉱山を持つ国はわずか二十カ国であり、六カ国の計十鉱

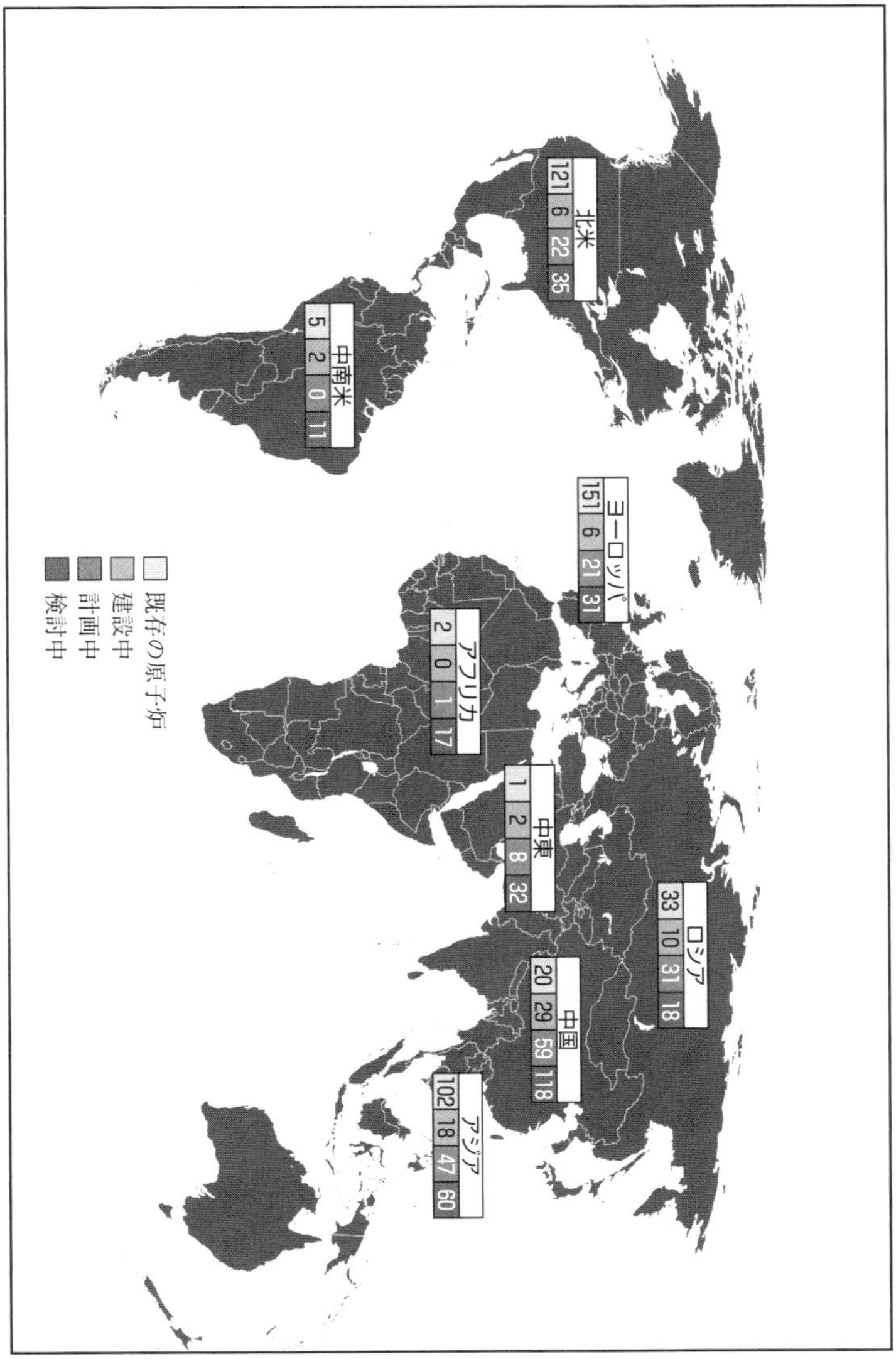

〈図９−２〉世界の原子炉分布

山が世界の生産量の半分を占めている。

アメリカの場合、およそ百基の原子炉で年間四三〇〇万ポンド（二万トン）消費するが国内で産出するウランはわずか四〇〇万ポンド（一八〇〇トン）にすぎない。つまり必要量の九パーセントを自国内で産出するにすぎない。

新たな鉱山の開発が必要になることは間違いないが新鉱山の開発は簡単ではない。環境や安全基準を満たしての開発は、計画から生産までに最低でも十年を要する。また新鉱山開発は現行の市場価格では元が取れない。予測不可能な突然の法規制がかかるリスクも勘案しなくてはならない。ウラン鉱山の開発許可を得るのは並大抵のことではないだけに、リスクを考慮しながらの経営判断は難しい。

いずれにせよウランの不足傾向は続いていく。生産者側には有利であり地政学上の一つの武器になり得る。

プーチンはこの「武器」の獲得にも余念がない。

ウランの基礎知識

プーチンの戦略を理解するためには若干の基礎知識が要る。結論を急がずに、ウランとは何かについて説明しておきたい。

掘り出されたウラン鉱は砕かれ、化学的プロセスを経て、酸化ウラン（U_3O_8）として抽出される。

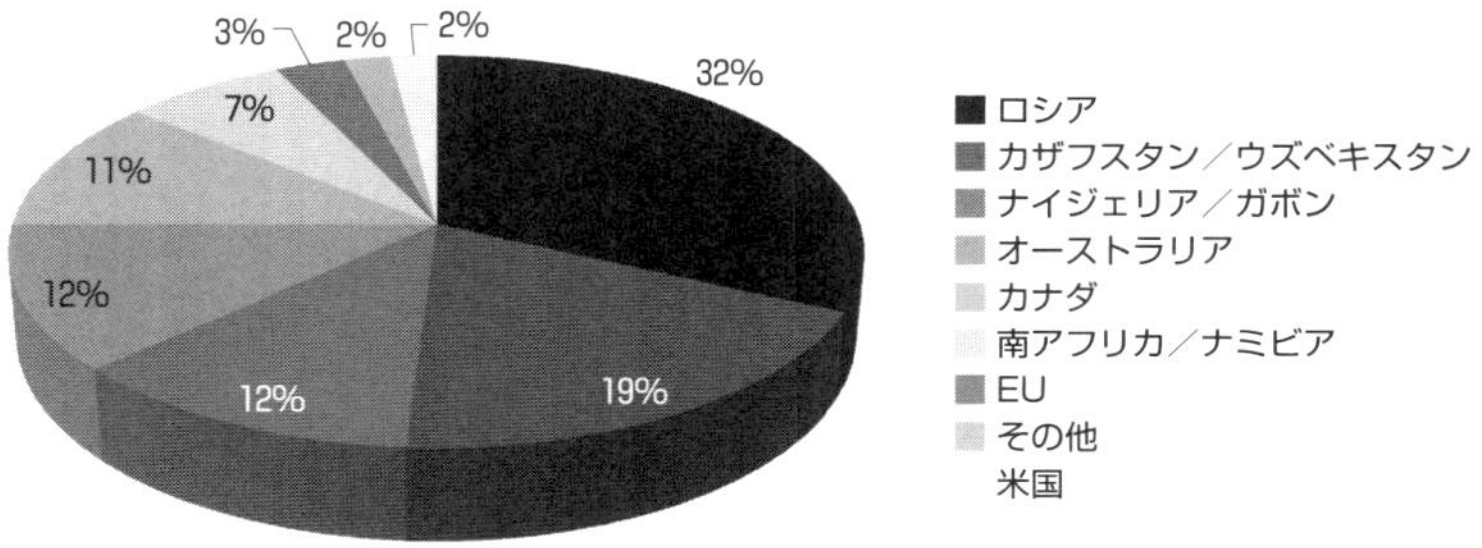

〈図 9―3〉EU のウラン調達国（2010 年）
［出典：米国エネルギー情報局および© ケイシー・リサーチ／2012］

これが黄色い乾燥粉末のイエローケーキである。この九九パーセントはウラン２３８（Ｕ―２３８）で、これ自体はたんなる放射性同位元素で、原子力発電、原子爆弾などに必要な核分裂は起こさない。このなかにわずかに含まれる（〇・七パーセント）ウラン２３５（Ｕ―２３５）が核分裂物質なのである。数字が三つ少ないのは中性子が三つ少ないことを示している。Ｕ―２３５が核分裂し原子が飛び出すときの速力が、連続して分裂を起こすのに十分な力を持っている。

燃料として使うためにはイエローケーキの〈Ｕ―２３５〉の濃度を上げなくてはならない。その用途は濃度によっておおむね次のようになっている。

・三～一〇パーセント：商業用原子力発電燃料
・二〇パーセント：研究用あるいは医療用
・二〇～九〇パーセント：潜水艦用小型原子炉用
・九〇パーセント：原子爆弾

濃縮するためにはイエローケーキをフッ素を使って転換し、さらにそれを二酸化ウランにする。

フッ素によって転換された六フッ化ウラン（UF_6）は摂氏五

六・五度という低い温度で気体となる。この気体を、〈U―238〉と〈U―235〉の重みの差（中性子の数の違い）を利用して分離する。

およそ六種類の分離方法があるが商業生産には二つの方法のいずれかが採用されている。一つは、複数の遠心分離機を使用するガス遠心法であり、もう一つは〈UF_6〉を細孔のある隔膜を透過させる方法（ガス拡散法）である。いずれの方法でも一つの工程を経る度に〈U―235〉の濃度の濃淡によって二種のガスに分離される。それが繰り返されることでしだいに濃度が上がっていく。必要な濃度にまで高まったガスがいよいよ燃料として使用するための成形のプロセスに移される。

〈U―235〉の濃度の上がったガス（濃縮ガス）は、再度化学処理され粉末状の二酸化ウランに再転換される。その粉末を焼き固めペレット状にする。それを筒状の管に詰める。これをまとめ上げたものが燃料棒（燃料集合体）となる。これを濃縮というがその能力を国別に示したのが次ページの〈図9―4〉である。

供給量不足を補う暫定的要因

現在、不足するウラン原料をまかなえているのには理由がある。鉱山からの産出量不足を補う二次的な燃料供給があるからだ。

供給源はロシアである。ソビエト連邦が崩壊した時点で、軍事用グレード濃縮ウラン二〇〇〇万ポ

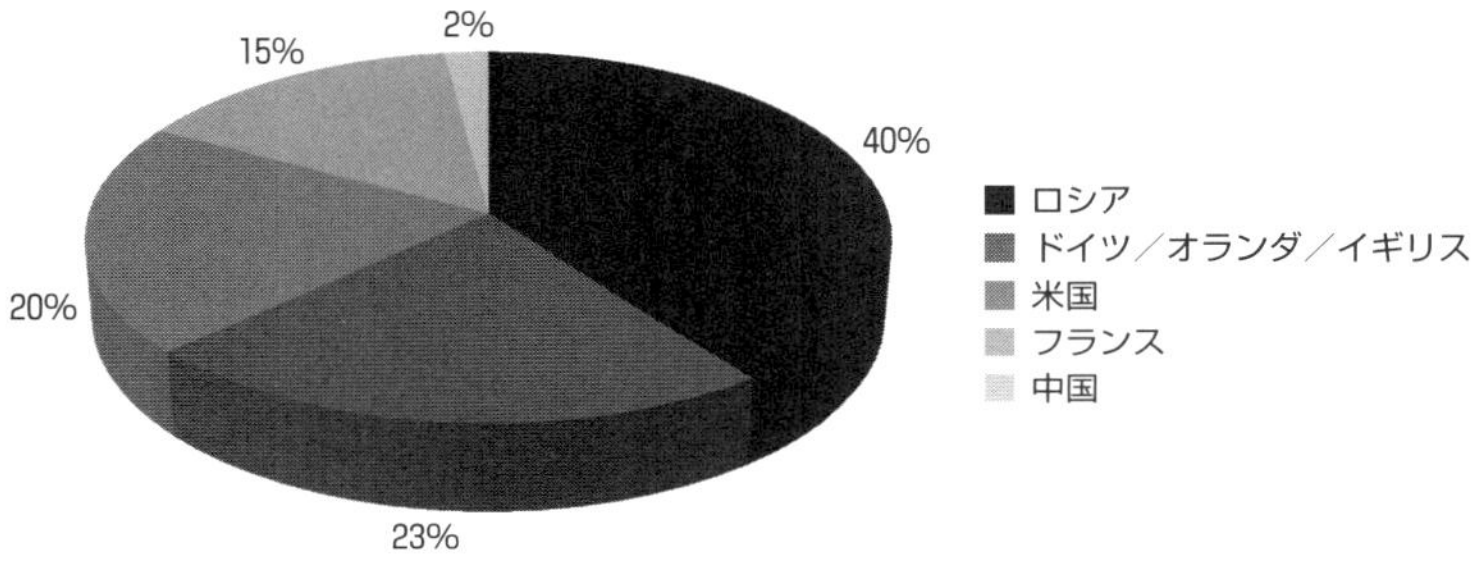

〈図9―4〉各国のウラン濃縮能力［出典：© ケイシー・リサーチ／2014］

ンド（九〇〇〇トン）を保有していた。もちろん使われなくなったウラン濃縮施設もあった。

これを商業的に使用できるようロシアとアメリカが提携したのが「メガトンからメガワットへの協定」（一九九三年）であった。

これは二十年間にわたって、一一〇万ポンド（五〇〇トン）の軍事グレード用高濃度ウラン（U―２３５が九〇パーセント）を民生用グレード（U―２３５が三パーセント）に変換して供給するプロジェクトだった。これによって、核弾頭二万発に相当する濃縮ウランを三三〇〇万ポンド（一万五〇〇〇トン）の民生用グレードに戻す作業が始まった。逆濃縮工程によって民生用グレードになったものは米国に販売されることになった。

この計画が需給ギャップの解消に二十年間貢献した。しかしこのプログラムも二〇一三年十一月に終了した。

アメリカはその消費量の五五パーセント（二四〇〇万ポンド（一万一〇〇〇トン））をこの計画からの供給に頼っていた。

ロシアは逆濃縮工程で必要となる低濃度ガスをアレヴァ・カ

ナダ社（オンタリオ州）やヨーロッパの企業連合体であるウレンコ社から入手していたが、このプログラムも終了した。

当然アメリカにも軍事用グレードのウランが存在する。しかしそれを民生用に変換できる会社はウェスダイン社だけであり処理能力も少なく、わずか年一万八〇〇〇ポンド（八トン）にすぎない（各国別処理能力は一七三ページの〈図9—5〉参照）。

生産量を上げようとすれば、アメリカの持つ軍事グレード濃縮ウランをロシアに持ちこんで逆濃縮プロセスにかけてもらう必要がある。しかしアメリカの政治家が軍事グレードウランをロシアに運ぶことを許さないだろう。

現在ロシアのウラン鉱生産量は世界六位である。しかし旧ソ連のカザフスタンとウズベキスタン両国の生産量と合算すれば世界生産量の半分を占める。濃縮ウランでは世界最大の生産国であり、世界の原発の四〇パーセントはロシアから供給されたウランに頼っている。

プーチンのウラン戦略

ウラン鉱の生産では世界六位であると述べた。これにＣＥＳ（共同経済圏）のメンバー国であるカザフスタンを加えると世界生産の三八パーセントになる。したがって、長期的な安定供給を必要とする国はロシアに頼らざるを得ない。

たとえば二〇一二年、日本との間で長期供給契約が結ばれた。福島の事故はあったが日本は原子

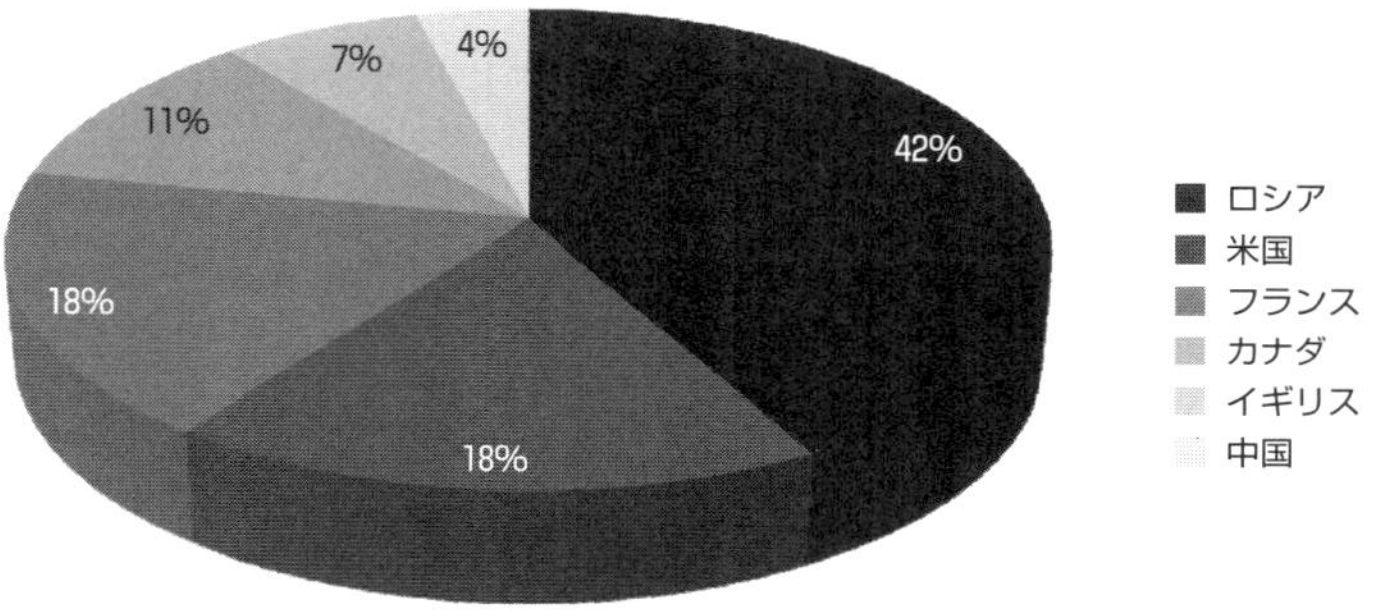

〈図9−5〉各国のウラン転換能力［出典：© ケイシー・リサーチ／2014］

力を諦めることはできない。

ロシアはアメリカへの供給も継続している。しかし「メガトンからメガワットへの協定」とは違い、ロシアの要求する条件での販売となる。旧協定ではロシアはＵＳ濃縮会社（ＵＳＥＣ）への一社販売だけで価格も予め決まっていた。それは市場価格よりも低かった。アメリカに販売できる濃縮ウランは軍事グレードから逆濃縮工程にかけられて生産されたものに限られていた。

ロシアが「メガトンからメガワットへの協定」を更新しなかったのはこうした条件を嫌ったからだった。

ロシアの濃縮ウラン販売会社テネックスは、二〇一二年に米国四社と供給契約を結んだ。六年契約でその規模は金額換算では十億ドルである。またＵＳＥＣとも九年間の新規契約を結んだ。しかし供給量は協定時代の半分である。条件もロシア側の要求に沿ったものになり、価格に上限は設けず、供給するウランが軍事グレードからの転用分に限定される条件も消えた。

ロシアは国営原子炉メーカー・ロスアトム社の顧客との

濃縮ウラン長期供給契約の締結にも熱心である。ロスアトム社は世界最大の原子炉メーカーであり、中国、ヴェトナム、インドおよびトルコでの新規建設を進めている。受注を二十一基分抱えており、その総額は五百億ドルにも上る。イランも最低八基の発注を計画している。そうなれば、ロシアは原子炉建設だけでなく運転から燃料供給についても任されることになろう。

アメリカがウクライナ問題でうろたえている間に、プーチンは着々とイランとの関係を強化している。

原子炉プラント建設契約はほとんどの場合、長期燃料供給契約をも含んでいる。

ロスアトム社は最近バングラデシュとの間で同国初の原子力発電所建設契約を結んだが、これも燃料の長期供給契約を含むいわゆる「フルサービス契約」であった〔訳注：ロスアトム社とバングラデシュ政府との間で二基の原子炉建設契約が結ばれたのは二〇一三年一月であり総額は二十億ドルと言われている。一基当たりの出力は一〇〇万キロワットである。ロシアはこのプロジェクトに合わせてバングラデシュに対して五億ドルの借款契約を結んだ〕。

ロスアトムは同社の原子炉プラント以外へも年間三十億ドル相当の濃縮ウランを輸出している。この内の五分の一がアジア太平洋地域への販売である。同地域の成長を見込んでロスアトムはウラジオストックにウラン製品の輸送ハブ基地を建設中である。

ウラン鉱山囲い込み

プーチンはロシア国外のウラン生産拠点の囲い込みにも熱心である。二〇一〇年半ば、アトムレッドメットゾラタ社（ARMZ：ロスアトムの子会社）はウラニウムワン社の株式保有率を一七パーセントから五一パーセントに引き上げた。ウラニウムワンは株が公開されているウラン鉱山開発企業の最大手で、この会社を使って投資資金を集めることを狙った。

しかし、福島の事故を受けて投資家マインドが冷え込んだため、結局はすべての株を買い占め一〇〇パーセント子会社化した（二〇一三年）。これには十三億ドル費やした。一株当たり市場価格の倍の価格で引き取ったのである。価格が下がっていただけに買収のタイミングが良かったと言える。

ウラニウムワンは年間一六〇〇万ポンド（七二〇〇トン）のウラン鉱を生産する最大手である。オーストラリア、カナダ、カザフスタン、南アフリカ、タンザニアそしてアメリカに鉱山を所有する。この一社の生産量は、アメリカすべての鉱山会社の合計生産量を上回る。

ロシアは、ウラン鉱探査開発計画を日本、フランス、インド、韓国、カナダと結んだ。また、ARMZは世界最大のウラン生産会社カザトムプロム（カザフスタン）と共同生産に合意した。さらにアフリカのナミビアでの開発にも熱心である。ナミビアは現在知られている世界のウラン鉱埋蔵量の五パーセントを保有する。二〇一八年にはカザフスタンに次いで第二位の輸出大国になる見込みだ。

プーチンはエジプトにも目をつけている。プーチンは二〇一三年に同国の大統領ムハンマド・ムルシーとの会談後、核の平和利用で合意したことを明らかにした。この計画には同国での原発建設計画も含まれている。エジプトは二〇二五年までに四ギガワット（四〇億ワット）を原子力発電でまかなう計画だ。これは同国の三万世帯の需要量に相当する。エジプトはロシアに対してウラン鉱山の共同開発を求めている。ムルシーは二〇一三年に失脚したが、彼がロシアと結んだ協定は存続する可能性が高い。

プーチンは資源を求めて戦争するなどということは考えていない。むしろ戦争のような汚い作業は他者にさせ、分け前の獲得競争だけに参加すればよいと考えている。その典型がイラクであった。

モンゴルにおけるウラン開発

この項目ではプーチンの対モンゴル政策に焦点を当てる。

ロシアにとってのモンゴルは国境を接しながらも近くて遠い国であった。その性格はウクライナに似ていた。

モンゴルの広大なドルノド・ウラン鉱床（七五〇〇エーカー）の開発を手がけたのは旧ソビエトであった。それをロシアが受け継ぎ開発を進めた（一九八八年から九五年）。ピーク時にはおよそ一万人ほどの作業員が働いた。一億五千万ドルを費やしたが一九九五年に撤退を決めた。ロシア経済の悪化で、開発資金が途絶えたからであった。

捨てられた鉱山開発をモンゴル政府が再度進めることを決めたのは二〇〇三年である。この機会をとらえたのがカナダの企業カーン・リソース社だった。この小企業が、再開発プロジェクトの支配権を握り、その正式なパートナーはモンゴル政府そのものにすることに成功していた。このカーン・リソース社がプーチンに狙われた。

二〇〇九年一月、モンゴル政府はウラン鉱山においてロシアと共同プロジェクトを進めることを決めた。(それを受けて)モンゴル国会は、同国内における政府が関わるすべてのプロジェクトは、モンゴル政府が五一パーセントの所有権を持つという法律を成立させた。ドノルド・ウラン鉱床プロジェクトもこの法律によって、半分以上の所有権をモンゴル政府が握ることになった。カーン・リソース社には何の補償もなかった。同社は騙され財産を奪われた。同社は国際司法裁判所に訴えてはいるが、仮に勝訴しても賠償金のほとんどは法律事務所の懐に入るだろう。カーン・リソース社はすでに死に体である。

同社をドノルド・ウラン鉱床プロジェクトから外す指令を出したのはモスクワである。プーチン(当時首相)は二〇〇九年七月モンゴルを訪問したが、その目的はウラン開発協議であった。翌月にはメドヴェージェフ(当時大統領)がウランバートルにやってきた。彼はARMZの社長を帯同していた。彼らがモンゴル政府と何を話し合ったかは容易に想像がつく。

それでも、二〇一〇年には両国関係が冷え込んだ〔訳注:二〇〇九年のモンゴル大統領選挙で、ハーバード大学で教育を受けたツァヒアギーン・エルベグドルジが当選した〕。しかしロシアはたちまち締め付けに入った。二〇一一年夏、ロシアからの重油の供給が突然止まった。その年の穀物収穫に重大な影響を及ぼすことは確実だった。

ロシアはウラン開発で西側に色目を使うエルベグドルジ大統領に警告を発したのである。実はこの年（二〇一一年）、モンゴル政府は米日両国と「核燃料リース契約」の秘密交渉に入っていたのである。その契約ではモンゴル政府が核燃料を米日両国に輸出し、使用済み核燃料もモンゴルが引き取ることになっていた。

この交渉には米国政府が深く関与していた。米日両国にとって、供給と廃棄の問題の道筋がつけられる魅力的なプロジェクトだった。

モンゴルにとっても魅力があった。使用済み核燃料を確実に引き取る（ごみ処理担当）ことで、同国産ウランの販売に弾みをつけることができる。かつて牛乳配達員（ミルクマン）はミルクを届け、空き瓶は引き取っていった。モンゴルはウラン燃料のミルクマンになろうと考えた。モンゴルは世界のウラン市場に独立系サプライヤーとして華々しいデビューを飾ろうとしたのである。

しかし、二〇一一年九月、エルベグドルジ大統領は突然に米日交渉を打ち切った。建前上の理由は、「使用済み核燃料は他人の身体のなかに育った毒蛇であり、それを外国からのプレッシャーで引き取ることはできない。そんなことができるというのは幻想である」とまで述べた。モンゴル国会は使用済み核燃料の国内輸送、持ち込み、保存を禁ずる法律を成立させた。

大統領の言葉には若干の本音はあるだろう。しかし多くの事情通はこの裏にプーチンの影を見ている。現在のモンゴルは、誰も羨むことのない、たんなるウラン開発を進めるだけの国に成り下がった。しかしロシアから見れば、モンゴルはＡＲＭＺへの供給元として重要な価値を持った。要するに第二のカザフスタンを作り上げたのである。

最終目標

ロスアトムを率いるセルゲイ・キリエンコはプーチンとの会談（二〇一四年一月）で意気軒高だった。現行の生産量（六五〇〇万ポンド〔三〇〇〇トン〕）を三倍にまで引き上げるとしたうえで、「二〇二五年の生産量は八四〇〇トンとなり、生産コストはこれまでとはだいぶ違う（安い）ものになるだろう」と述べた。

これはためにする発言ではない。ロシアの埋蔵量はイエローケーキ換算で一二億ポンド（五四万トン）と見ている。これは世界第二の埋蔵量に相当する。ロスアトムは二〇二〇年までには年四〇〇〇万ポンド（一万八〇〇〇トン）の生産能力を持つ。これにカザフスタン、ウクライナ、ウズベキスタン、モンゴルの生産分を加えれば、六三〇〇万ポンド（二万九〇〇〇トン）となる。ロシア国内生産分と、その影響国の生産分を考慮すれば、二〇二〇年には一億四〇〇〇万ポンドになる見込みだ。[*1]

ウラン開発でこれほど野心的な計画を立てている国はない。この計画で行けば二〇二〇年にはロシアだけでも世界のイエローケーキ生産量の三分の一を占め、これに四分の一の生産量を誇るカザフスタン分を加えるだけで世界の半分の量の生産を牛耳る。

ロシアの野望はまだ続く。

世界には燃料棒に加工する施設はそれなりにあるが、転換施設（酸化ウランからフッ化ウランへ）や濃縮施設は限られている。ロシアは転換と濃縮の分野におけるリーダー的存在だ。

ロシア最大の転換施設はイルクーツク州のアンガルスク〔訳注：イルクーツクの北西四〇キロメートルの位置〕にある。ここからは、年間四四〇〇万ポンド（二万トン）のフッ化ウランが転換されてくる。少し規模の小さな転換施設が、セヴェルスク（トムスク州）にもあり、ここでの転換量は年間二二〇〇万ポンド（一万トン）である。この数字はロシアが世界の三分の一の転換能力を持っていることを示している。アメリカの能力は一八パーセントにすぎない。ロシアは新たな転換施設を建設中で、二〇一五年に開業の予定だ。

濃縮能力もロシアは断トツで、世界の四〇パーセントの能力を持つ。プーチンは既存施設の拡充によってこの数字を五〇パーセントにまで引き上げる計画である。イエローケーキは転換施設、濃縮施設があって初めて使用可能な燃料になる。ここでも支配的な立場を構築するというプーチンの構想は賢明だ。供給そのものを支配し、価格もコントロールできる。

この市場への参入は容易ではない。施設建設のコストは莫大で、建設可能な先進国では、「自分の裏庭での建設はお断わり」感情が強く、簡単には建設できない〔原注：こうした感情はＮＩＭＢＹ（Not In My Back Yard）と称されている〕。

ロシアのウラン戦略は次のように要約できる。

世界のイエローケーキ生産では半分以上を確保（五八パーセント）し、そこからの加工工程（転換から濃縮）でも世界のキャパシティの半分以上（現状は三分の一）を目指す。

生殺与奪の力をロシアは持とうとしているのである。

ウラン市場の短期的ダブつき傾向

プーチンの計画実現には辛抱が必要である。

ウランの需要増は間違いないにもかかわらず、福島の原発事故以来、市場は沈滞している。私の知る限り、これだけのインパクト（悪影響）をウラン市場に与える事件が起きることを想像できた専門家はいなかった。

福島の事故でイエローケーキ価格は六〇パーセントも急落した。ポンド当たり七十二ドルの価格が二十八ドルに急落したのである。九年来の安値であった。ウラン関連企業の株価も急落した。ウラン鉱山を閉じたところもある。

福島の事故が世界に原子力を諦めさせたわけではないのに、これほど価格が低落したのはなぜだろうか。

福島の事故がウラン産業の成長にストップをかけたことは間違いない。日本の原発発電量は世界の一三パーセントに相当していた。あの事故を契機にして五十の原発すべてが稼働を停止した。ほとんどが再稼働するであろうが時間がかかる。二〇一五年までに再稼働できるのはせいぜい六カ所程度だろう。これが需給バランスを大きく崩した原因である。

日本は、福島事故の起きた時点でおよそ三年分に相当するウラン燃料の在庫があった。長期契約に基づいての購入義務もあったため、二年分に相当する燃料が在庫に上積みされた。日本はそれをそのままにしておくわけにはいかずスポット市場（現金販売）に回しはじめた。

これが市場を混乱させた。スポット市場の規模はウラン取引市場全体の一割程度にすぎなかった。九割は長期供給計画によって価格が設定されている。長期契約価格はスポット市場相場の四五パーセント以上も高いのが普通である。需要者は安定的なウラン燃料供給を必要としていて、（安価とはいえ）スポット市場で調達するギャンブルはできない。

日本は高い値段で買った燃料を安価で放出せざるを得ない状況に陥った。韓国も原子炉が停止している間にスポット市場に在庫を出した。

いずれにせよ、スポット市場には日本が放出したウラン燃料が出回った。それを利用して他国は在庫を積み増したのである。日本は誰に販売しているか明かしていない。しかしロシアが大量に買い付けているのは間違いない。ロシアは在庫を抱えるのを厭わない。価格が戻ることを確実視しているからである。

福島事故の影響はほかにもある。

世界の旧型原子炉の廃炉を早めたことである。その結果、一時的に在庫過剰になった燃料がスポット市場に出てきた。廃炉決定が繰り上がったカリフォルニアのサンオノフレ原発からは一〇〇〇万ポンド（四五〇〇トン）が放出された。

この状況に輪をかけたのがアメリカ・エネルギー省であった。

二〇一三年に、コンヴァーダイン社がメンテナンスのためにおよそ一年間稼働を休止した。同社はアメリカ唯一の転換事業所であった。それが停止したため、イエローケーキの在庫が増え続けた。

そのためイエローケーキを保有するエネルギー省が過剰分の放出を決定した（同時にフッ化ウランも放出した）。

さらに同省はウラン燃料の放出も始めた。二〇〇八年に決められたルールでは、その放出量は全アメリカ消費量の一〇パーセントとする上限があったが、その規定が外されたのである。エネルギー省がどれだけ放出するのかはわからないが、七〇〇万ポンドから一〇〇〇万ポンドではないかと見られている。

これに先述のロシアの軍事グレードから転用した製造分が加わる。この供給は二〇一八年まで続く。

これらが市場攪乱《かくらん》要因であるが、こうした要因は二〇一八年までに消えることが見込まれている。そうなれば一般的な生産量と消費量の関係に戻ってくる。

たしかに現在のウラン市場は停滞しているが、ロシアは焦ってはいない。この状況を利用して在庫をしっかり積み増している。ウラニウムワン社を買収したように底値で浚《さら》っているという表現が似つかわしいくらいである。

（天然ガス市場でもそうだったが）ウラン市場でもロシアのヨーロッパ諸国への影響力は強い。EUの使う三二パーセントの燃料がロシアからのものである。これにカザフスタンとウズベキスタンの一九パーセントが加わる。

産業として成り立つ新エネルギー源はウランだけである。ドイツでどれほど反原発世論が盛り上がろうが、この動きを止めることはできない。プーチンのウラン戦略は必ず成功するに違いない。

この分野ではどの国よりも素早い動きを見せた。そして今でもどの国よりも速いスピードで動いている。EUもアメリカもウランレースには参加さえできていないという表現の方が相応しいかもしれない。

＊1：〔訳注〕キリエンコ社長は二〇一二年に日本の外務省を訪問した。外務省は次のように発表している。本書に書かれている内容を念頭に置きながら読むと発表の裏にある事情がうっすら読めてくる。

【平成二十四年四月三日　外務省報道発表】

本三日（火曜日）、午後六時から約二十分間、玄葉光一郎外務大臣は、来日中のセルゲイ・ウラジレノヴィチ・キリエンコ・ロシア国営公社「ロスアトム」社長の表敬を受けたところ、概要は以下のとおりです。

一、双方は、この場で日露原子力協定（「原子力の平和的利用における協力のための日本国政府とロシア連邦政府との間の協定」）の発効のための通告が相互に行なわれ、同協定が本年五月三日に効力を生ずることとなったことを歓迎しました。

一、玄葉大臣から、原子力等のエネルギー分野をはじめとする日露経済協力は日露関係全体の重要な柱の一つであり、日露双方が経済的利益を得る形で協力を進めていきたい旨述べました。また、東京電力福島第一原子力発電所事故に関する「ロスアトム」社からのこれまでの支援に対する謝意を述べました。

キリエンコ社長からは、日露原子力協定の発効を契機に原子力分野での日露協力をいっそう発展させていきたい、また、日本側に必要があれば福島第一原子力発電所事故に関する支援を引き続き行なっていく旨述べました。

第10章 対中東戦略

中東は荒っぽい地域である。その原因はここにある国のほとんどがいわゆるネーション・ステート（民族国家、国民国家）ではないからだ。真の意味でネーション・ステートと呼べるのはエジプトだけである。エジプトは人口の九割がアラブ人であり、かつスンニ派イスラム教徒だ。長い歴史もあり、単一民族国家と分類してもいいだろう。

イランは、言語（ペルシャ語）が同一で、九三パーセントの国民がシーア派イスラム教徒である。この国もネーション・ステートに分類できるかもしれないが、民族的にはペルシャ系は六五パーセントにすぎない。ただ他の民族には覇権を握ろうとするものはない。

イラクは、シーア派（多数派）とスンニ派（少数派）が混在する。また少数民族であるクルド人も多い。クルド族は独自の言語を持ち、居住地域には油田が存在する。クルド人は周辺国（トルコ、シリア、イラン）にも多い。

シリアはアラブ系であるがクルド族も多い。宗教はスンニ派が主流だ。しかし政権は、シーア派の分派であるアラウィ派が握ってきた。キリスト教徒も少なくない。ほかにも古代から綿々と伝わる宗教を信じる者がいて、キリスト教徒を中心にアラウィ派に対抗する勢力を形成する。

レバノンの人種、宗教構成はシリアに準じるが、この国は国内に独立系の軍事組織が存在し、資金をイランに頼っている。この組織がイスラエルを激しく敵視している。

リビアは、アラブ系でありスンニ派でありまとまっていそうであるが現実は部族ごとにばらばらである。

トルコはかつて大帝国を形成した。アラブ系スンニ派であるがヨーロッパに近いだけにキリスト教の影響も強い。トルコにはクルド族も多く、クルド族の出生率は高い。一、二世代すれば多数派になる可能性もある。

先に述べた、アメリカのペトロダラーシステムに風穴を開けアメリカを世界の覇権国から引きずり下ろすには、中東の石油資源取引に介入しなくてはならない。中東が混乱することはプーチンの戦略には有利になる。したがって中東の三カ国（イラン、イラク、サウジアラビア）については注意深く見ておく必要がある。この三カ国が世界の石油生産の二〇パーセントを占めている。

中東という地域は宗教というフィルターなしでは理解できない。自国の政府に圧迫されている人々が、宗教を鎹《かすがい》にしてまとまるからである。一国内のシーア派とスンニ派の紛争が他国に伝播する。両派はまったく異なる宗教と理解した方がわかりやすい。まったく妥協の余地がない。仮に両派の統合のようなものがあったとしてもそれが続くことはない。

両派の違いは、預言者ムハンマドの死（六三二年）後の、後継者を巡る争いに起因する。ムハン

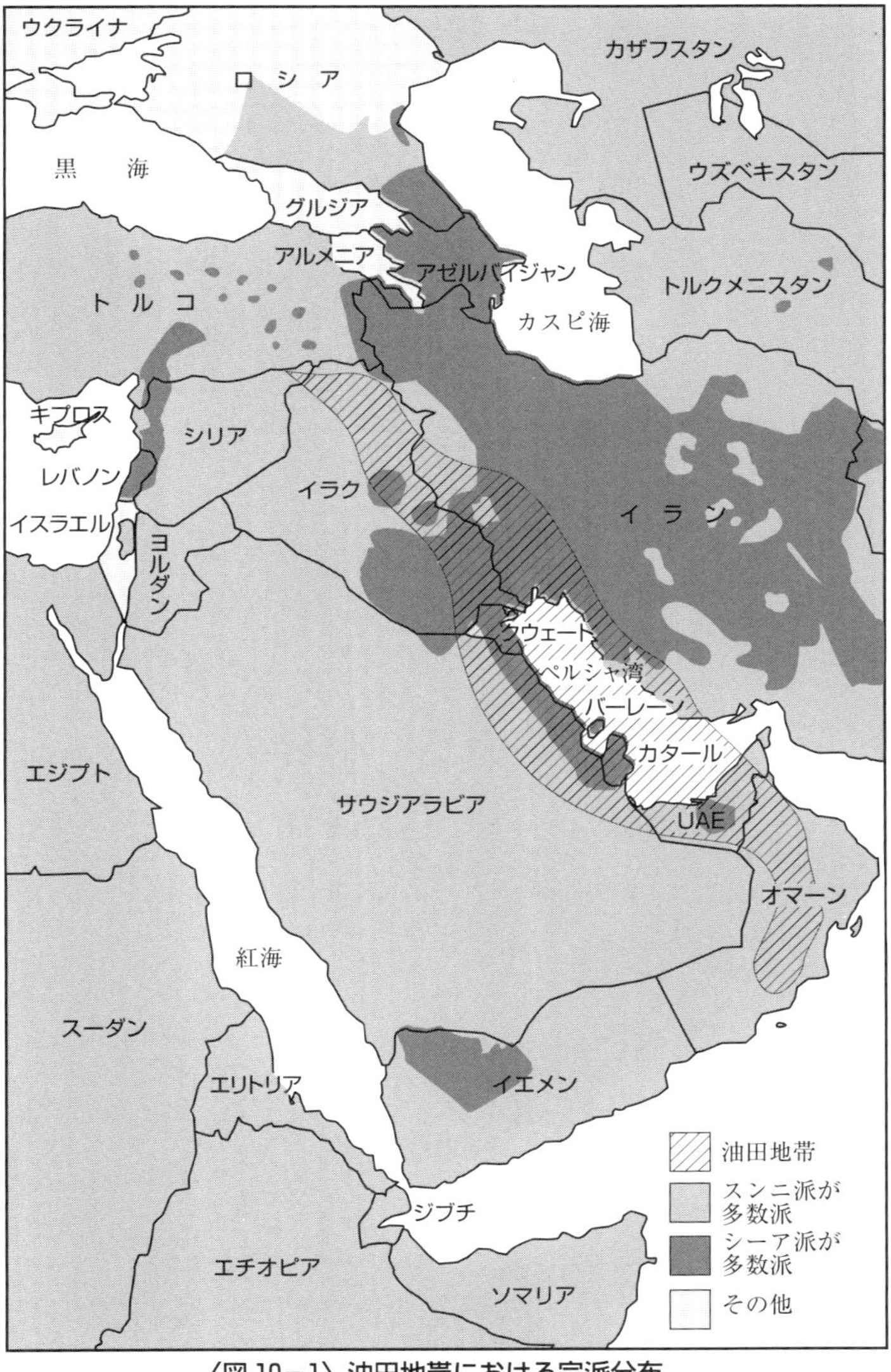

〈図 10－1〉油田地帯における宗派分布

［出典：PennWell & Cambridge Forecast Group］

マドの義理の父アブー・バクルを正統と考える派閥がスンニ派であり、義理の息子アリ・ムハンマドを正統にするものがシーア派である。

世界のイスラム教徒の八五パーセントがスンニ派である。しかし、石油生産国のイランとイラクではシーア派が多数派だ。サウジアラビアはスンニ派が圧倒的多数派である。ところが少数派のシーア派は東部の石油生産地域に集中している。

イラン：制裁、クーデターそして革命

イランを理解するにはウィンストン・チャーチルについて少し語らなくてはならない。彼が先の大戦でナチスと戦った英国首相であることは誰でも知っている。彼はその頃すでに六十代の政治家だった。

一九一一年、チャーチルは海軍大臣であった。まだ第一次大戦勃発（一九一四年）前のことである。彼はイギリス海軍の近代化を目指していた。当時のイギリス海軍は世界の海を支配していたが、アメリカとドイツの挑戦を受けていた。チャーチルはイギリス海軍の艦船の燃料を石炭から石油に替えようとしていた。イギリスには十分な石炭がありそれを燃料にしていたが、石油に比べれば効率が悪かった。同じ積載量でも石油の出すエネルギーが格段に高く、戦いに勝てる艦船にするためには燃料を石油に転換しなくてはならなかった。

エンジンを石油用に変更することはイギリスにとって簡単なことだったが、問題は石油であった。

イギリスには油田はない。チャーチルはどこかで石油を安定的に手に入れる必要に迫られた。

チャーチルは海軍だけではなく、陸軍の戦いも変わると見ていた。一九一一年当時の戦い方は、塹壕《ざんごう》を掘り、鉄条網を敷設した前線で敵味方が対峙するものだった。チャーチルは、将来は内燃エンジンを搭載した装甲車による戦いになると読んでいた。それが塹壕や鉄条網などものともせず、敵陣を突破する新兵器になると考えた。英国はその新兵器を「水運搬用タンク」と呼んだ。敵に警戒感を与えないためである。これが戦車を「タンク」と呼ぶ由縁である。内燃機関を動かすにも石油が必要だった。

チャーチルにとっては石油の確保は重大事であった。アメリカにはテキサスやカリフォルニアに石油があるが遠すぎた。ロシア産石油があるがライバル国である。ロシアの石油はロスチャイルドが押さえているが信用できなかった。

チャーチルのジレンマに応えた人物がウィリアム・ダーシーだった。一九〇〇年、ダーシーはイランの地で石油が地表に浸みだしていることを知って、イラン国王（モザッファロッディーン・シャー、一八五三—一九〇七）に年二万英ポンドを支払い四八万平方マイル（一二四万平方キロメートル）もの広大な土地での石油採掘権を得た。六十年の長期契約だった〔訳注：当時の二万英ポンドは現在価値にすると二百万ポンド程度である〕。また石油売上げの一六パーセントがロイヤリティとしてイラン国王に入ることになっていた。

ダーシーは私財を尽くしたが油井は発見できず、その利権をバーマ石油に譲渡する。同社は五十万英ポンドを掘削事業に充てた。一九〇八年、この資金も尽きかけ、おそらく最後の試掘になる掘削作業が始まった。これがついにイランの地下に眠る石油の海に当たるのである。翌年、バーマ石油は英国イラン石油（ＡＰＯＣ）となる。これが現在のＢＰの前身である。

石油開発事業は巨費を要する。インフラストラクチャー未整備の土地での開発はなおさらである。ＡＰＯＣはいくらでも資金が欲しかった。一九一四年五月、チャーチルはイギリス政府に資金拠出を勧めたのである。イギリス政府は五一パーセントの株式を取得し、政府によって任命された役員は、イギリスの国益に関わる問題については全権を持つことになった。またイギリス海軍は今後三十年間にわたって予め決められた価格による供給を保証された。チャーチルの面目躍如たる功績だった。イギリスはドイツとの中東石油争奪戦に勝利したのである。実際の戦いの始まる三カ月前のことだった〔訳注：第一次世界大戦は一九一四年八月に始まった〕。

第一次世界大戦が終了すると、イランではレザー・ハーンが台頭した。彼はコサック師団の将校で反乱軍の鎮圧に功績があった。国内秩序を回復し、英国およびソビエトの軍隊を国内から排除した。一九二五年、ハーンは国王アフマド・シャーを廃位させたうえで国会を開設した。その国会に、彼自身を立憲君主とすることを決めさせた。レザー・ハーンは姓をパフラヴィーとし、新国王（レザー・シャー）となった。これがパフラヴィー王朝の始まりである。一九三五年には国名をイラン帝国とした。この帝国が半世紀以上続くことになる。

レザー・シャーは近代化に熱心であった。そのためには鉄道・道路建設、さらには公教育の充実などインフラ整備が避けられない。司法制度や医療制度の改革も必要だった。中央集権制度の国家作りを目指す必要があり、その運営にはしっかりした人材が必要だった。レザー・シャーはまず人材育成から始めた。多数の若者をヨーロッパに送った。そのなかには自身の息子もいた。

政策遂行には莫大なコストを要する。レザー・シャーが頼ったのは石油収入であった。それなしでは自らの権力維持さえも危うかった。しかし、この収入にはイギリスの手がつけられていた。何とか先の王室が結んだダーシーとの契約を修正したかったが、イギリスは冷ややかだった。

レザー・シャー政権が資金不足に陥ったのは一九三一年のことである。五百万英ポンドがすぐにでも必要だった。そうでなければ建設中の鉄道も病院も学校も完成させることができなかった。権力維持のための軍隊への支払いにもお金が必要だった。インフレも激しく上昇率は四五パーセントにもなっていた。

レザー・シャーはあらためてＡＰＯＣの石油収入に目をつけた。ＡＰＯＣに対して、二五パーセント相当の株式、生産ロイヤリティの要求、そしてＡＰＯＣに割り当てた開発鉱区縮小（半分）を要求した。

ＡＰＯＣは要求をきっぱりと拒否した。それに対してレザー・シャーは開発鉱区契約そのものを無効にすると脅かした。もちろんこれは交渉のテクニックだった。彼は実際はＡＰＯＣに積極的な開発を進めてほしかった。ＡＰＯＣもこの地から撤退することなど考えてもいなかった。思惑の一致した両社が新たな条件で契約を仕切り直したのは一九三三年半ばのことである。イランの要求を入れた六十年の長期契約だった。この合意は次のようなものだった。

1　ただちに百万ポンドをイラン政府に支払う。

2　売上げロイヤリティは二〇パーセントとする。
3　生産ロイヤリティはトン当たり四セントとし支払いは金《きん》による。
4　純利益に対して四パーセントの税を課す。最低でも七五万ポンドの利益があったものと見なす。

これに加えてＡＰＯＣは次のような条件も飲んだ。

1　イラン政府が任命する人物を役員に任命する。
2　イラン国内消費分については優遇価格で販売する。
3　当初契約で与えられた鉱区の一部を返上する。
4　イラン国内における石油の独占輸送権を返上する。

この合意がなったことでイラン政府は新たな投資家を呼び込むことが可能になった。イランは国家財政のＡＰＯＣ全面依存から抜け出せる可能性が出てきた。

それでは誰に投資を呼びかけるのか。それが難題だった。

すぐにソビエトが手を挙げた。しかしレザー・シャーはソビエトを信用しなかった。ドイツも関心を示した。ドイツを引き入れることは政治的にもイギリスとのバランスを取るうえで都合がよかった。そのうえドイツは利益の均等折半まで提示していた。

しかし、レザー・シャーはアメリカを選んだ（一九三五年）。アメリカには勢いがあった。先の大戦の敗戦国ドイツと組むより政治的メリットがあった。ただドイツと完全に縁を切ることは避け、この時点で国内にいたドイツ人技術者がイランに留まることは許可した。

アメリカはイランの石油採掘事業に参加したくてしかたがなかった。スタンダード石油ニュージャージー（後のエクソン）、スタンダード石油カリフォルニア（後のシェヴロン）などが機会を窺っていた。彼らは新しい鉱区での開発を進め、油田を見つけしだいパイプラインを敷設し、オマーン湾とペルシャ湾に埠頭建設を考えていた。実現すればドイツとソビエトはイランから締め出されることになる。

イランは英米二カ国の開発と販売に委ねたが、しだいにフラストレーションを募らせることになる。石油産業に関わる高給のとれるポジションは外国人が独占した。米英資本の導入でイラン国民に多くの利益があると謳《うた》った国王の約束は実現されなかったのである。レザー・シャーは、国内の憤懣《ふんまん》を煽ることにした。外国人はイランの財産を盗んでいる、彼らは病院や学校を建てると約束したが何もしていない、と罵った。それでも石油収入に頼らざるを得ない厳しい現実があった。

一九三九年、第二次世界大戦勃発（ドイツのポーランド侵攻〔九月〕）の少し前の時期になるが、イギリスは五百万ポンドの借款をイランに与えることを決めた。担保は将来の石油代金だった。また、金での支払い分についてはその金の交換レートを市場価格とは異なるイギリス優位のレートを決め、イラン政府に入る金の量を下げた。

しかしレザー・シャーはこの提案を拒否し、イギリスに与えている石油利権をキャンセルしたのである。ドイツが戦争を準備していることを念頭にしたレザー・シャーの抜け目ない戦術だった。

イギリスは譲歩してくると読んだのである。

案の定チャーチルが動いた。イランからの石油は対独戦争に欠かせなかった。戦いが始まって一カ月後の一九三九年十月、チャーチルはイランの要求は何でも聞き入れるという態度に変えた。ロイヤリティはイランの要求どおりに引き上げた。

ドイツのソビエト侵攻（一九四一年六月）でソビエトは連合国側に立って対ドイツ戦争を戦うことになる。ソビエトはイラン産石油を完成したばかりのトランス・イラニアン鉄道を使って手に入れようとした。しかしレザー・シャーはこれを拒否した。彼はナチスに同情的であったし、そもそも大戦勃発後は中立を宣言していたのである。イギリスはイラン国内の石油施設で働くドイツ人技術者の国外追放も要求した。彼らはドイツのスパイであり、破壊工作員であると主張した。しかしレザー・シャーはこの要求も拒絶した。

一九四一年イギリスとソビエトはイランに侵攻した。レザー・シャーは逮捕され南アフリカに送られた。この翌年アメリカはイランに派兵を決めた。トランス・イラニアン鉄道を守備するためであった。こうしてイランの石油と鉄道は英米ソ三国が掌握した。

一九四一年九月、英米はレザー・シャーの長男モハンマド・レザー・パフラヴィーを国王に据えた。当時二十二歳であったレザー・パフラヴィーは米英にとっては好ましい人物だった。世俗的で、親西欧だった。石油収入を近代化資金にする方針は父と同様であった。しかしレザー・パフラヴィーに対して反感を持つ者も多かった。彼の極端な親西欧の姿勢が嫌われた。西洋型近代化を嫌う勢力も根強かった。

第二次大戦が終わると反レザー・パフラヴィー、反西欧の動きが活発化した。反政府運動は石油産業の国有化を主張するまでになった。また隣のアゼルバイジャンはソビエト連邦に取り込まれた。レザー・パフラヴィーは、自らを国王にした英米に忠実だった。北西部からの脅威（ソビエト）に対してもこの両国が守護役になると信じていた。英米以外の国から持ちかけられる石油利権獲得のオファーに対しても、それがいかにイランに有利であっても、耳を貸さなかった。

レザー・パフラヴィーは立憲君主としての立場をわきまえ、国会の意志を尊重しなくてはならなかった。しかし一九四〇年代の彼は、国会をコントロールしようとした。軍隊に対しても王家に対する絶対の忠誠を誓わせた。

大戦後ムハンマド・モサッデクが政敵として台頭した。彼は国会議員でありナショナリストだった。大学教育をヨーロッパで受け博士号（法学）を持つインテリだった。彼はイランは独立国であって、近代民主主義国家として、豊富な石油資源の利用は自らの意志で決めるべきだと考えた。石油収入はイラン近代化のために使われなければならなかった。彼はパリに学んだが、そこで反英感情に刺激された。そのためかレザー・パフラヴィーの親英の態度に反発した。

モサッデクに対する国民の期待は大きかった。国民は彼を英米支配からの解放者だと考えた。一九五一年、国会が彼を首相に選出した。しかし彼はすぐに辞任する。国王が、国防相を含む政府高官の人事権を渡さなかったことに抗議したのである。国民は国王のやり方に憤った。怖れをなした国王はすぐにモサッデクを首相に復帰させ、人事権などの権限を譲った。

モサッデクはイラン石油産業の国有化を決めた。レザー・パフラヴィーはそれに反対した。そんなことをすれば英米両国は石油の動きを止めると心配した。そうなればイラン経済は混乱することは必定だった。それでもモサッデクは国有化を断行した。国王は何とかそれを阻止しようと更迭を試みた。しかし国王の後ろに控える英米に反発する国民はモサッデクを支持した。

レザー・パフラヴィーは軍隊に鎮圧を命じようとしたが、逆に軍の反乱を心配しなくてはならなかった。特に下級兵士は国民の動きに同情的であった。彼はひとまず国外脱出を決めた。もちろん王位を捨てる気は毛頭なかった。彼は英米両国が必ず彼を守りきると信じていた。英米はイランにある石油利権を手放すはずはないとの確信があったからだ。

その後の英米はレザー・パフラヴィーの思惑どおりに行動した。英国はイラン国内最大のアバダン製油所を止めた。アメリカもイギリスに追随し、イラン産石油のボイコットを決めた。同盟国にも同調を求めた。英米はホルムズ海峡の閉鎖も決めた。これによってイランの石油収入は途絶え経済は麻痺《まひ》した。

この頃、アメリカ政府は冷戦の真っ只中であった。イランの石油が止まることよりも重要なアジェンダがあった。モサッデクによる石油産業国有化や市場介入の政治姿勢を見て、彼はソビエト陣営につくのではないかと恐れたのである。アメリカにとってモサッデクは危険人物になった。彼は排除されなければならなかった。

英米両国は単純なイラン侵攻はできなかった。第三次世界大戦を恐れた。両国はクーデターを選んだ。クーデターを裏で操る方がよほどリスクが少なかった。

イランに軍事侵攻すればソビエトがイラン北西部から侵入してくるのは必定だった。イランでの戦いはソビエトが有利だった。現実の戦いになれば英米両軍ともにイラン南部に押し返される可能性が高かった。イラン全土から排除される可能性さえあった。赤軍がイランを掌握すれば次に狙われるのはおそらくトルコになると恐れられた。

ソビエトがイランを征圧すればペルシャ湾へのアクセスが叶う。これはピョートル大帝以来のロシア（ソビエト）の野望だった。ここに軍港を置くことができればインド洋へのロシア海軍の展開は容易となる。

したがってイランへの軍事侵攻はリスクが高すぎた。その代替案がクーデターによりレザー・パフラヴィーに権力を戻すことだった。この方がロシアへの刺激は少ない。英米の支援に感謝するレザー・パフラヴィーからさらなる特権を引き出すことも期待できた。レザー・パフラヴィーを帰国させたうえで、クーデターを計画したのである。もちろんアメリカは関与を否定しているが、中東の国々はアメリカのやり口を見ることになる。

ＣＩＡは宗教家、政治家、軍人あるいはストリートギャング連中に賄賂《わいろ》を使って反モサッデクの抗議活動を煽った。石油の輸出が止まっていた経済に火をつけるのは簡単なことだった。

一九五三年八月、クーデターが実行された。レザー・パフラヴィーが親衛隊にモサッデクの逮捕を命じたのである。しかしＣＩＡの計画どおりにはいかなかった。モサッデク支援者が親衛隊側の部隊長を逮捕してしまったのである。それでもＣＩＡの動きは止まらなかった。すでに国王支持のデモ隊の準備ができていた。このなかにはテヘランを仕切るギャング連中も多く紛れ込んでいた。地方からもデモ要員がバスやトラックで続々とテヘランに運ばれた。街に溢れたモサッデク支持派は国王支持派と衝突を繰り返し、多数の死者が出た。その数は三百人とも八百人とも言われている。

国王支持派は、モサッデクの邸を襲った。捕らわれたモサッデクは軍事法廷で国家反逆罪で有罪となった（一九五三年十二月）。三年の刑期を終えたモサッデクは自宅軟禁となり自由は与えられず十四年後（一九六七年）に亡くなった。モサッデク支持派も多くが逮捕され、なかには死刑に処せられた者もいた。

ＣＩＡもＭＩ６（英国の対外情報工作部門）も関与を否定した。

クーデターの成功でアメリカはイギリスに対してＡＩＯＣ（ＡＰＯＣの後身。Anglo Iranian Oil Company）の株の一部譲渡を要求した。この結果イギリス政府の持ち分は四〇パーセント、米系企業が四〇パーセントとなり、残りはロイヤルダッチシェル（一四パーセント）と仏系のトタル石油（六パーセント）の所有となった。イラン政府は利益の半分を保証されたが所有権は持てなかった。

クーデター後のレザー・パフラヴィーはますます専制的になった。石油収入は王家に回される割合が増え、近代化資金は不足した。政権とＡＩＯＣとの間もぎくしゃくした。イラン政府は、ＡＩＯＣが利益を意図的に低く見せていると疑ったからである。

モサッデクを支持していた勢力は力を失っていなかった。一九七九年、この勢力が革命を起こした。シーア派宗教家が権力を掌握すると、学生の過激派を使ってアメリカ大使館を占拠させ、大使館員五十二名を人質にした。革命政権は石油産業の国営化を目論んだ。

アメリカはレザー・パフラヴィーの復権を諦めると、イラクのサダム・フセインにイラン攻撃を仕掛けさせた。資金も武器もアメリカが支援した。イランとイラクを戦わせることで、アメリカにとって最も重要な石油供給国であるサウジアラビアの安全保障を確保しようとしたのだ。イラクはシーア派が多数派でありながらスンニ派のサダム・フセインが政権を握っていた。

一九八〇年九月、イラクはイランに侵攻した。表向きは国境紛争が原因だったが、真の理由は、シーア派革命が国内に伝播することをサダム・フセインが恐れたからである。シーア派はイラク南部のイラン国境付近に集中していた。彼らがフセインに対して蜂起する前に動いたのである。両国の戦いは一九八八年八月まで続いた。戦死者はおよそ五十万で、ほぼ同数の民間人が犠牲になった〔訳注：両国合計の数字である。統計によってはこれ以上の数字もある〕。

フセインはこの戦いで化学兵器を使用した。対イラン戦争だけでなく、イランに同情的なクルド族に対しても使用した。国境はもとのままであった。

イランは戦争中石油も天然ガスも販売できなかった。一九八〇年には、アメリカは人質を取られたこと（一九七九年）に対する報復として経済制裁を科した。一九九五年には核兵器開発を疑われ、制裁はいっそう強化された。二〇〇六年には、イランが核燃料濃縮施設設置を諦めなかったことから、国連安全保障理事会が新たな制裁策を打ち出した。ＥＵも独自の制裁を科した。

石油生産もイラン・イラク戦争前の日産六〇〇万から七〇〇万バーレルのレベルに回復していない。外資の導入もできないため、パイプラインや精製施設への投資もままならない状況だ。イランへの西側の投資は完全に停止した。

イランは確かに孤立した。それでも支援国がないわけではない。ベネズエラは銀行設立を含むジヨイントベンチャーで四十億ドルを投資した。インドも、イラン産石油を買い続けている。イランが支払い条件を緩やかにしているからである。ギリシャはＥＵの経済制裁に反対である。財政破綻したギリシャに石油を売り続けてくれるイランを大事にしたいのである。日本と韓国もアメリカに対して石油輸入については制裁の例外にするよう要請している。プーチンが大統領に就いて以来ロシアとイランの関係は良好だ。

現在のイラク政府はシーア派が掌握しているだけにイランとの関係は改善している。イラクはイランの天然ガスが必要だ。イラクはイランから一日当たり七億立方フィートを輸入する契約を結んだ。金額ベースでは年間四十億ドルに相当する。供給量を倍にする計画も交渉中である。

イランと中国の関係も良好だ。イラン産石油および天然ガスは中国の輸入量の一五パーセントを占める。中国にとってイランは、アメリカにとってのサウジアラビアなのである。両国間の貿易規模は五百億ドル規模であり、中国がアメリカやＥＵの主導する経済制裁に参加することは考えられない。中国は、西側の経済制裁をむしろ歓迎している。イラン産石油を安価で仕入れられるからである。

イラク歴史概観

イラクはかつてメソポタミアと呼ばれていた。穀物が豊かで人類文明の発祥の地であった。その地はいま石油を巡る争いの場と化した。

イラクは近代になって成立した国家である。十六世紀から第一次大戦終了まではオスマントルコの一部であった。オスマントルコを英仏が恣意的に分割した。アメリカ大統領ウッドロー・ウィルソンはそれに暗黙の了解を与えた。分割した領土が、トルコ、シリア、レバノン、パレスチナ、湾岸諸国、メソポタミアとなった。民族や宗教のファクターなどは考慮されなかった。クルド族は北部イラク、西部イラン、南部トルコにばらばらになった。クルド族は自らの民族国家樹立を求め続けることになる。

メソポタミアは第一次大戦後イギリスに管理された。イラク王国が成立したのは一九二一年のことである。そして一九三二年、完全に独立国となった。

民族的なまとまりのないこの国は内戦に明け暮れてきた。クルド族は二度にわたって蜂起した。多くの犠牲者を出しただけで何も変わりはしなかった。五八年、軍事クーデターによって王室は廃止されイラク共和国が成立した。アメリカ憲法にあるような共和制とは似ても似つかない、軍を握る者が頂点に立つ国となった。

そしてサダム・フセインが登場する。サダムはスンニ派が主流のバース党のリーダーだった。一九六八年のクーデターでバース党が権力を奪取したが、そのキーマンの一人がフセインであった。七六年、彼は副大統領となり、政府と軍をつなぐ役割をうまくこなした。七〇年代初頭、イラクは石油産業の国有化を果たすが、その作業を指揮したのはサダムだった。彼はしだいに政府組織全般への影響力を強めていった。石油収入の増加でイラク経済は順調に成長し、彼はスンニ派の子飼いを政府の要職に就けた。

一九七九年、彼は大統領となった。彼はアメリカのイラク侵攻（二〇〇三年）まで権力の座にあった。

イラク石油事情

一九二五年から六一年までの間、イラクの石油はトルコ石油会社（ＴＰＣ）がコントロールしていた。カルースト・グルベンキアン（一八六九―一九五五）が創業したＴＰＣは第一次大戦前からオスマントルコ帝国の石油利権を獲得していた。彼はＴＰＣ創業前から石油事業で財を成していた。彼は手がける事業では必ず五パーセントの個人所有分を確保した。「ミスター・五パーセント」が彼のニックネームだった。

第一次大戦後、オスマントルコ帝国が分割されたことを受け、ＴＰＣはイラク石油会社（ＩＰＣ）と改称し、グルベンキアンは持ち分の半分をイギリスの投資家に売却した。ＩＰＣはイランの石油開発も活発に行なっていた。もちろんイラク国内の新規開発にも熱心だった。

一九二七年、ＩＰＣはイラク北部で大油田を発見した。クルド人が多く暮らす地域だった。この頃になると米国資本もイラクに関心を示していた。そのためＩＰＣは資本関係を再編する。グルベンキアンは自身の持ち分五パーセントを確保したうえで、残りの九五パーセントを次の四社に均等になるように調整した（二三・七五パーセント）。その四社は、英国石油（ＢＰ）、ロイヤルダッチシェル、トタル石油（仏）、米国投資家グループ（後にエクソン・モービルとなるグループ）であった。また参加した四社は中東地域〔訳注：旧オスマントルコ帝国領土内〕では競争関係にはならない協定を結んだ。「赤線協定」と呼ばれる一種のカルテルであった。

この協定で中東地域での開発は緩慢なものになった。他地域に石油資源を持つアメリカとイギリスにとっては苦にはならなかったが、どこにも石油資源を持たないフランスは自国の強い影響下にある地域でさえ石油開発が進められないジレンマに陥った（第二次大戦が終了した時点で、イラクの石油開発はイランに大きく遅れをとっていたが、それはこの赤線協定のためであった。イラク国内には一つの製油所もなかった）。

イランと同様戦後のナショナリズムの高揚で、自国資源を活用したいという動きがイラクでも活発化する。しかし、外国資本の排除で技術者を失うことは避けなければならなかった。イラクの為政者はイランの国有化政策の失敗から学んでいた。イラクの軍事政権はナショナリズムの高まりと外国人技術者（ノウハウ）の必要性のバランスをうまくとらなければならないことがわかっていた。

このイラクにソビエトが影響力を強めることになる。一九六九年のことである。この年、ソビエトとの間に経済協力協定が結ばれた。これによってイラク政府はようやくＩＰＣにそして英米両政府に強気で物が言えるようになった。ソビエトはこの協定で幅広い支援をイラクに対して約束していたからだ。製油所建設、パイプライン敷設あるいは石油製品の販売はもちろんのこと、水力発電所建設、鉱山開発あるいは原子力発電所建設支援も約束した。ソビエトの狙いは石油だけではなかった。イラクそのものを冷戦を戦う駒の一つにしたかったのである。

イラクを惹きつけることができれば中東進出の橋頭堡にすることができる。ソビエトはナショナリズムが高まるシーア派国民に訴え、ＩＰＣをイラク国民のものにしたいという願望を刺激した。

英国人もアメリカ人もイラクではその立場を利用して傲慢に振る舞っていた。イランでもそうだったが、彼らはイラク政府に約束していた病院も学校も作らなかった。イラク国民は、彼らはイラクの財産を盗んでいるという感情を募らせた。イラクに残るお金はスンニ派政権の懐に入る。そのことも許せなかった。ソビエトにとっては、工作には好都合の国民感情が渦巻いていた。ソビエトはシーア派に政権を取らせようとイラク国民の反ＩＰＣ感情を煽ったのである。

一九七二年、サダム・フセインはＩＰＣの資産を接収し、それをイラクナショナル石油（一九六六年設立）に移管した。そしてサダム・フセインとバース党はそのまま軍事政権を継続した。ソビエトにとって国有化は望ましいことだったが、スンニ派は政権に留まったままだった。

国有化は果たしたものの、恐れたとおりの事態が訪れた。外国人技術者は消え、外国からの投資も途絶えた。イラクの石油産業はたちまち停滞した。外国資本に鉱区を与えて新規開発することは禁じられていた。既存施設のメンテナンス業務からも外国人技術者が消えた。戦争することを何とも思わないフセインのいるイラクに投資する外国資本はなかった。

イラン・イラク戦争ではアメリカがイラクを支援したと述べた。しかし国連の仲裁で戦いが終わると、イラクとアメリカの関係はたちまち悪化した。イランとの戦いの二年後にイラクはクウェートに侵攻し、第一次湾岸戦争が始まった。

クウェート侵攻には三つの理由があった。

第一は、第一次大戦後の線引きに対する不満であった。イラクは海岸線を持たない国にされてしまった。フセインはクウェートはもともとオスマントルコ帝国のバスラ州に属する地域で、イラク領であると主張した。

第二は、イラン・イラク戦争によって抱えた負債の問題があった。イラクはクウェートとサウジアラビアからの借款が多かった。フセインは借金棒引きを両国に要請したが拒否されていた。クウェート侵攻は、債権国を債務国が併呑するという側面があった。

第三は、もちろんクウェートの石油を奪取することである。イラクは、クウェートがＯＰＥＣで決めた協定を破っていると憤っていた。協定では加盟各国は石油市場価格がバーレル当たり十八ドルとなるよう生産調整することが決められていたが、実際の市場価格は十ドルほどにまで下がっていた。フセインはその原因がクウェート（およびアラブ首長国連邦）の生産過剰にあると見ていた。価格低迷でイラクが被っている損害は年間七十億ドルに及ぶと推算した。この額は一九八九年の貿易赤字額に匹敵する。またフセインは、クウェートと隣接するルマイラ油田の原油が不当にクウェートによって採取されていると疑っていた。一九九〇年初めにはそれを理由に軍事行動に出ることを仄めかしている。

クウェート侵攻の機会を狙っていたサダム・フセインが駐イラク米国大使エイプリル・グラスピーと会談したのは七月末のことだった。彼女はフセインに対して次のように語った。

「貴国が資金不足であることはわかっています。わが国の考えは、貴国には国家再建のチャンスが必要だろうというものです。いずれにせよ、わが国はアラブ民族間の争い事には関心がありません。たとえば貴国とクウェートの国境紛争といったものです」

サダム・フセインは、この発言を、クウェートに侵攻してもアメリカは介入しないというメッセージである、と理解した。フセインはこれに勇気づけられた。おそらくソビエトの理解も得られるはずだとの思惑もあった。一九九〇年八月二日、イラクはクウェートに侵攻した。

サウジアラビアはこの成り行きを注意深く観察していた。サウジアラビアはイラクと同様にシーア派のイランを警戒していた。イラク・イラン戦争ではイラクに同情的であったことはすでに述べた。この戦争が終わるとイラクとサウジアラビアは相互不干渉不可侵条約を締結した（一九八九年）。両国の国益に共通点があることを示すものだが、信頼関係があるわけではなかった。

サウジ王朝がイラクに同情的だったのは、イラン革命に刺激されたイラク内のシーア派がイラクでも同じような革命を起こすことを恐れたからだった。サウジアラビアは人口が希薄だ。それだけに、サダム・フセインがいつその食指を伸ばしてくるか気が気ではなかった。クウェート侵攻はその恐怖感を刺激した。

侵攻の四日後、それはジョージ・H・W・ブッシュ（父）大統領がクウェート侵攻を許さないと語った翌日であるが、国防長官ディック・チェイニーはサウジアラビアのファハド国王と会談した。サウジアラビアはイラクがクウェートの次にサウジアラビアを狙うと恐れた。アメリカはイラクをクウェートから押し戻したかった。両国の思惑は一致した。アメリカは急がなければならなかった。この頃、イラク軍は空港、港湾施設の三〇〇マイル（四八〇キロメートル）の地点まで迫っていた。

アメリカ軍が対イラク戦争を遂行するためには、サウジアラビア経由で軍を派遣しなくてはならない。非イスラムの軍隊がサウジアラビア領土に入ることには反発が予想されたから、国王の事前承諾が必要だった。国王が承諾したのは会談が始まってから二時間後のことであった。

アメリカはサダム・フセインにクウェートからの撤退を要求したが埒《らち》が明かなかった。大統領はおよそ三十六カ国からの軍の派遣を決めさせた。もちろんその四分の三はアメリカ軍であった。サウジアラビアは戦費の六割を負担した。国連安全保障理事会もイラク軍をどのような方法であってもクウェートから排除すると決定した。一九九一年一月半ばにはアメリカ議会もイラク派兵を承認した。

一月十七日、イラク空爆が開始された。二月二十四日にはアメリカ陸軍がクウェートに進入した。戦いの帰趨はわずか百時間で決まった。四月には国連安全保障理事会で休戦条件が決められた。イラクは、クウェートの主権を認めること、すべての核兵器・生物化学兵器を処分し、そのような兵器の製造をやめること、その実行を確認する査察団を受け入れることであった。

休戦が成立すると、イラク国内（南部）のシーア派が反サダム・フセインの戦いを始める。北部ではクルド族が蜂起した。クルド人国家建設の絶好の機会と考えたのである。しかし、アメリカはどちらも支援しなかった。アメリカはフセイン政権が内部から崩壊するのを待っていた。しかし内部からの革命は起きなかった。国の南北で発生した二つの反政府活動はフセインが鎮圧した。

休戦後、イラク上空に飛行禁止区域が設定された。イラクは国連の査察に非協力的だった。一九九八年には視察そのものを拒否し緊張が高まった。飛行禁止区域を飛ぶ英米の軍用機に攻撃を加えることもあった。査察が再開したのは二〇〇二年のことであるが、休戦条件を逃れようとするサダム・フセインを刺激した。それが九一年から十二年後にイラク戦争の原因となる。

二〇〇三年にアメリカがイラク戦争を決めた理由については諸説ある。イラクが、休戦協定を守らなかった、核兵器開発をやめなかった、ブッシュ（父）の暗殺を企てた、というものから、アメリカはイラクに民主主義を導入したかった、イスラエルの陰謀である、イラクの石油が欲しい石油資本が仕組んだ。

こうした推測のそれぞれに一部の真実はあるだろう。しかしほとんど語られない重要な理由がある。ドルを石油取引に使い続けさせるためにイラクに侵攻せざるを得なかったという視点である。

OPEC加盟国は石油取引にドルを使ってきた。それが揺らぎはじめたのは二〇〇〇年十一月のことである。アメリカドルは世界の基軸通貨の地位は保持してはいるが、アメリカ経済の縮小傾向と、アメリカの押しつけがましい外交と経済政策に対する反発が世界各国に広がっていた。ドルを介在させない貿易取引はきわめて難しい状況だったが、そうなることを望む空気が醸成されていた。

ドルを取引に使わないきっかけを作ったのは、皮肉にも、アメリカ自身の対イラク経済政策だった。イラクは経済制裁で石油販売ができなかったが、その結果一般市民まで苦しんだ。そのため、クリントン政権は、生活必需品（食料や医薬品など）を輸入するためだけの石油輸出を認めた。二〇〇〇年後半にはフランス、ドイツを含む複数のEU諸国が、食料や薬品などの輸出のためにユーロでの取引を開始したのである。これによってドルと石油取引が初めて乖離した。このやり方にロシア、インドネシアあるいはベネズエラが興味を示した。この頃経済制裁を受けていたイランもドルによらない取引を検討していた。

二〇〇三年三月、アメリカはイラクに侵攻し、イラクに新政権ができあがると、再びイラクの石油取引はドルに限定された。

クルド問題

クルド国（Kurdistan）は地図上に存在しない。クルド族の人口は二千五百万であるが、自らの国家を持たない最大の民族だ。先に述べたように、第一次大戦後の国境線引きの際、クルド人国家は作られなかった。当時イギリスはクルド人に国家建設を約束していた。しかしそれはいまだに果たされていない。その結果クルド人は、トルコ南東部からイラク北部、さらにイラン北西部周辺にばらばらに暮らす少数民族となってしまった。数は少ないがアルメニア、グルジア、シリア、アゼルバイジャンにも散っている。

彼らは自らの居住する国に吸収されてしまうことを拒否している。それが彼らが迫害される理由になっている。イランではクルド族の姓を使うことは禁じられている。トルコは、クルド族という民族の存在そのものを否定し、ジプシーであると決めつけている。彼らはトルコ人なのだが、山で道に迷ったあげく自らがトルコ人であることを忘れてしまった。それが信じられている俗説だ。

石油が豊富なイラク北部ではクルド族国家成立寸前までいった。イラク・イラン戦争の時期にはサダム・フセインはクルド族がイランに協力することを恐れ、クルド族の村を攻撃し、化学兵器まで使用した。犠牲者は五万人（一説では二十万人）を超え、二千の村が破壊された。イラク北部の町キルクークにはイラク中央部や南部からアラブ民族を移住させ、クルド族を追い出し、町の「アラブ化」を図ったのである。

第二次湾岸戦争（二〇〇三年）では、クルド族はアメリカ側につき、フセイン政権を攻撃した。アラブ人はこれを激しく恨んでいる。後にクルド地方政府（ＫＲＧ）とバグダードの中央政府間で休戦協定が結ばれたが、ＫＲＧは相変わらず不気味な存在である。

北部イラクを管理する半自治政府組織ＫＲＧは、自前の軍を持つ一方で予算は中央政府に頼らざるを得ない。バグダードの束縛から逃れたい。それがＫＲＧの長年の願いだったが実現しつつあるようだ。ＫＲＧはもう一歩で完全自治獲得まで来ている。西側諸国の目からすればＫＲＧはイラクで最もまともな組織に見える。クルド族の九四パーセントがスンニ派イスラム教徒だが、宗教活動に対しては比較的温容である。

北部イラクは石油が豊富である。バクダードの中央政府は所有権を主張するが、ＫＲＧはそうは考えていない。主張がどうあれ、買い手がどちらにつくかが勝敗の分かれ目だ。ＫＲＧはこの戦いを有利に進めている。

外国石油資本は、アメリカのイラク侵攻およびそれに続く占領の十年間はイラクへの投資は控えていた。アメリカがしだいに撤退していくなかで、イラク政府は停滞した石油産業を復活させなければならなかった。

イラク政府の計画は野心的で二〇一七年までに日産八〇〇万バーレルを目指すというものである。二〇一〇年の数字は日産二四〇万バーレルであった。多くの西側石油資本はこの計画に魅力を感じ、イラク政府との交渉に入った。しかしたちまちその熱気は冷めた。イラク政府の要求があまりに貪欲だったからだ。

イラク政府は石油会社に石油探索ノウハウの開示を求めた。必要とされる巨額な開発資金と期待される利益のバランスを考えたら、ノウハウ開示要求は石油会社にとってリスクが高すぎた。エクソンは、確実に存在する一一五〇億バーレルの油田を目の前にしながらイラク政府との交渉を打ち切った。他社もこの動きに追随した。イラク政府は新油田開発のために鉱区入札を実施したが、参加する企業はほとんど現われなかった。

新規油田開発を諦めたイラク政府は、石油会社を下請けにするサービス契約を考えた。バーレル当たり定額を支払う形式だが、計算上九九パーセントの利益をイラク政府が取るという強欲なものだった。油田の規模が大きいだけにBPはルマイラ油田についてだけは契約を結んだ。[*1]

今後もイラク油田の規模を考えると入札に応じる会社が現われる可能性はあるが、現実的には見込み薄だと思われる。いまだ戦乱状態にあるリスクを考えればなおさらのことである。

イラク政府の強欲な姿勢に愛想をつかした石油会社の目は、北部イラクのKRG管理地域に向かっている。この地域の埋蔵量はイラク全土の三分の一でしかない。そのうえKRGはバグダード中央政府とは緊張関係にある。しかしKRGは石油会社に二〇パーセントの利益配分を示している。それだけに魅力的だ。この地域は他所よりも政治的に安定し、インフラストラクチャーも整い比較的安全である。空港、道路、鉄道、電気などが、他の地域のようにいつ止まってしまうかわからないリスクは少ない。

すべてのファクターを勘案すると、KRG支配地域への投資が有利だと考える石油会社は増えている。実際、エクソン・モービル、シェヴロン、トタル石油はKRGと契約を結んだ。中小の会社およそ三十六社とも契約が成立している。バグダードの中央政府は契約は無効であると主張し、イラク政府に対する侮辱であると憤っている。

中央政府は今のところ軍事行動は取らず経済制裁に留めている。その一つは中央政府の承認なくKRGと契約を結んだ会社とは既存の契約を破棄するというものだ。二〇一二年、イラク政府とのすべての入札にエクソンとシェヴロンの二社が排除された。またトタル石油は、現在生産中のハルファヤ油田に参加しているが、KRGと距離を置かなければその契約を解除すると迫られている。前記三社のスポークスマンはこの問題について口を閉ざしている。しかしある関係者はオフレコで次のように述べている。

「我々は北部イラク（KRG）と契約すれば南部での商売を諦めなくてはならないことを理解している。したがって、南部で事業を継続するための条件があまりに過酷になれば、我々はこの地域から出ていくことも覚悟しなくてはならない。そう考える会社は増えるだろう」[*2]

イラク北部の石油はトルコも狙っている。二〇一三年春、トルコ国有会社であるトルコ石油（TPAO）はクルド族居住地域におけるプロジェクトをエクソンと結んだ。このプロジェクトでKRGはトルコの石油パイプラインの利用が可能になる。そうなればクルドの石油が世界市場で販売できる。

KRGと石油ビジネスを進めることは政治的なリスクを伴う。イラクからの分離を目指すKRG

はイラクとの軍事的衝突の危険性もはらんでいる。またＫＲＧとのプロジェクトを進めれば、イラク政府とのビジネスからは締め出されることになろう。それでも多くの石油会社がＫＲＧとのビジネスの方が有利と考えている。

石油会社の動きはどうしても政治的な意味を持つ。イラク首相はエクソンやシェヴロンへの憤懣《ふんまん》を直接ホワイトハウスに伝えている。オバマ大統領は石油会社に対してＫＲＧとの契約は好ましくないと伝えてはいるが、政権幹部は、石油会社の判断は経済的理由によるものだと静観している。

イラク政府の立場は苦しい。これまでどおり、割の合わない利益率を石油会社に要求し、ＫＲＧと契約する会社に脅しをかける手法は、石油資本をむしろＫＲＧの側に押しやっている。ＫＲＧの自治はますます強化され分離独立の可能性は高まっている。

バグダードの中央政府がとれるオプションは二つある。

一つは石油会社の取り分を増やすことである。エクソンもシェヴロンもバグダードとの商売を続けたいのは間違いない。条件しだいなのである。

もう一つは石油利権をＫＲＧに思いきって譲渡し、一定の利益配分を求める方法である。しかしこのやり方はＫＲＧの自治権をいっそう強化することになる。これまでのバクダードの石油ビジネスにおける強欲な姿勢に鑑みれば、こちらの方法をとることは考えにくい。

大手石油会社の行動はバグダードの方針しだいで決まる。イラク中央政府の方針が現状どおりであればＫＲＧとの関係を深める。もし中央政府が納得できる条件を出せばイラク南部の魅力ある石油油田プロジェクトをとる。バグダードとＫＲＧが何らかの妥協を見せれば両方の石油を狙う。

石油が生み出す膨大なお金は世界の政治バランスを変化させる。ＫＲＧは魅力的な条件でエクソン、シェヴロン、トタル石油の大手や多くの中小石油会社を味方につけ、独立への梃《てこ》に使おうとしている。

イラクでは自由とか正義とかいったものは何の意味もない。石油会社の利益。それがこの国を動かす。ＫＲＧ支配地域がクルディスタンとなり独立を果たすことにでもなれば、子供たちはエクソンが独立の英雄であると教えられることになるだろう。

アフガニスタンの底なしの沼

アフガニスタンは中東に分類されず中央アジアの一国である。しかし本章ではアフガニスタンに触れざるを得ない。ロシアと西側諸国との対立の狭間に位置するからである。

一九七八年の軍事クーデターで左翼政党、人民民主党（People's Democratic Party：ＰＤＰＡ）が政権を掌握した（四月革命）。ＰＤＰＡは国名をアフガニスタン民主共和国に変更し、すぐさまソビエトと善隣友好条約を結んだ。カブールの駐アフガニスタン米国大使は、「白熊がヒンドゥークシ山脈を越えてやってきた」と本国に打電した。イギリスは、ソビエト（ロシア）の影響がアフガニスタンに及ぶことを常に警戒してきたが、アメリカも同様だった。ワシントンは、四月革命によってソビエト帝国が版図を広げたと理解した。

社会主義政権の運営はうまくいかなかった。ＰＤＰＡの内紛がおさまらず、反政府運動も頻発した。陸軍兵士も逃亡が相次ぎ反政府組織に参加した。そうした組織は複数あったから、彼らは引く手あまただった。

カブール政府は条約に基づきソビエトに支援を求めた。ソビエトはまず軍事顧問を遣り、続いて、ソビエト赤軍がアフガニスタンに入った（一九七九年十二月）。その規模は十万にまで達したが、アフガニスタン征圧にはとても足りなかった。ソビエトは政府軍を強化することで、アフガニスタンの維持ができると考えた。しかし、ソビエト軍とアフガニスタン軍の連携はまったく機能しなかった。ソビエト軍はアフガン兵士を弾除《たまよ》けのように使い、自分たちは安全な装甲車から出ようともしなかった。

支援に来たはずのソビエト軍はアフガン兵士の戦意を喪失させた。多くの兵士が反政府グループに寝返った。そうした組織はムジャーヒディーン（ジハード〔聖戦〕の兵士たち）と呼ばれた。アメリカとサウジアラビアがこうした組織を支援した。内戦は九年間続いた。ソビエトにとっては長い戦いだった。

ムジャーヒディーンのほとんどがパキスタンに逃げ込んだアフガン族の組織と連携していた。アフガニスタン国内には部族長の率いる軍が各地に割拠し、独自の戦いを進めた。

かつて（著名な作家であった）オルダス・ハクスリーは、「歴史が我々に教えてくれるのは人間は歴史に学ばないことだ」と述べた。ソビエトのアフガニスタン政策はまさにその典型であった。ソビエトはアメリカのヴェトナムでの失敗から学ぶことがたくさんあったはずだった。しかし何も学んでいなかった。

ソビエト軍はしだいに劣勢となり、ゲリラ戦法に有効に反撃することもできなくなった。ソビエトは（アフガン侵攻で）中国との関係をも悪化させた。膨れ上がる戦費にソビエト国民の厭戦気分も高まった。一九八六年に、アメリカ製のスティンガーミサイル（携帯式対空ミサイル）が導入されると、制空権も危うくなった。一九八九年、ソビエトはアフガニスタンからの撤退を決めた。

屈辱的な敗戦であった。戦闘で失った多くの人命も巨額の軍費もさることながら、国民のモラル低下が著しかった。アフガン戦争の敗北はソビエト崩壊の大きな原因の一つである。

先に述べたように、この後に続くロシアの混乱を見ていたのがプーチンであった。プーチンは歴史に学べる人間だった。戦いは避けるのが最善である。もし避けられなければ圧倒的な戦力で一気に勝負をつける。それを一九九九年十月の対チェチェン紛争での戦いで見せつけた。

アフガニスタン紛争ではアメリカも間違いを犯した。アメリカはムジャーヒディーンを支援したと述べたが、アメリカはイスラム世界で株を上げるつもりであった。しかしそれは幻想に終わった。支援の過程でビン・ラーディン率いるアルカイダを育ててしまったのである。

ワシントンは、ソビエトが駆逐された後に、アフガニスタンの西洋人嫌いが西側諸国に向かう可能性に気づかなかったようだ。アメリカは確かにムジャーヒディーンに武器を供与しソビエトと戦わせた。その本当の理由は何だったのだろうか。アフガニスタンには石油も天然ガスもない。この地を支配しようとした外国勢力は常に散々な目にあって退却した。アフガニスタンは「帝国の墓場」だったのである。

まず考えられる理由は、ソビエトの弱体化であった。アフガニスタンの反政府勢力の支援はソビエトにダメージを与えると考えた。

二番目の理由は、鉱物資源である。この地には確かに石油やガスはないが、その他の鉱物資源には恵まれている。鉄鉱石、コバルト、銅、亜鉛、金、リチウムあるいはレアアースがあった。アフガニスタンは「リチウムのサウジアラビア」であると評した国防総省のアナリストもいる。

三番目の理由は、地政学的な位置にあった。シルクロード・パイプライン構想はカスピ海地域あるいは中央アジアの石油や天然ガスをアラビア海に送るプロジェクトである。ロシアの領土を通さず港まで運ぶのである。このパイプラインはアフガニスタンを通る計画だ。またアフガニスタンの鉱物資源も鉄道を使って、アラビア海に面したパキスタンの港グワーダルに運ぶことができた。

一九九五年三月、トルクメニスタン・パキスタン両国は、トランスアフガニスタン・パイプライン覚書に調印した。この七カ月後、トルクメニスタン大統領はセントガス社に同パイプラインのトルクメニスタン領土内の独占的権利を与えた。セントガスは米系石油会社ユノカルとサウジアラビア系デルタ石油の合弁会社であった。一九九七年には、タリバンの代表がテキサスに飛び、ユノカルと、アフガニスタン国内を通すパイプライン敷設に関わる技術供与について話し合った。同社は現地人技術者への指導を約束した。

一九九八年一月、タリバンはセントガスにパイプライン敷設建設を任せることを決めた。この事業にはアルゼンチンのブリダス石油も参加を希望していたがセントガスに敗れている。タリバンはソビエト撤退後、首都カブールを征圧し権力を握った。それでも国内を完全に掌握していたわけではなかった。北部同盟と呼ばれる部族グループ連合体からの揺さぶりを受けていた。

アメリカはタリバン政権を好意的に見ていた。タリバンはスンニ派イスラム原理主義者のグループであり、イランのシーア派に対するカウンターバランスになると考えた。タリバンは前記のパイプライン敷設プロジェクトにも前向きだった。すべてがアメリカの思惑どおりに動いていた。

それが一九九八年八月に急変する。ナイロビ（ケニヤ）とダルエスサラーム（タンザニア）の米国大使館が爆破された。ビン・ラーディンが犯行の首魁《しゆかい》であった。この暴挙をタリバン政府指導者が全面的に支持すると表明したのである。これによってパイプライン計画は暗礁に乗りあげた。タリバンとアルカイダの親密な関係はすでに知られていた。一九九三年にニューヨーク世界貿易センタービル爆破事件があったが、その事件では両組織の関与が疑われていた。それが確かなものになった。アフガニスタンのタリバン政権とアメリカの関係はこうして完全に破綻した。

アメリカ主導のパイプライン計画が頓挫すれば、そこに新しいプレイヤーが現われるのは当然だ。それがロシアになるだろうことも想定できた。ロシアのガスプロム社はもともとセントガスの進めるコンソーシアムのメンバーだった。アメリカはロシアのアフガニスタン進出を警戒した。

こんな時にあの9・11アメリカ同時多発テロ事件（二〇〇一年九月十一日）が起きた。事件の首謀者はアルカイダであるとされた。特にオサマ・ビン・ラーディンは名指しで非難された。タリバンもこの事件の共犯とされた。アメリカ世論は対アフガニスタン軍事介入を容認する。そしてアメリカはアフガニスタンに侵攻した。アルカイダを壊滅させ、タリバンに対してはその罪を償わせなくてはならない。それが侵攻の目的だと説明した。

表面上は、アフガニスタン侵攻は9・11事件を受けてのことになったが、それ以前から侵攻の準備は進められていた。パキスタンの元外相ニアズ・ナイクは英国BBC放送のインタビューに対して、アフガニスタンに対する軍事行動は遅くとも二〇〇一年十月まで、つまり雪が降る季節の前に始まるだろう、と二〇〇一年七月半ばに米国政府高官から聞かされていたと証言した。高官は、軍事行動の目的はタリバン政府を転覆させ、穏健な暫定政府を樹立することにあり、暫定指導者として前国王ザーヒル・シャーを考えている、と語っていた。

二〇〇一年九月四日には、ジョージ・W・ブッシュ（子）大統領の署名を求めて、〈NSPD―9〉が執務室に届けられた。NSPDは国家（National）安全保障（Security）大統領（Presidential）命令（Directive）の略称である。〈NSPD―9〉は、国防長官に対して、タリバン政府（指導者、軍事コマンドセンター、空対空防衛網、地上軍、ロジスティクス施設）およびアルカイダその他のテロリストグループ（指導者、指揮命令伝達網、訓練施設、ロジスティクス施設）に対する軍事行動命令書であった。

十月二十五日、ブッシュ大統領はこの命令書に署名した。内容は九月四日時点のものと同じであったが、新たに前文が加えられた。〈NSPD―9〉が執務室に届いた一週間後に9・11事件があった。それを命令の理由にする前文であった。こうしてアメリカはアフガニスタンに侵攻した。

北部同盟と連携し、タリバン政権を崩壊させると、新政権を組織させた。新政権のメンバーは腐敗し、私腹を肥やすことにしか興味のない連中だったが、親西側諸国であることが重要だった。とにかくアルカイダの拠点を叩き、その後に民主主義が根付いていけばよいと考えた。しかし暫定政府は国土を掌握できなかった。反政府ゲリラ活動はやまなかった。

それではパイプライン計画はどうなったのか。二〇〇二年十二月、アフガニスタン、パキスタン、インド首脳があらためてシルクロード・パイプライン計画（総延長九〇〇マイル〔一四五〇キロメートル〕）に調印した。二〇〇五年にはアジア開発銀行がフィージビリティースタディ（実行可能性調査）の結果を前記三カ国に提出した。この調査は英国の調査会社ペンスペンが行なったものである。

当時の駐トルクメニスタン米国大使アン・ジェイコブセンはこの報告を受けて次のようにコメントした。

「我々はこのプロジェクトに強い関心を寄せている。米国のビジネスはこのプロジェクトに参加することは可能であろう」

二〇一〇年十二月には、複数の国がトルクメニスタン産天然ガス購入契約に調印した。このなかにはパイプラインのターミナルを保有することになるインドも含まれている。シルクロード・パイプライン計画はＴＡＰＩ計画（Trans-Afghanistan-Pakistan-India pipeline）に進化した。

しかしこの計画には疑問符が付いたままである。この計画ではアフガニスタン南部をパイプラインが通ることになるが、同地域はタリバンが支配している。八十億ドルの巨額な予算を必要とするＴＡＰＩ計画の遂行にはあまりに危険である。この計画はまったく進捗《しんちょく》していない。

アフガニスタンを経由するパイプライン敷設計画は十年以上も、前に進めないままである。しかしこの計画はまだ生きている。世界第四位の天然ガス埋蔵量を持つトルクメニスタンは諦めきれていない。二〇一五年には工事が始まると強気である。ＴＡＰＩが今後どうなるか誰にもわからない。

シリア

シリア（人口二千二百万）は七二パーセントがスンニ派イスラム教徒である。しかし権力はシーア派（アラウィー派）が握っている。アラウィー派はシーア派の分派で、人口のわずか一一パーセントを占めるにすぎない。ほかにはシーア派系が七パーセント、キリスト教徒が一〇パーセントいる。多数派であるスンニ派には二百五十万のクルド族も含まれる。しかしクルド族は、市民権を否定され、公教育を受けられず、まともな職に就くことができない。

現大統領はバッシャール・アル・アサドであるが、アサド家が過去半世紀にわたりシリアを支配してきた。一九六三年、シリアバース党が革命（三月八日革命）で政権を奪取した。以来革命首謀者の一人だったハーフィズ・アル・アサドの家系がシリアの権力を握ってきた。

シリアを巡る情勢は複雑だ。シリア国内の少数派は、アラウィー派の支配の方がスンニ派支配よりましだと考えている。しかしシリアのスンニ派も周辺のスンニ派諸国もその状況に不満である。特にサウジアラビアはアラウィー派政権を終わらせたいと願っている。逆にイラン、イラクは現状維持を望んでいる。イランに同情的なロシアも同様である。

スンニ派がアラウィー派の支配を甘受してきたのは、その支配が暴政とまではいえず受容できるレベルだったからである。完全なる恐怖政治を敷くにはアラウィー派の数は少なすぎてかえって危険だった。治安維持の基本は抑圧ではあるが、そのやり方は政権を脅かさない限り自制的である。

それでも政権に挑戦するものにはきわめて厳しい。

現在のシリアは、危機に瀕しているだけに国民への弾圧は激しい。現大統領の父ハーフィズ・アル・アサド前大統領もそうした政策をとったことがあった。一九八二年シリア西部の都市ハマーでスンニ派による反政府運動があったが、ハーフィズ前大統領はためらうことなく軍を投入し鎮圧した。街を砲撃し、およそ一万人が死亡した。犠牲者は八万という統計もある。それ以来、反政府活動は鎮静化していた。ハーフィズは二〇〇〇年に死去し、大統領職は息子の現大統領バッシャールに継承された。彼の反政府活動は絶対に許さないという姿勢は父親譲りである。

シリアは名目上共和国であるが、半世紀にわたって国家非常事態が宣言されたままである。政府による逮捕や拘禁に制約はない。警察による拷問は日常茶飯事で、いつの間にか行方知れずになる者も多い。

軍はアラウィー派が掌握している。彼らは自身の運命と政権の運命が一体であることをわかっている。政権が倒れれば彼らも終わりである。そうなれば相当に悲惨な運命が待っていることを知っている。それだけにアサド政権への忠誠心は高い。チュニジアやエジプトの「アラブの春」(二〇一〇年末からチュニジアに始まりエジプト、シリアなどに広がった政治改革運動)では、反政府活動の市民の群れに発砲することを軍が拒否した。しかしシリア軍に限ってはそのような命令違反など考えられない。

シリア国民は二十年以上にわたって憤懣《ふんまん》をくすぶらせていた。二〇一一年、それがはじけた。この年の初め内戦となり、アサド政権が倒れる可能性が出てきた。ウラジーミル・プーチンは両者に交渉のテーブルに着くよう求めた。ロシアは、交渉に参加するがその立場はアメリカと同等であること、交渉の結果暫定政府ができれば要職に就くのはシリア国民に限られる。これがプーチンの要請だった。アメリカの気に入らない暫定政府が出来上がってアメリカに横槍を入れさせたくなかったのだ。

アメリカは和平を探るのではなく内戦を煽る方向に舵を切り、お気に入りの反アサド勢力を支援することを決めた。アサド政権がイランに同情的であることにアメリカは不満だった。さらにサウジアラビアを喜ばせる意図があった。

しかしその内戦が長引き虐殺行為の報道が相次ぐようになる。それにともない、アメリカ政府に対して何とかすべきだとのプレッシャーも増した。二〇一三年、アサド政権が化学兵器を使用し数千人が死んだことを受け、オバマ大統領はシリア政府に対するミサイル攻撃を始めるかに見えた。

このときプーチンが動いた。プーチンはアメリカとの直接対決は避けながら、シリアを救う工作に出た。プーチンはアサド政権に化学兵器を捨てるよう説得し、それによってアメリカに軍事介入を思いとどまらせた。アメリカとの軍事衝突を回避させることで、アラブ世界にロシアがピースメーカーとしての役割を果たしたことをしっかり印象づけた。プーチンの外交的勝利だった。

シリア内戦についてはいくつかの疑問がある。そもそもなぜこの小国に他国は干渉しようとするのか。トルコが軍事介入し、アサド政府軍と衝突したが他国はなぜそれを容認したのか。

シリアは中東の紛争要因すべてを抱え込んでいる国である。中東のすべての問題に介入するアメリカがこの国に関与するのは当然と言えば当然だ。スンニ派対シーア派の対立、アラブ対イスラエルの対立、ペルシャ民族（イラン）対アラブ民族の対立、キリスト教徒とアラウィー派の蜜月。要するに何でもありの国がシリアなのだ。ここでの勢力関係が変化すれば必ず他国に影響する。だからこそイスラエルもサウジアラビアも湾岸石油産出国もシリアの動向に無関心でいられない。

シリアを考える場合、特に重要な点は、イラン・ヒズボラ・シリア同盟の存在である〔訳注：ヒズボラはレバノンのシーア派イスラム原理主義組織〕。このシーア派同盟はサウジアラビアを筆頭にしたスンニ派支配国家への対抗として結ばれた。また反イスラエルであり反西欧諸国でもある。

イラン・ヒズボラ・シリア同盟の活動は活発であった。ガザ地区の反イスラエル組織ハマスおよびヒズボラに対して武器を供給し、資金援助を続けてきた。両組織ともイスラエル国境で活動し、イスラエルへの憎しみは深い。シリア内戦ではヒズボラもイランもアサド政権支援の兵士を送り込んでいる。

ロシアもアサド政権を支援する理由がいくつかある。なかでも重要な要因はタルトゥス港の存在である。この港は、旧ソ連以外の港で唯一ロシア海軍をサポートする軍港になっている。さらにシリアはロシア製武器の顧客でもある。シリアは毎年一億五千万ドル相当の武器を買い付けている。ロシアからは指導員が派遣され、訓練はもちろんのこと、修理やメンテナンス業務も支援する。

二〇一四年一月、ロシアは装甲車、監視機器、レーダー、電子戦争用機材、ヘリコプター部品、無人車、自動追尾ミサイルなどの高度な武器を供給し、シリアとの関係をいっそう深めた。ロシアはこうした武器の販売は長期契約の一環にすぎないと弁明した。対空防衛システムの運用にも人員を派遣している。このため、西側諸国が、飛行制限区域を設定したり、懲罰目的の航空機による攻撃も難しくなった。仮にシリアで活動するロシアの軍事顧問らに犠牲者が出るようなことになれば予測不能な事態もあり得る。

ロシアのエネルギー戦略を理解すればプーチンのシリア支援の理由がよくわかる。

まず、ソユーズネフチ・ガス（ロシアのガス会社）とシリアの関係である。同社はシリア沖合八四五平方マイル（二二〇〇平方キロメートル）の範囲でガス田開発および生産契約を結んでいる（二〇一三年十二月）。同社は九千万ドルを投じる計画だ。

次にシリアの地政学的な位置がある。シリアはエネルギー資源生産地のユーラシアや中東から消費地ヨーロッパへの通り道に位置する。仮にアサド政権が倒れるようなことになると、安価なカタール産天然ガスがシリアを通じて地中海まで運ばれる可能性が出てくる。ヨーロッパ市場の独占的立場を狙うガスプロム社にとっては好ましくない。

プーチンは中東諸国をチェスの駒のように考える。どの国をどう動かしたらロシアの国益にかなうのか。それが彼の駒の使い方である。

もう一つ重要な視点がある。ロシアはイスラムという要素が国内不安の要因、テロの原因になることがわかっている。ロシアの基本は反イスラムである。ロシアはトルコでのイスラム過激派の動きが活発化していることを気にしている。仮にアサド政権に代わる新政権がそうした勢力と連携するようなことになれば、ロシアの安全保障が脅かされることになる。アサド政権に倒れてもらっては困るのだ。

一方で、ロシアには内戦が長期化してほしいという思惑もある。そうなればシリア経由のガスパイプライン建設は遅れ、ヨーロッパ諸国のロシア産ガスへの依存度は高まる。内戦がこのまま続けば武器の輸出も続く。中東が揉めればロシアの利益になる。その典型がシリア内紛である。

先に述べたサウスストリーム・パイプラインの完成は近い。ロシアから黒海海底、ルーマニア、ギリシャを通じてヨーロッパの消費地にロシア産ガスが届くのももうすぐである。このパイプラインと競合するのはトランス・アナトリアン・パイプライン（ＴＡＮＡＰ）だとすでに述べた。ＴＡＮＡＰはアゼルバイジャンの巨大ガス田（シャーデニスガス田）とヨーロッパ市場を、トルコを通じたパイプラインで結ぶことになる。シリア内戦が続き、トルコにもその影響が出れば、ＴＡＮＡＰの進捗は遅れる。プーチンにとってアゼルバイジャン産ガスが南ヨーロッパに供給されるのが遅れれば遅れるほど好ましい。

アメリカはアサド政権には退いてもらいたいと考えている。先述のイラン・ヒズボラ・シリア同盟を弱体化させることはアメリカの外交目標である。イランはサウジアラビアにとって危険な存在だからだ。

イラン・ヒズボラ・シリア同盟弱体化の作業は秘密工作活動によっても続けられてきた。ＣＩＡはトルコ南部に陣取り、反アサド勢力を支援してきた。ＣＩＡはそうした勢力のなかで、どのグループに武器供与すべきかを判断する。そうした武器購入の資金はトルコ、サウジアラビア、カタールが出している。

武器をどのグループに供給するかについては注意が必要である。アルカイダ、アル・ヌスラ戦線（シリアの反政府組織）、ＩＳＩＬ（Islamic State of Iraq and the Levant）などはアメリカに対する激しい敵意を持っている。ISILは、現在の国境にこだわらないイスラム国家の建設を目指している。

オバマ政権とアメリカメディアはシリア内戦における悪役がプーチンであると喧伝《けんでん》してきた。プーチンは残虐非道な現政権の側にいる。そう主張した。しかし現実はもっと複雑だ。アメリカにとってもロシアにとっても、シリア問題は薄氷を踏むように慎重に進めなくてはならない。アメリカが狙うように反アサド勢力が政権を取ったとしても、その政権はアサド政権よりも手に負えなくなる可能性も十分に考えられる。プーチンも、国民の多くに恨まれスンニ派国家に嫌われる現アサド政権を支援しながら、同時に親イスラムの姿勢を見せなければならない。彼も難しい芸当を迫られているのである。

バーレーン

バーレーンは小さな島の上にある国であるが、そのサイズに似合わないほどの重要性を持っている。この国の宗教的人口分布はシリアに酷似している。王室はスンニ派であるが国民の七〇パーセントがシーア派だ。こうした状態が一七八三年以来続いている。[*3]

バーレーンの石油産出量は日産五万バーレルで量はそれほど多くない。バーレーンの価値はその地政学的位置にある。サウジアラビアとイランの間にあり、ホルムズ海峡に面している。この海峡を、世界が使う二〇パーセントの石油が通過する。バーレーンは商業的にも軍事的にもきわめて重要な地点に位置しているのである。

バーレーンの港は十分な水深のある良港でもある。ここにはペルシャ湾中部からさらに湾の奥に運ぶ貨物の積み替えターミナルがある。サウジアラビアからの石油パイプラインの終点もバーレーンだ。サウジアラビアにとって唯一の国際石油パイプラインとなっている。

そして、これが最も重要なのだが、バーレーンから北西わずか六五マイルの位置に、サウジアラビア最大で、かつ世界最大の石油積み出し港ラスタヌラがあることだ。サウジアラビアが輸出する石油の七五パーセントがこの港から積み出され、タンカーはバーレーン沖を通過する。サウジアラビアが、バーレーンにシーア派の政権が生まれるのを嫌うのは当然なのだ。そうなってしまえばイランの影響力が強まる。サウジアラビアにとっては、スンニ派の現王室の存続が望ましい。

「アラブの春」はバーレーンをも揺さぶった。二〇一一年初め、政府への抗議運動が反政府暴動にまで悪化しかねない情勢になった。これを見たサウジアラビアは、躊躇《ちゅうちょ》することなく千五百人規模の軍を派遣し鎮圧した。アメリカに了承を求めることもしなかった。アラブ首長国連邦の派遣した五百の兵士も加わった。

バーレーンでは、この事件以降シーア派に対する警戒感が極度に高まり、検閲、投獄、拷問、行方不明、家宅捜索、殺人など何でもありの状態となった。シーア派寺院（モスク）のいくつかも破壊された。

サウジアラビアとアメリカは現政権支援を鮮明にしているが、ロシアは態度を明確にしていない。プーチンは、シーア派政権ができた暁にはロシアがバーレーンの最も信頼できる国として振る舞える準備だけはおろそかにしない。その一方で、現政権ともうまくやっていく腹づもりだ。二〇一四年四月、バーレーン皇太子サルマン・アール・ハリーファが国王の命を受けモスクワに飛んだ。国王はロシアとの関係を深めるよう指示していた。

モスクワでの会談を受けて二つの投資ファンド（ロシア・ダイレクトファンドおよびバーレーン・マムタラカトファンド）が協力することで覚書を交わした。またバーレーン・モスクワ直行便の開設も決まった。

現状では現政権の国内基盤は安定している。それでもデモ、警察隊との衝突、火炎瓶を使った破壊行為などは跡を絶たない。バーレーンが今後どうなるか誰にもわからない。レジームチェンジが突然に起こることもあり得る。

イスラエル

イスラエルとアメリカの関係はきわめて深い。アメリカからの支援を最も受けている国が、イスラエルである。アメリカ大統領選挙でイスラエル支援を表明しない候補者はいない。それでも大統領がこの国を頻繁に訪問するということはない。訪問回数が多いのはクリントン元大統領であり四度訪問している。ジョージ・W・ブッシュ（子）元大統領は二度、レーガンとブッシュ（父）は一度も訪問していない。オバマ大統領の訪問は二期目に入ってからのことだった。

プーチンはすでに二度の訪問を果たしている。彼はイスラエルを「ロシア語の国」とまで言いきっているが決して誇張ではない。イスラエル人口のおよそ半分は、ロシアあるいは東欧諸国からの移民やその子孫なのだ。

イスラエルは、ロシアが（イスラエルの敵である）イラン、ハマス、シリア・アサド政権を支援していることを知っている。それでもロシアとうまくやっていくことが国益にかなうと考えている。プーチンが「ロシア語の国」と表現するように、イスラエル人口の二〇パーセントは確かにロシア語を話している。さらに毎年一万人前後の移民がロシアからやってくる。その結果、経済的結びつきも活発だ。両国間の交易額は年間三十億ドルに達し、検討されている自由貿易協定が結ばれればこの額はさらに増える。ロシアからの旅行者も多い。年間およそ六十万人が訪れる。この数字はアメリカに次いでいる〔訳注：アメリカ人旅行者数は六十二万三千（二〇一三年）で全外国人観光客の一八パーセントを占める〕。

アヴィグドール・リーバーマン外相はソビエト生まれであり、モスクワとの関係は良い。ロシアとイスラエルの結びつきが強いのは、両国ともイスラム教徒に脅かされてきた現実があるからだ。またどちらの国もテロリズムに対する強硬な態度に共通点がある。

二〇〇八年にロシアとグルジアの間に紛争〔訳注：グルジアの南オセチア地方を巡るグルジアとロシアの紛争、南オセチア紛争とも呼ばれる〕があったが、イスラエルはロシアへの気遣いを見せ、グルジアへの武器供給をやめた。この頃のグルジアの国防大臣はダヴィト・ケゼラシュヴィリだったが、彼はそれまでイスラエルと良好な関係を築き、イスラエル製武器の導入を成功させていた。ケゼラシュヴィリはトビリシ（グルジアの首都）に生まれ、後にユダヤ人の両親とともにロシアに移住した。一九九二年にはイスラエルに移った。

イスラエルは確かにロシアへの気遣いからグルジアへの武器供給をやめたが、その直前には無人機、ロケット発射機などの兵器を届けている。

二〇一四年三月のロシアによるクリミア併合事案についても、イスラエルはロシア寄りの姿勢を見せた。国連総会は併合無効決議案を上程したがイスラエルは棄権に回った。

イスラエルのこうした姿勢は、同国の安全保障上のアキレス腱がエネルギー確保の難しさにあるからだ。イスラエル首相ベンヤミン・ネタニヤフが自虐的に「モーゼはイスラエルの民を中東で唯一石油の出ない土地に導いた」と語っているように、イスラエルには石油が出ない。長いこと油田を求めて探査したが見つけられていない。その結果、GDPの五パーセントがエネルギー資源の購入に充てられる。しかもその購入先はイスラエルに敵意を持つ隣国だ。

この状況が二〇〇〇年に大きく変わった。イスラエル領海（ガザ沖）に膨大な埋蔵量をもつガス田が発見されたのである。その量は数兆立方フィートにも上る。さらに二五〇〇億バーレル相当のシェールオイルが国内にあることがわかった。シェールオイルについては経済性の問題があり将来性はまだ不透明だが、天然ガスは現実的なビジネスとして動き出している。巨大ガス田の発見はイスラエルの政治力も増した。これまでイスラエルを一顧だにしなかった国からのアプローチが増えたのである。

ロシアはイスラエル・ガス田プロジェクトでは先頭を走っている。ガスプロム社はその子会社を通じてレヴァントLNGマーケティング会社と二十年の長期LNG購買契約を締結した。イスラエルのタマール海底ガス田からの独占的買い付け契約である。

イスラエルの天然ガスの発見は二〇〇〇年だったと述べた。新ガス田を掘り当てたのはアメリカのノーブルエナジー社であった。同社はイスラエル沖合五六マイル（九〇キロメートル）にあるマリB鉱区で試掘を繰り返していた。数カ所の試掘を始めて九カ月後に大ガス田を掘り当てたのである。そこには一兆立方フィートに及ぶ利用可能な天然ガスが眠っていた。二〇〇四年に商業生産が始まった。これによってイスラエルの天然ガス消費量は大きく伸びた。

二〇〇六年にはノーブルエナジー社は近郊のタマール鉱区での試掘を始めた。ここは海底の地表面に内側からかかる圧力が異常なほど高かった。それだけに掘削には危険が伴うことが予想されたが、そのリスクをとったのがノーブルエナジー社だった。同社は二カ所の掘削で六兆立方フィートもの巨大ガス田を発見した。この年最大の新ガス田の発見であった。マリB鉱区の産出量ではイスラエルの国内消費量をまかなえなくなった時期に新ガス田が発見されたことは、イスラエルには幸運だった。

イスラエルは国内発電量の二〇パーセントを天然ガスに頼っていた。高まるガス需要に国家間関係が不安定なエジプトのガスに頼らざるを得なかった。エジプトは天然ガスが豊富であり十分な輸出余力がある。二〇〇五年、東地中海ガス会社は、エジプトとエルアリシュ（イスラエル国境に近い地中海沿岸の港）を結ぶガスパイプラインを完成させた。二〇〇八年には、このパイプラインを通じてイスラエルの町アシュケロンに日量二億立方フィートのガスを送るまでになっていた。

エジプトからの天然ガスの調達はイスラエルにとっては危ういものだった。政府間の契約はあっても、エジプト国民はこの契約に不満だった。アラブ民族主義者も左翼グループもこのプロジェクトを嫌っている。彼らはこの事業が、旧ムバラク政権が残した負の遺産だと考えている。

二〇一一年、反政府組織がこのパイプラインを爆破した〔訳注：七月四日〕。パイプラインはいまだに復旧しておらず、イスラエルがエジプトから天然ガスを得ることはほぼ不可能になった。タマール鉱区での新ガス田発見はイスラエルを救った。

ノーブルエナジー社の発見はタマール鉱区だけに終わらなかった。すぐ隣にあるリヴァイアサン鉱区で「リヴァイアサン」〔訳注：旧約聖書に登場する海の怪物〕の名に相応しいガス田を掘り当てたのである。最低でも一七兆立方フィート、最大で二五兆立方フィートが見込まれる巨大ガス田であった。この周辺にも小型ガス田を掘り当てたノーブルエナジー社は、三五兆立方フィートを保有するまでになった。これ以上になるのではないかとする推計もある。いずれにせよこの発見で、イスラエルは天然ガス輸入国から一気に輸出国に躍り出たのである。

ノーブルエナジーとそのパートナー会社は液化施設の建設を計画している。ヨーロッパおよびアジアへの輸出を視野に入れた計画である。ノーブルエナジーは、現在ロイヤルダッチシェルがオーストラリア沖で進めている世界初の海上液化施設の進捗状況を興味深く見守っている。成功すればイスラエル沖での建設を検討することになろう。

イスラエルがLNGを輸出することになればヨーロッパ諸国も関心を示すことになる。ロシア産天然ガス依存を少しでも弱めたいだけに、イスラエルの状況は気がかりである。プーチンはイスラエルが天然ガス輸出国になることは避けられないと見ているが、彼らが誰に販売するのかについては影響力を発揮できると見ている。そうすることで利益の一部を確保することも可能になる。

ロシアがキプロスとの関係を深化させようと狙っているのはそうした思惑があるからだ。キプロスはEUメンバー〔訳注：南にあるキプロス共和国を指す〕であるが、ロシアは同国の金融危機を救うために三十五億ドルの借款を実施した。これは将来のロシア、キプロス、イスラエルの三国提携を睨んでのことである。この動きに合わせるようにイスラエルは、キプロスとギリシャ両国との関係強化に努めている。ヨーロッパに向けたガスパイプラインが現実になればこの二カ国をパイプラインが通ることになるからである。イスラエルの天然ガスがもたらす富が、イスラエル、ロシア、キプロス、ギリシャ連携に向かわせる強い要因になっているのだ。

二〇一二年、ガスプロム社は、ノーブルエナジー社とLNG販売覚書を交わした。タマールのガスがLNG化された場合に備えての購入趣意書である。この翌年（二〇一三年）には、（ガス液化施設建設はまだ先ではあるが）将来のタマール海上LNGターミナルで生産されるLNGの二十年長期販売契約を締結した。ガスプロム社はイスラエルに、LNG販売会社をトレーディング・スイス社と、レヴァントLNGマーケティング社との合弁で設置することになっている。

アラブ諸国が、イスラエルの天然ガス開発によって深刻な悪影響を受けることはない。アラブ諸国のガス生産はイスラエルのような海底ガス田ではなく従来型のガス田からのものであり、コストは十分に低いからだ。

それでもその影響力には陰りが出よう。世界各地でのエネルギー資源の発見で、アラブ諸国での紛争の危険度も少しずつ低下する。たとえばイランについてだが、仮にイランとイスラエルのどち

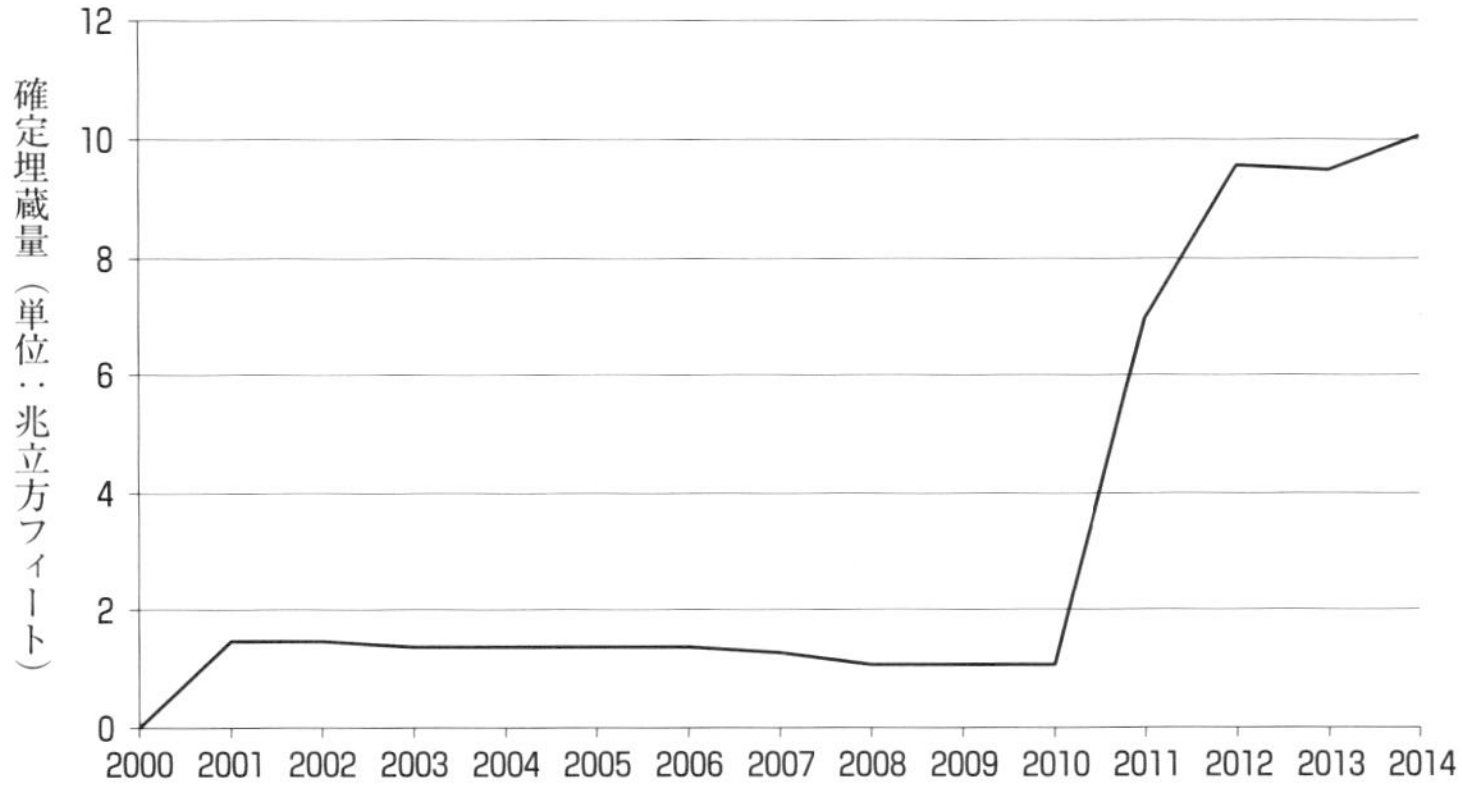

〈図10―2〉イスラエルの天然ガス埋蔵量（確定分）の推移
［出典：米国エネルギー情報局および© ケイシー・リサーチ／2014］

らかをロシアが選ばなければならない状況に追い込まれたら、ロシアはおそらくイスラエルを取るだろう。

　ＯＰＥＣもイスラエルの巨大なエネルギー資源には一目置くことになるだろう。イスラエルとＯＰＥＣはヨーロッパ市場で競合関係になるからだ。トルコも外交政策の変更を迫られる可能性が出てくる。イスラム主義の色濃い公正発展党（ＡＫ党）が政権を握り（二〇〇二年）、以来イスラエルとの関係は悪化している。しかしもしイスラエルの天然ガスを鎹《かすがい》にして、ロシア、キプロス、ギリシャの提携が成るようなことになれば、東地中海でトルコは孤立する。

　エジプトも難しい立場になる。イスラエルへのガスパイプラインは破壊され修復されていないと述べた。国民がどれほどイスラエルを嫌っていようが、イスラエルはその代金を確実に支払う優良顧客だった。しかしもはやイスラエルへの天然ガス再輸出の目は消えた。

アメリカの対イスラエル外交も変化するだろう。イスラエルがエネルギー資源を自前で持つことによってアメリカへの依存度は低下する。そうなればイスラエルは協調できる国を増やすことができる。イスラエルがロシアとの関係を強化すればアメリカの中東における影響力は確実に低下する。イスラエルが天然ガス輸出国になることで確実に利益を受ける国、それがロシアなのだ。

イスラエルはこの新発見の富を防衛しなくてはならない。二〇一二年暮れ、イスラエル国防省は海軍が要求する四隻の新造船建造の予算七億五千万ドルを承認した。現在建造中の送ガス施設がテロリストのターゲットになることを警戒している。もし新たな戦争が起こるようなことになれば狙われるのは確実である。

特に警戒しなくてはならないのはヒズボラである。この組織は沿岸部から採ガス施設をミサイルで攻撃する能力を持つ。ヒズボラ以外にも警戒すべき過激派は多い。シリア政府軍も海上の採ガス基地を攻撃可能な対船用ミサイルを保有する。

こうした状況のなかでイスラエルがロシア海軍を頼りにするのは理解できる。アメリカがもはや信頼できないということになれば、ロシアに期待せざるを得ない。ロシアはその期待に応えることで得るものが多い。イスラエル諜報組織からイスラム過激派の情報を得ることもできるし、新しいガス田開発にも参加が見込める。イスラエルとの提携は、イラク、イランとの関係悪化を生むが、それを上回る利益が期待される。もしロシアがイスラエル側にシフトすることが現実になれば、中東におけるスンニ派とシーア派の抗争のパワーバランスに大きな変化が生まれる。

要するにこの地域のパワーバランスは、エネルギー資源の有様《ありよう》で簡単に変わってしまうのだ。イスラエルはこれまではエネルギー確保に血眼《ちまなこ》になっていた。しかし新ガス田の発見で、イスラエル外交は大きく変わる。それは中東全体を巻き込む大きなうねりとなろう。イスラエルは巨大海底ガス田という武器を得た。ロシアは組む相手を替える可能性が出てきた。イランはそれに焦りを感じ、エジプトは重要な顧客を失う。この地域のパワーバランスはイスラエルの動きに合わせて大きく変貌しようとしている。

サウジアラビア

第二次世界大戦後、戦争において石油は弾薬と同じくらいの、いやそれ以上に価値のあることがはっきりした。石油を確保すれば勝利が約束されるということではないが、石油がなければ敗北は確実だ。このことをサウジ国王イブン・サウード（在位一九三二―五三年）はわかっていた。

サウジアラビアはもともと人口希薄な土地で、複数の部族がパッチワークのように各地に散らばっていた。中東でのサウジアラビアはマイナーな存在だった。この国の中心に位置するナジュド地方はワッハーブ派の根拠地である。ワッハーブ派は十八世紀中葉に起こったスンニ派の原理主義的な分派である。創始者ムハンマド・イブン・アブドゥル・ワッハーブはコーランの教えを厳格に解釈することを説いた。原理主義的な説教で、アラビア半島に蔓延《はびこ》った道徳的頽廃を攻撃した。コーランの真の教えに沿って生きることを主張し政治的な力を獲得していった。イブン・サウード国王は、ワッハーブ派を資金的に支えた。その勢力はしだいに増しシーア派を圧倒するに至る。サウジアラビアの領土は過去百五十年間にわたって広がりと縮小を繰り返した。国内の抗争を制して統一を成し遂げたのがサウード家のイブン・サウードだった（一九三二年）。以来サウード家がサウジアラビア王家を継承している。

サウード王家は決して裕福ではなかった。王家の収入は、聖地メッカへの巡礼者がもたらすお金であった。メッカはイスラム教徒にとって最も神聖な都市であり、真のイスラム教徒であれば、一生に一度は訪れなくてはならない町である。

一九二九年に端を発した世界不況で巡礼者のもたらす収入が六〇パーセントもの落ち込みを見せ、国家財政は破綻寸前となった。新たな収入源を見つけなければサウード王家そのものの存続も危うくなった。

イブン・サウードは、イランやイラクで発見された油田がサウジアラビアにもあるのではないかと考えた。もちろん自国には油田探査や掘削のノウハウも資金もない。外国企業に頼ることを決めた。最初に採掘を始めたのはスタンダード石油カリフォルニア（通称ソーカル。現シェヴロン）だった（一九三三年）。先にミスター・五パーセント（カルースト・グルベンキアン）が主導した赤線協定に触れた。大手石油会社が中東事業で競合関係となることを回避するカルテル協定だった。しかしソーカルはその協定のメンバーではなかった。サウジアラビアで自由に石油事業を始めることができた。

それが幸いした。ソーカルは大油田を掘り当てたのである。それによって石油産業の巨人に変貌することになる。商業生産は一九三八年にダーラン（東部州、バーレーンに近い）で始まった。ソーカルは子会社、アラブ・アメリカ石油（アラムコ）を設立した（一九四四年）。サウジアラビアとアラムコの契約は利益の折半であった。イランがＡＰＯＣと結んだ契約よりもよほど有利な条件を獲得できた。

アラムコがさらに大きな油田開発に成功したのは戦後すぐのことだった（一九四八年）。ガワール新油田は東部サウジアラビアの中央部にあり、幅一九マイル（三〇キロメートル）、長さ一七四マイル（二八〇キロメートル）もある広大なものだった。当時最も大きな油田でありサウジアラビアの石油産出量の六〇パーセント、世界生産の六パーセントに相当した。

同油田は、日々五〇〇万バーレルの石油と、二〇億立方フィートのガスを産出し続けている。サウジアラビア政府の発表による埋蔵量は少し過大にすぎるかもしれないが、その数字を半分にしても現在の産出量を四十年間続けられる量である。

イランやイラクに比してサウジアラビアの人口は希薄であるだけに、国民一人当たりの石油収入は多い。石油発見後、人口は急増したものの生産量も増えた〔訳注：二〇一二年の数字では人口二千九百万（内外国人九百三十六万）である。国土は日本の六倍弱の二一五万平方キロメートル〕[*4]。豊かになれば国民は王家に反発しない。国民の八〇パーセントがスンニ派であるだけに宗教的な理由で政権を嫌うこともない。

アラムコとの折半ベースの事業はおよそ三十年続いたが、一九七三年の石油危機を境に政府支配を強めた。一九七三年には同社の二五パーセントの所有権を握り、翌年には六〇パーセントに引き上げた。一九八〇年には完全国有化し、社名をサウジアラムコに変更した（一九八八年）。同社は世界最大の石油会社である。膨大な埋蔵量と採油から精製までの完全な垂直統合を成し遂げたこの会社は、今後とも世界の中心的な石油会社としての役割を果たすだろう。サウード王家の首領は世界で最も裕福でかつ政治力を持つ人物として君臨することになる。

一九四五年、サウジアラビアは、エジプト、イラク、シリア、イエメンとともにアラブ連盟を結成した。アラブ国家の独立と主権を守ることを標榜したこの連盟は、加盟国を二十一にまで増やした（シリアはアサド政権の政治手法が嫌われ、メンバーから外された〔二〇一一年〕）。

一九八一年にはバーレーン、クウェート、オマーン、カタール、アラブ首長国連邦とともに湾岸アラブ諸国協力会議を結成した。アラビア半島諸国の経済発展に協力することが狙いだが、軍事協力も含まれる。半島防衛軍は加盟国に対する軍事攻撃に対処するために組織されているが、加盟国内の反乱も出動の対象である。二〇一一年に起きたバーレーンでの反政府運動に半島防衛軍が出動している。

一九六〇年には、イラン、イラク、クウェート、ベネズエラとともにＯＰＥＣ（石油輸出国機構）を設立した。後にさらに九カ国が加わった。組織の目的は生産調整による価格カルテルである。当初はほとんど政治的インパクトのない組織だったが、しだいに大きな力を持つようになった。

先に述べたように一九七三年には第四次中東戦争が勃発した。この戦いでイスラエルを支援した国に対して石油禁輸を実施した。この禁輸措置で石油価格は四倍に跳ね上がった。西側諸国は少数の石油産油国がとんでもない力を持ったことを思い知らされた。

アメリカは輸入石油に頼る割合が増えていただけに大きな影響を受けた。アメリカにとって少々価格が上がっても許せるが、供給自体が不安定であってはならなかった。アメリカの輸入石油に対する依存度は一九七〇年には二二パーセントであったものが七三年には三六パーセントにまで上がっていたのである。アメリカの輸入石油への依存傾向は今後とも高まると見られていた。

アメリカにとっての不安材料は、その石油をアメリカに敵意を持つ国から輸入していることであった。アメリカは、そうした国々のなかで最も安定して石油を供給できる国はサウジアラビアであると決めた。サウジアラビアは近隣諸国ともうまくやれる国であると考えた。

しかし、第四次中東戦争でイスラエルを支援したことからサウジアラビアも本質は反米的であった。十月にはすでに休戦協定が結ばれたが、イスラエルへの敵意は激しいままだった。サウジアラビアと友好関係を築くには工夫がいった。

ニクソン大統領とヘンリー・キッシンジャー国務長官は、エジプト、シリア、イスラエルと個別交渉に入った。イスラエルにはシナイ半島およびゴラン高原の占領地域からの撤退を求め、それを実現させることでアラブ諸国の石油禁輸措置を解除させた。一九七四年一月、アメリカはイスラエルとエジプトの間で休戦協定を結ばせることに成功した。[*5] 完全なる和平が実現できたわけではなかったが、石油禁輸措置を解除させるには十分だった。

この作業と同時並行的にキッシンジャー国務長官はサウジアラビアと個別交渉をしていた。サウジアラビアは、石油資源を狙う隣国の動きを気にしていた。ソビエトがそうした国をけしかけたり支援することも警戒していた。イランはその人口の九〇パーセントがシーア派であり、イラクも現状はスンニ派の支配であってもその人口の六五パーセントがシーア派である。隣のバーレーンも小国とはいえ七〇パーセントがシーア派だ。サウジアラビアの悪夢はイラク・イラン連合（これにバーレーンが加わる可能性もある）がイスラム聖地奪回に動くことだった。こうした恐ろしいシナリオを考えると、サウジアラビアには軍事的な保護者が必要だった。しかし、当時の状況ではそのような役割を果たそうとする国はなかった。

この不安にキッシンジャー国務長官が目をつけた。第3章で触れたように、キッシンジャーは、サウード王家に末代にわたる保護を約束した。どのような国に攻撃されても防衛すると説明した。もちろんイスラエルについては支援は続けるが、サウード家にはそれに目をつぶってもらわなければならなかった。

サウジアラビア防衛の見返りにアメリカが要求したのがアメリカへの石油輸出であった。そしてその取引はドル建てでなくてはならなかった。溜まった外貨はアメリカ財務省証券などへ投資することも求めた。サウジアラビアはこの条件を飲んだ。これにクウェートも続いた。

一九七四年はアメリカにとって幸福な年だった。戦争を終結させイスラエルを守ることができた。石油の流れも再開し、アメリカはサウジアラビアとの強力な二国間関係を構築した。石油取引をドル建てで行なうことを認めさせたことは特に重要であった。

さてこの時期のソビエトはどう動いたのだろうか。ソビエトはＯＰＥＣに対して宥和的に振る舞った。ソビエトはＯＰＥＣの良き友人であろうとした。この石油カルテルとの対立を避け、技術支援を実施し、石油関連施設建設にも協力した。第四次中東戦争ではエジプトとシリアの側に立った。

ソビエトの狙いは西側諸国のＯＰＥＣ依存度を高めたうえで、ＯＰＥＣ諸国とは良好な関係を構築するというものだった。

この頃のソビエトには力のない指導者ばかりが登場した。ブレジネフ、アンドロポフ、チェルネンコがほぼ三年間隔で現われては消えていった。チェルネンコが死去した際には時のレーガン大統領は、「こんなに次々と指導者が死んでしまっては、ロシアとのまともな交渉はできない」と嘆いたほどである。

今、サウジアラビアがかつてのソビエトに似てきた。サウジアラビアは決して貧しい国ではない。しかし経済的には問題を抱えている。社会政策費が激増し、石油の国内消費も増えた。莫大な石油収入に影響を与えるほどになっている。サウジアラビアの石油収入の恩恵は公平に配分されているとは言いがたい。一般国民は十分なほどに恩恵を受けてはいるが、支配階級の富があまりに巨額なのである。

サウード王家は、政権は安定し、王族のまとまりもあると自信を見せているが、ほころびが出ている。国王は高齢で、後継を狙う者は複数いる。イスラム過激派は相変わらず王室転覆を目指している。

現国王アブドラ・アジーズ・ビン・サウード（アブドラ国王）は二〇一四年八月には九十歳になる。サウジアラビアの場合、王が死去すると王権を継ぐのは息子ではなく弟である。その弟たちも高齢だ。中世のしきたりを残したままのこの国を本格的に改革しようとするほどの、若くエネルギッシュな指導者が出てくる見込みはない。

アブドラ国王の弟で皇太子のサルマン・ビン・アブドゥルアズィーズ・サウード（サルマン）はすでに七十八歳である。現国王を含む兄弟の平均年齢は八十を超えている。皇太子はサルマンに決まっているが彼の後継が百パーセント確実とは言えない。彼が先に亡くなることもあり得る〔訳注：アブドラ国王は二〇一五年一月に死去し、皇太子サルマンが王位を継いだ〕。

サウード王家には王子が多い。複数の妻を持ち十分な収入があるだけにその数は七千にもなる。このなかに、若さと明晰な頭脳と国を思う心を持った人物はいるはずだ。しかし、その人物が国王の座に就くことは絶望的だ。後継資格を持つ者が多ければ多いほど争い事が起こりやすい。西側を嫌悪し、シーア派への過度の敵意を持つ人物が王位に就く可能性もあるのだ。

アメリカはこうした人物が国王となることを嫌う。従順で御しやすい老王子が争うことなく順に王位を継承することを望む。今後とも七十代、八十代の国王が続けば外交に大きな変更はない。誰が国王になっても大きな社会改革を実行するエネルギーはないだろう。仮に改革を進めてもそれを見届けるまで生きていないだろう。

サウジアラビアの抱える問題は深い。高い失業率、公務員腐敗、石油以外には何もない産業、高等教育システムの不備、失望感とイライラを募らせる若年層。サウジアラビアはこうした問題を抱え激しく軋《きし》んでいる。

国民を満足させるために石油収入は存分に使われてきたが、しだいに国民の期待に沿えなくなっている。ワッハーブ派宗教指導者はサウード王家と一体になって既得権益を享受してきたが、国民の信頼を失いつつある。王家の結束も乱れはじめた。

政府は情報もコントロールしてきた。しかし時代は変わった。若い世代はインターネットを通じて外部世界から情報を自由に取っている。サウジアラビア社会の現状に疑問を持つ者が増えた。宗教指導者もその言葉は信頼を失い、若者には、コーランそのものに救いを求める者が増えている。かつてキリスト教が聖書に回帰したように、「砂漠のなかの宗教改革（Protestant Reformation）」が進行している。この大きなうねりに八十代の指導者では対処できないだろう。

「アラブの春」がチュニジアやエジプトなどで発生したが、その動きがサウジアラビアに飛び火しても何の不思議もない情勢だったのである。ただサウジアラビアでの若者は他国のそれとは違い民主主義を要求したり、現体制（サウード政権）打倒を叫ぶようなものではなかった。もっと現実的な仕事が欲しいというものだった。

サウジアラビアの指導層が高齢であることを述べた。この国の平均余命は七十五歳である。それにもかかわらず平均年齢は驚くほど若い。国民の四〇パーセントが二十歳以下である。この若年層の失業率が四〇パーセントにも達している。彼らは就職口を探しているが見つからない。その結果国からの支援に頼ることになる。

しかし政府支援額は減っている。人口が増加したからだ。サウジアラビアの人口は過去四十年で四倍近く（三・八倍）となった。石油収入の増加率を超えて人口が増えてきた。サウード政権は若者の不満を解消する応急処置だけは知っている。政府支援額の増額である。「アラブの春」の動きを察知していた政権は、あらたに千三百億ドルを用意して、社会保障政策に充てた。失業保険額も増やした。サウジアラビアの年間予算が千八百億ドルであることを考えれば、きわめて大きな金額である。

このやり方はあくまで応急処置だ。石油収入に頼る綱渡りだ。サウジアラビアがこうした予算編成をするためには石油価格はバーレル当たり八十ドルが必要だ。増え続ける出費と石油の国内消費量を考えると、八十ドルでも不足するだろう。

「アラブの春」で若者は仕事を要求した。しかし東部のカティーフ地区に集中するシーア派は政治活動の自由まで求める活動を活発化させている。政治犯の解放、表現の自由、シーア派に対する差別の撤廃を要求する活動が続いている。彼らの抗議が反政府運動に変わる兆しを見せたのは二〇一一年十一月であった。プラカードには、「我々は過去百年にわたって恐怖と不正義と迫害のなかで生きてきた」とあった。この抗議活動では五人が死んだ。

虐げられてきたシーア派の憤懣は、彼らが集中するカティーフ周辺で「東部州運動」となっている。彼らの要求は立憲君主制を要求するもので、西側の感覚からすれば過激なものではない。しかしサウード政権はこうした活動を国家反逆罪としている。立憲君主制の要求を超え、サウード王家の廃止を叫ぶ運動も若い世代から出始めている。

二〇一二年六月、政府は、運動が活発な東部地区に国家非常事態を宣言した。サウジアラビアでは反政府デモそのものが違法である。この宣言を受けてカティーフ市内に装甲車が投入された。政府は、反政府運動の裏にイランのシーア派がいると警戒している。この年の暮れにはすべての携帯電話にＳＩＭカード（契約者の情報が入力されている）の登録が義務付けられた。これでデモを呼びかけるようなテキストメッセージも発信者はすぐ特定される。

政府の締め付けにもかかわらず反政府活動の火は収まらない。二〇一四年二月、カティーフ地区にある町アワミヤでの反政府活動鎮圧に実弾が使用された。この事件で、裁判所は七人を懲役刑に処した。火炎瓶を使用した者は二十年の長期刑となった。この暴動でも死者が出た。その葬儀が再び反政府運動となって暴徒化した。反政府活動家はサウジアラビア内の政治犯の数は三万にも及ぶとし解放を要求している。*6

東部地区に多いシーア派は石油生産施設の破壊工作には有利である。サウード政権が警戒するのはこれだけではない。イエメンとサウジアラビア国内のアルカイダ分子が合体した（二〇〇九年一月）新組織、アラビア半島のアルカイダ（Al-Qaeda in the Arabian Peninsula：ＡＱＡＰ）も危険な存在である。彼らはサウード王家の転覆を標榜している。全国に組織細胞を持ち、地方部族長の支持もある。彼らの狙い（王家転覆）が成功すれば、この地域は一気に不安定化する。それが彼らの狙いだ。

サウード政権の弱体化はまぎれもない事実である。それだけに最近はアメリカとの関係もぎくしゃくしはじめた。サウード政権はオバマ外交に落胆している。サウジアラビアは約束どおりアメリカに石油を供給し、外貨はアメリカ財務省証券で運用している。アメリカが彼らの側に立って戦ってくれるのは当然だと考えている。しかしオバマ外交は期待どおりの動きを見せていない。

バンダル・ビン・スルターン王子はサウジアラビア総合情報庁長官（任期二〇一二年七月―二〇一四年四月）を務め、それ以前は二十二年もの長きにわたって駐米大使を務めた。その彼がサウジアラビアに赴任するヨーロッパ諸国の大使に対米不満をぶつけたことがある。

・シリアにおけるスンニ派の反アサド政権の戦いに何の支援もしなかった。
・スンニ派パレスチナ人組織のイスラエルとの交渉に何もしてくれなかった。
・シーア派イランとの接近が目立つ。
・サウジアラビアはバーレーンの反政府活動を鎮圧した（二〇一一年）が、アメリカは支援しなかった。

スルターン王子は高齢化したサウジ王家のなかでは比較的若いリーダーである〔訳注：一九四九年生まれ〕。彼はタカ派で知られている。かつてアメリカが反アサドの軍事行動を起こせば、そのコストはサウジアラビアが負担するとまで述べ、プーチンに対してはアサド支援をやめなければテロ攻撃も辞さない、と言い放った。スルターン王子はサウジアラビアと米国との関係は大きな曲がり角に来ているとまで述べた。彼の物言いが国王の意見を反映しているかは不明である。彼は国王と仲《なか》違《たが》いした過去がある。彼自身が王位を狙っている可能性もある。

オバマ外交に不満なのはスルターン王子だけではない。トゥルキ・アル・ファイサル王子も総合情報庁長官を歴任しているが、オバマ政権の対イラク外交およびパレスチナ外交への憤懣をぶつけている（二〇一三年暮れ）。

「シリアのアサド政権の化学兵器使用〔訳注：二〇一三年六月にアメリカはアサド政権が反体制派に化学兵器を使用したと発表した〕[*7]についての国際的非難と制限の仕方には納得いかない。オバマ政権がシリアへの軍事介入を回避しようとする下心を感じる。これでは自国民を再び虐殺することを後押しするようなものだ」[*8]

アメリカのアサド政権への対応の生ぬるさを非難するものであるが、サウジアラビアの高官がここまで激しい発言をすることはこれまでにはなかったことだった。確かに、アメリカの軍事的保護下にある現実に鑑みれば、サウジアラビアがアメリカと距離を置くことは考えられない。サウジアラビアの外貨七千億ドルも米ドルで保有されている。それでもサウジ王朝のメンバーは、オバマ政権の対シリア外交に憤っている現実がある。

万一サウジアラビアの現政権が倒れるようなことがあれば、どうなるかについて検討したい。サウジアラビアのまとまりを担保するのは、王朝が消えれば、宗教的紐帯《ちゅうたい》だけになる。この国には政党も労働組合もない。王族がほそぼそと運営するチャリティー組織を除けば社会的な組織活動そのものが存在しない。王権がなくなった真空地帯に入ってくるのは過激なイスラム教徒だろう。

エジプトでのムスリム同胞団の活発な活動はエジプト内部に大きな緊張を生んだ。しかし、サウジアラビアで政権が倒れるようなことになれば中東は一気に流動化し、その影響はエジプトの比ではない。サウジアラビアのワッハーブ派は過激である。ムスリム同胞団が穏健に見えるほどである。彼らは教義に厳格で、あのビン・ラーディンも信者であった。

サウジアラビアはワッハーブ派の国であり厳しい宗教的戒律を国民に課してきた。しかし、過去八十年にわたって国民が贅沢な暮らしに慣れてしまった現実がある。サウジアラビアはシリアやバーレーンの過激なスンニ派を支援はするが、サウジアラビア自体は穏健化しているというねじれがあった。

サウジアラビアが崩壊した場合、シーア派のイランとの関係には変化がないだろう。スンニ派とシーア派の争いは続く。両派は互いに異端者と罵り合ってきた。仮に聖地リヤドをスンニ派原理主義者が征圧するような事態になれば、サウジアラビアとイランの間の緊張は限りなく高まるだろう。そうなればこの地域は一気に不安定化し、世界の石油供給に悪影響が出る。

ワッハーブ派過激派がサウジアラビアを制すれば、石油輸出そのものを止めるという事態さえ考えられる。そうなれば一九七三年の石油危機の再燃となる。この危機では石油価格は三〇〇パーセントの急上昇を見せた。次の危機ではバーレル当たり三百ドルということもあり得る。アメリカとサウジアラビアの蜜月時代が終われば大変な状況になる。両国の蜜月が中東の安定とＯＰＥＣの暴走を制御していたことはまぎれもない事実なのだ。

想定される未曾有の石油危機も心配だが、実は真の危機はこれではない。ペトロダラーの終焉がもたらす混乱のほうがより深刻である。

サウジアラビアとアメリカの関係が崩れた場合、サウジアラビアの目はどこに向くのか。それはロシア以外に考えられない。そのとき、ロシアはルーブルとサウジアラビア通貨リヤルとの連動による石油取引を提案するだろう。中国も人民元との連動を狙った取引を提案するだろう。ほかにも同じような提案をする国が出てこよう。

好むと好まざるとにかかわらず、アメリカが築き上げたペトロダラーシステムは黄昏《たそがれ》を迎えるのだ。過去四十年間にわたってペトロダラーシステムを支えてきたのはサウジアラビアであった。このスポンサーが消えた瞬間にペトロダラーシステムは崩壊する。

次章ではそうなったとき何が起きるかについて検討したい。

＊1：〔訳注〕この部分の記述は以下のロイター電（二〇〇九年七月一日付）に詳しい。

【バグダード　六月三十日　ロイター】イラク政府が三十日実施した一九七二年以来初めてとなる国内有力油田とガス田の開発の外国企業に対する国際入札で、南部のルマイラ油田の開発を、英BPと中国国営の中国石油天然ガス集団（CNPC）が率いる企業連合が落札した。

ルマイラ油田の推定埋蔵量は一七〇億バーレルで、世界第三位の原油埋蔵量を持つイラクで最大規模。

今回は八カ所の油田とガス田の開発が入札にかけられたが、残りの七カ所は落札されなかった。

イラク石油省のスポークスマン、アシム・ジハド氏は、入札結果に不満はないとし「世界的に有名な企業が応札したことは良い兆候で、こうした企業がイラクの石油部門に投資意欲を持っていることを反映している」と述べた。

ただ落札件数が一件にとどまったことについて、原油産業のアナリスト、ルバ・フサリ氏は「イラク石油省と国際石油会社の間に大きな溝が存在することが明らかになった」と述べた。

残り七カ所の油田とガス田の入札について、イラク石油省は落札を希望する企業に対し三十日中に条件を修正して再提出するよう要請。七件の修正が提出されたが、イラク政府は内容を公開していない。今後、閣僚会議で内容が検討され、最終的に落札させるかどうか決定する。

今回の入札で落札企業が決まらなかったのは、大規模な埋蔵量があるキルクーク油田、およびこれよりは規模が小さいバイ・ハサン油田、マイサン油田、ズバイル油田。中国、イタリア、英国、米国の企業による企業連合がイラク政府が提示した条件を受け入れず、落札されなかった。

また、マンスーリヤ・ガス田、アッカス・ガス田には入札はなかった。

イラク政府は産油量を現在の日量二四〇万バーレルから増加させる必要に迫られている。イラクの推定原油埋蔵量は一一五〇億バーレルとされるが、探査されていない砂漠地帯には未知の油田がある可能性があり、推定埋蔵量はこれよりも多い可能性がある。

イラクは今年中に、今回入札にかけられた油田・ガス田よりも開発が進んでいない油田とガス田の入札を実施する予定。

＊2：［原注］Steve Levine, "Houston We Have a Country," Foreign Policy, July 31, 2012.
〈www.foreignpolicy.com/articles/2012/07/31/houston_we_have_a_country〉

＊3：〔訳注〕在バーレーン日本大使館はバーレーンの歴史を次のように紹介している。
バーレーンはかつて良質の水に恵まれ、紀元前十七世紀バビロニア、アッシリア帝国の時代からディルムンの名で知られる有力な貿易港であり、また、紀元前三世紀から紀元十五世紀にかけては天然真珠の産地として栄えていた。良質な水に恵まれていたことは現在の国名に反映されており、「バーレーン」の国名は、「二つの海」を意味するアラビア語であり、「二つの海」とは、島の周りの海と、海の底から湧き上がる真水を指すと言われている。

その後、十六世紀にはポルトガル、十七―十八世紀中盤まではペルシャがバーレーンを領有するが、一七八三年、ハリーファ家（現王家）がペルシャ人を駆逐し、バーレーン支配を確立した。――「ペルシャ湾に浮かぶアラブの島国」飯島要介（バーレーン日本大使館二等書記官）ＩＴＵジャーナル、二〇一四年九月。

＊4：〔訳注〕日本外務省データ
〈http://www.mofa.go.jp/mofaj/area/saudi/data.html〉

＊5：〔訳注〕Israel-Egypt Disengagement Treaty of 1974.

＊6：〔訳注〕この年の暮れ、イラン系のインターネットラジオ「イラン・ジャパニーズラジオ」は、次のように最近の反政府運動を報じている（二〇一四年十二月二十三日付）。
サウジアラビアのサウード政権軍が、同国東部のシーア派居住都市アワミヤを再攻撃しました。

情報筋によりますと、サウード政権軍は二十三日火曜、アワミヤの住宅数棟を攻撃し、銃撃を行ないました。サウード政権軍は、テロリスト数名を拘束するため、この地域を攻撃したと主張しています。サウジアラビアの活動家は、この銃撃を受け、市民数名が負傷したことを明らかにしました。サウジアラビア軍は、二十日土曜、政治活動家を弾圧するため、アワミヤを攻撃し、子供一名を含む市民五名を殺害、二十名を負傷させました。

こうしたなか、二十二日月曜、サウジアラビア東部のカティーフでは、サウード政権に反対する大規模なデモが行なわれ、アワミヤでの犯罪者の報復刑を求めました。

一方、バーレーンでも各地で大規模なデモが行なわれ、アワミヤでのサウジアラビア政権軍による罪のない人々の殺害やバーレーンの人々の弾圧へのサウジアラビアの介入を非難しました。

＊7：[原注] The Huffington Post, June 14, 2013.
〈http://www.huffingtonpost.jp/2013/06/13/syria_n_3439074.html〉
＊8：[原注] "Saudi Arabia warns of shift away from U. S. over Syria, Iran," Reuters, October 22, 2013.

第11章　黄昏のペトロダラーシステム

第3章でペトロダラーシステムの成り立ちを述べ、ドルが世界の準備通貨の地位を石油取引に絡ませることでその価値をいかに保ってきたかを説明した。それを踏まえたうえでウラジーミル・プーチンの大戦略を示した。それはドルを今の地位から引きずりおろすことだった。それに続く章でドルがどれほど不安定化したかを詳述した。かつて英国ポンドの興亡があった。これから我々が目にするのは米ドルの興亡である。

第一次世界大戦前の英国ポンドは世界最強だった。イギリス企業の成功がその強さを担保していた。イギリスの工業が世界の手工業を圧倒した。世界各国がイギリスの必要とする原材料を供給し、付加価値のついた工業製品をイギリスに求めた。特に綿織物と鉄鋼製品はイギリスに太刀打ちできる国はどこにもなかった。

イギリスは世界の工場として君臨した。世界各国が安価なイギリス製品を求めたから当然その購入には英国ポンドが必要だった。

イギリスは軍事力でも他国を圧倒した。特に海軍は強力だった。その海軍が世界各地に植民地を獲得するのに貢献した。大英帝国に日の沈む日はなかったのである。イギリスの植民地と交易するにもポンドが必要だった。その支払いにはロンドンの銀行を利用せざるを得ない。ロンドンは世界の金融センターの地位を築いた。

しかし他国がしだいに工業化を進めるとイギリスの独占的立場も崩れはじめる。植民地もそこから得る利益よりも維持のコストが上回るようになった。そして第一次大戦が勃発した。その戦費でポンドの地位は大きく揺らいだ。アメリカには世界中から金《きん》が集まった。アメリカは軍需品や食料を大量に輸出していたからである。多くの国がアメリカに富を移すことで安全性を確保しようとした。その結果、ドルを準備外貨にすることが有利になった。戦時に膨らんだイギリスの対外債務はポンドの力を大きく削いだ。

第二次世界大戦では勝者ではあったが、イギリスは荒廃し海外債務も増やした。かつての植民地も次々と大英帝国から離れていった。ポンドの信用はそれなりに厚いままだったが、かつてのような圧倒的な国際通貨の地位は失われた。その立場はドルに奪われた。そして先に述べたように一九七三年にはアメリカとサウジアラビアの協定によりドルと石油取引をリンクさせたのである。

このことはアメリカは石油をただ同然で輸入できることを意味した。連邦準備銀行（ＦＲＢ）が不換紙幣を刷るだけで石油を輸入できる体制ができ上がった。もちろんただで買えるものは石油だけではない。基本的にはドルを刷れば何もかもがただであった。石油取引にドルを使わせることで世界の外貨準備をドルにさせることができたからである。どの国も輸出代金にドルを喜んで受け取った。ドルは石油輸入にどうしても必要であったから、ドルに対する需要があった。外国からの輸入にもドルが使えた。相手国も同じ理由でドルを必要としていた。自国通貨はあくまで自国内の取引に使えるだけだった。

ドルに対する高い需要でドルの価値は高かった。その結果アメリカ国民は世界中から何もかも安価に仕入れることができた。つまりドルが世界の準備通貨になったことで、世界の富を「収奪」できる体制ができ上がったのである。アメリカ国民は世界の労働の成果をつまみ食いできた。

アメリカにとってはきわめて有利な仕組みが完成したが、その反面アメリカの製造業が大きな打撃を受けることになった。一九七〇年には製造業がGDPの二三パーセントを占めていたが今日はわずか一二パーセントにすぎない。

ドルに対する世界各国からの旺盛な需要は、アメリカを傲慢にした。慢性的な財政赤字が可能になったのである。刷ったドルは世界各国からの輸入に湯水のように使われた。使われたドルはどこに溜まったか。それはサウジアラビア、中国、日本などに集まった。そしてそのドルはアメリカ財務省証券に投資されアメリカに還流した。このやり方はアメリカ国民に税の負担を求めないだけにアメリカの政治家には魅力的だった。そして今現在も、償還する日がくることなど考えてもいないように、世界中からお金を借り続けている（財務省証券を売っている）。

このシステムは何かおかしいと思う読者は多いはずだ。確かにおかしい。永久に続きはしない。アメリカがペトロダラーシステムを完成させてから何が起こったか。

1　累積赤字規模は対GDP一〇〇パーセントを超えた。

2　製造業の衰退。
3　不況からの弱い回復力（大量のマネーサプライにもかかわらず、失業率もなかなか減らない）。
4　預金者を馬鹿にするほどの低金利。
5　投資市場はこれまでインターネット産業バブル（ドットコムバブル）、不動産バブルを煽ってきたが、今は債券市場でそれが起きようとしている。必ず崩壊するバブルマーケットである。

このような状況が正常でないことは誰にでもわかる。世界はペトロダラーが作ってしまった泥沼から何とか抜け出そうともがきはじめたのである。この傾向が続けばドルは世界の準備通貨の地位を失うことになる。つまりドル資産は売りに出されるのである。そうなればドルの価値は暴落する。

アメリカ国民にとってはドルの暴落はそのままインフレーションを意味する。もし幸運に恵まれればその程度は、「ひどい（nasty）」インフレーションという程度でかたづけられるかもしれない。しかしそうでなかったら、ハイパーインフレーションとなり、利子率も二桁になる可能性がある。食料も衣料もガソリンも上がるが、一番の問題は株式市場である。二〇〇八年から二〇〇九年の不況がかわいく思えるほどの大暴落となろう。

世界中がドルを欲しがる体制のなかで安住してきたアメリカ国民の打撃は計り知れない。ペトロダラーに代わる通貨が現われるのか今のところ誰にもわからない。ただ、アメリカ政府はペトロダラーシステムを維持するためにあらゆる手段を使うだろうということは確実だ。

先の章でアメリカのイラク侵攻の背景に、サダム・フセインが石油輸出取引にユーロを使うことをやめさせるという思惑があったと述べた。リビアのムアンマル・カダフィ政権を崩壊させた裏にもこれと同じ思惑があった。カダフィは石油取引にドルでもなく、ユーロでもなく新通貨ゴールド・ディナールを使用することを提唱した。カダフィが、アメリカとNATOに支援された反政府軍によって政権から引きずり下ろされたのはこの構想をぶちあげたすぐ後のことである。*1

アメリカはリビアの資産三百億ドルを凍結した。この資金はカダフィが前記の構想実現のために準備していた資金だった。この資金をアフリカ投資銀行（リビア）、アフリカ通貨基金（カメルーンに設立予定）、アフリカ中央銀行（ナイジェリア）に拠出して、ドルに代わる新通貨を印刷させる準備資金であった。

標的となるドル

すでに述べてきたことだが、ロシアも中国もドルを使わない国際取引を推奨しはじめている。二〇一〇年暮れ、プーチンと中国温家宝《おんかほう》首相が、両国の取引をルーブルおよび人民元で決済することを確認した。このとき温家宝は次のように述べた。

「中国は、ロシアで始まった平和的ルネッサンスと、それに伴うロシアの発展に追従する」

これはロシア・中国両国の世界通貨ドルへの挑戦状である。二〇一二年初め、中国と日本の間にも動きがあった。世界第二位と三位の経済大国は必ずしも友好関係にないが、それでも元と円をアメリカドルを仲介させずに取引することを決めた。中国がドル以外の通貨と直接取引を初めて認めたのである。手始めとして日本銀行がおよそ六百五十億元（百億ドル相当）の中国国債の購入枠を決めた。この額は日本の一・三兆ドルの外貨準備のほんの一部だが、ドルを介在させない取引の小さなスタートである。円と元の取引は上海と東京市場で始まることになる。

二〇一三年九月、中国政府は、中国は人民元による石油取引を進めるための銀行システムの準備は整っているとの声明を出した。これ以外にもドルから距離を置こうとする中国政府の動きは活発だ。

1　中国人民銀行（中央銀行）とブラジル中銀はおよそ三百億ドルの通貨スワップ協定を設定した〔訳注：二〇一三年三月〕。これによって両国間の取引はドルの介在なしで決済が可能になる。ブラジルにとって中国は最大の貿易相手国である。

2　オーストラリア（三百十億ドル）、アラブ首長国連邦（六十億ドル）、トルコ（十六億ドル）とも、ほぼ同様の協定を締結した。

二〇一三年六月には温家宝首相はチリを訪問し、同国通貨ペソとのスワップを提案した。この年の暮れ、中国は韓国との間で貿易決済を中央銀行間で実施（六十四兆ウォン規模）することを決めた。中国はこうした取引を円滑にするプロセスセンターをロンドンとフランクフルトに開設した。

二〇一四年七月には中国はスイスナショナル銀行との間で二百三十億ドル規模のスワップ枠を取り決めた。この協定でスイスは中国国債市場へ参加することが可能になった。

このほかにもドルの束縛から逃れるための仕組みが模索されている

二〇一四年七月、ＢＲＩＣＳ（ブラジル、ロシア、インド、中国、南アフリカ）首脳がブラジルの都市フォルタレザに集まった。ここで新開発銀行（ＮＤＢ）の設立が決まっている。本部は上海に置かれ加盟各国および途上国の開発資金融資が目的である。一千億ドルの外貨準備基金で始めることになっている。基軸になる通貨をどうするかについては不明であるが、ドルベースである世界決済銀行（ＢＩＳ）やＩＭＦの束縛から離れようとする意思は明瞭である。

ドル崩壊を自ら加速化させるアメリカ

アメリカは無意識にであるかもしれないが、自らの首を絞めるような政策でドルの弱体化を早めている。アメリカの経済制裁が結果的にそのようなマイナスの影響を生んでいる。イランに対しては核開発を牽制するため経済制裁を科している。これに同調する国は同国からの石油輸入をやめた。二〇一三年十一月にプーチンの仲介で制裁が若干緩まっているが制裁そのものは続いている。

イランに対しては軍事行動は難しい。イランはイラクとは違う。仮にイランをペルシャ湾から攻撃すれば死を覚悟した戦闘機が現われるだろう。それがホルムズ海峡を通るタンカーを狙うだろう。世界の石油取引の二〇パーセント相当がこの海峡を通るタンカーによって運ばれている。アメリカがイランを攻撃すればロシアも動かざるを得ない。

イランへの経済制裁にはヨーロッパとアジアの一部が加わり、イランからの石油輸入を完全にやめたり輸入量を減らした。その結果イランの石油輸出量は半減した。しかしイランは屈していない。石油は金銭に換えやすい。いったんイラン国外に石油が持ち出されれば、その出所を確定することは困難だ。タンカーや貨物船で運ばれる場合でも難しさは変わらない。国際法では、貨物船はその位置を衛星に知らせる信号を出すことが決められているが、しかし何らかの安全上の問題があり、登録している国の許可があれば、その機器を止めても構わないことになっている。イランの所有する三十九のタンカーのほとんどが信号を送るのを停止している。現在イランのスーパータンカーで位置を知らせているのはわずか七隻だ。スエズマックスサイズ（スエズ運河を航行できる最大のサイズ：およそ一六万トン）のタンカーでも同様に七隻しかない。

イランのタンカーに積載された石油はどこかに消えている。誰もその消えた先を語ろうとしない。イランには中国に発注した十二隻のスーパータンカーが納入されている。このタンカーで運ばれる石油もどこかに消えていく。

イランは制裁の抜け道を知っている。それでもイランには高いものについている。イランが使うこうしたタンカーの運賃はバーレル当たり二ドル五十セントから四ドルのコストがかかる。また保険料も高い。制裁参加国の保険会社は利用できない。引き受けるのは中国かロシアの保険会社である。また買い手も売主（ナショナル・イラン石油会社：NIOC）の足元を見る。支払いまでに半年という条件もあるが、その場合イラン側が負担するコスト増はバーレル当たり五ドルから八ドルとなる。このような諸経費は一回のタンカーでの輸出で得られる収入の一〇パーセントから一二パーセントにも達する。

経済制裁は買い手も束縛する。イランへの送金ができない。SWIFTシステムによる支払いが拒否されるからだ[*2]〔訳注：SWIFTは国際銀行間通信協会の略、世界の銀行送金網のこと〕。

アメリカ主導の経済制裁に協力しない国は多い。正面きって経済制裁に反対する国もあれば、表面上は協力を約束しながら抜け道を使って取引を続ける国もある。第三国経由で支払うのである。この取引には中国が協力的である。また経済制裁するにはあまりにイランの石油に頼り過ぎている国もある。第一にインド、次に中国そして韓国が続く。イランからの石油が止まれば経済への悪影響が避けられない。

経済制裁を潜り抜けてイランとの取引を進めるやり方は芸術の域に達している。テクニックの大半はイランが考え出したものである。インドとの取引では金とインドルピーを使う。中国との取引は同額の中国製品である。韓国もひそかにイランに対して自国通貨で支払っている。

トルコとの取引では次のようなトリックが使われた。二〇一二年三月から一三年七月にかけて、トルコは百三十億ドル相当の金塊をテヘランに直接またはアラブ首長国連邦経由で送った。トルコは天然ガスや石油の買い付けに自国通貨リラで支払った。経済制裁でドルでの支払いができなかったためである。イランはそのリラで、トルコがすでにテヘランに送ってあった金塊を買い付けた。トルコは自国通貨をテヘランの同胞に送金しただけだと主張することで制裁のルールに違反しないと主張した。この取引にはトルコ国営ハルク銀行も関与していた。このやり方を知ったアメリカは二〇一三年一月以降の取引にはこれにも経済制裁の輪をかけた。

次に考えられたテクニックはバーター取引だった。イランはロシアとの間で月十五億ドルを上限にバーター取引を決めた。ロシアは自国の製品との引き換えで日々五〇万バーレルを引き受けたのである。ロシア自身はイラン産石油は不要なのでそのまま輸出に回し、支払いはルーブルで受けるのである。アメリカはロシアに抗議し、イラン産石油に対する締め付けを強化した。今後どのようなやり方が出てくるかは誰にもわからない。イラン産石油を積載したロシア・タンカーをアメリカが接収することはあるのだろうか。そんなことになれば米ロの軍事衝突の可能性まで出てくる。

いずれにせよイランは、ドルを介さない国際貿易を認める友国との取引で生き延びている。ドル取引を前提とした対イラン制裁には抜け穴がある。その抜け穴を突いてイランのタンカーは石油を運んで行き来する。これが皮肉にも、イランにもその石油を仕入れる国々にも、どうやったらドルを介在させせない石油取引が可能かを学ぶ教材を提供しているのだ。他の国も彼らのやり口を興味深く見ている。

アメリカの対イラン制裁は自らの傷口を広げている。ペトロダラーの強みを使った制裁が、結果的にその強みを消す方向に動いている。アメリカの過剰介入を嫌う国々に、ドルへの依存から離脱する機会を与えることになってしまっている。アメリカはドルを使って圧力を行使することで逆にドルの弱体化を招いている。アメリカのウクライナを巡っての経済制裁も、対イラン制裁と同様の結果を生んでいる。

二〇一四年三月、カザフスタンのロシア大使館がソガス保険グループにＪＰモルガン銀行（ニューヨーク）を使って送金しようとしたが拒否された。これに憤ったプーチンはダブルイーグル・プロジェクトを発動した。このプロジェクトはロシア版国際経済システムを構築することが目的である。ＳＷＩＦＴ（国際銀行間通信協会）に代わるシステムである。

ロシアは石油産出国に金による価格設定を要請している。これが成功すれば石油産出国も不換紙幣のドルやユーロからの離脱が可能となる。ロシアの金保有量は十分だ。ロシアの動きをＢＲＩＣ

Sは後押ししている。ロシア外務省は現行のSWIFTによる国際決済システムこそがドルを構造的に支えている接着剤だと分析している。ロシア版SWIFTが完成すれば、SWIFTなど二週間もすれば破壊できると豪語する。BRICS諸国も新システムを躊躇《ちゆうちよ》なく利用するだろうと期待しているのである。

アメリカの経済制裁にロシアは怒り心頭である。ロシア国会上院議長ワレンチナ・マトヴィエンコ（女性）の言葉にそれがはっきりと表われている。

「石頭で低能な連中は二〇〇八年に何があったかもう忘れている。あのリセッションで世界はいまだに苦しんでいるのだ。あれはアメリカ、イギリスなどの金融機関の崩壊から始まった。ロシアに対する金融制裁を行なえば制裁する側も返り血を浴びることを覚悟しなくてはならない。ほんのちょっとしたミスがあれば、ブーメランとなって、分からず屋の未開人程度の頭しかない連中を傷つけるだろう」

貿易取引の潮流変化

過去二十年間におけるアメリカ以外の国の目覚ましい成長もドルの弱体化の要因である。二〇〇九年、中国の対アフリカ諸国貿易額はアメリカのそれを上回った。二〇一二年の中国の対アフリカ貿易額は二千億ドルを超えた。

アメリカには都合の悪いことだが、中国のアフリカとの取引の中心はエネルギー資源である。中国は石油輸入量の三分の一をアフリカから輸入している。中国はアフリカの石油産業と密接な関わりを持っている。以下が最近の動きである。

1　二〇〇六年、ナイジェリアのオフショア鉱区（石油、天然ガス）の四五パーセント持ち分を二十三億ドルで獲得。

2　二〇一〇年、ナイジェリアに二百三十億ドルを投資し、石油精製施設の建設に合意。投資額は二百三十億ドル。

3　二〇一三年、中国石油化工（シノペック）グループは、マラソン石油の持つアンゴラ沖石油天然ガス鉱区の権利一〇パーセントを取得。投資額は十五億二千万ドル。

4　二〇一三年、中国石油化工はモザンビーク沖の天然ガス田の権利を四十二億ドルで獲得。

　このような契約の成立で人民元の力がアフリカでは確実に増している。二〇一四年一月、ナイジェリア中央銀行は外貨準備のドルを一部売却し、元の保有を二パーセントから七パーセントに引き上げた。ジンバブエ中銀は人民元を公式通貨に加えた〔訳注：二〇〇九年に自国通貨がハイパーインフレーションによって破綻し、外国通貨（ドル、ユーロ、ポンド、ドル、ランド［南ア］）などが公式通貨として使われている〕。

　エネルギー資源取引ではロシアとインドが親密な関係を構築している。二〇一四年三月、イーゴリ・セーチン（ロスネフチＣＥＯ）がインドを訪問した。ロスネフチとインド国営石油天然ガス公社（ＯＮＧＣ）の提携について協議するためだった。ロスネフチは、これから建設されるサハリンの天然ガス液化プラントから、ＯＮＧＣにＬＮＧを供給すると発表した。この取引にもドルは介在しない。

中国、インド、ブラジルは経済成長の結果、しだいに自国通貨が安定してきた。そのことがドルへのニーズを減らしている。このような国（ＢＲＩＣＳ）へ輸出する場合もドル決済を外す動きが出ている。

さらに金《きん》の動きにも注目する必要がある。二〇〇九年にはアメリカ連邦準備銀行からの大量のドル供給で、世界の中央銀行の多くが金の保有を高める動きに出た。それまでは金の保有を減らし続けていた動きが止まった。二〇一三年の中国・ロシア両国による買い付けはレコードを記録した。この二国同様にイラクもブラジルも金の保有量を増加させている。

二〇一三年、ドイツ・ブンデスバンク（ドイツ連邦銀行〔中央銀行〕）が金への回帰を示す行動を見せた。ニューヨーク連銀の金庫に預けてある金三〇〇トンを国内保管に切り替えると決めた〔訳注：ドイツが米国に預けている金の量は一五〇〇トンである〕。ブンデスバンクのスポークマンはその理由を「万一の通貨危機に備えてのことだ」と説明した。[*3]

サウジアラビアの石油輸出先も様変わりした。中国向けが激増した。一九九〇年には一二億八千万ドルにすぎなかったものが七百四十億ドル（二〇一二年）となっている。

中国にとって中東最大の貿易相手国は過去十一年間連続でサウジアラビアとなっている。両国関係の親密度は年を追うごとに濃密になってきた。二〇一二年には、両国の資金によりサウジアラビア国内に世界最大の石油精製施設を建設することで合意した。投資額は八十五億ドルに及ぶ。

サウジアラビアからの中国向け輸出が対米輸出を上回ったのは二〇〇九年のことだった。サウジアラビアのアジア諸国（中国、日本、韓国、インド、シンガポール）向けの輸出量は、対米・対欧

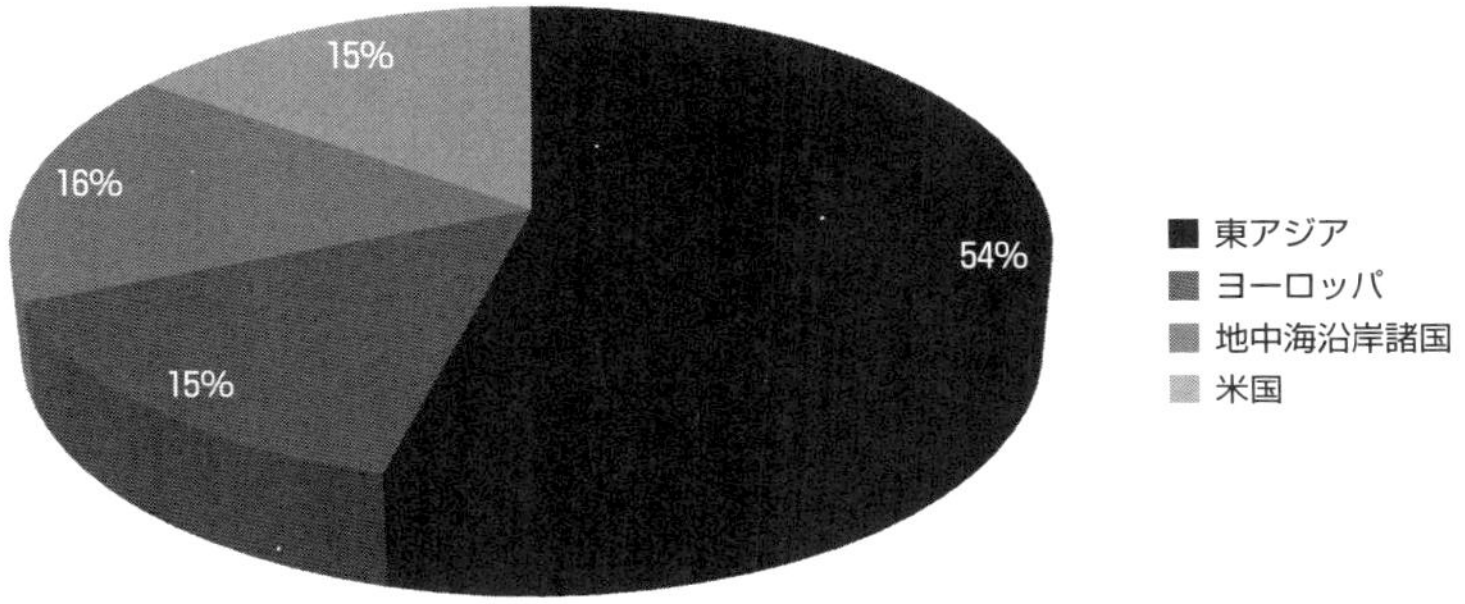

〈図11－1〉サウジアラビアの原油輸出先（2012）
［出典：米国エネルギー情報局および© ケイシー・リサーチ／2014］

州輸出額合計の三倍の規模にまで成長した。サウジアラビアにとって中国の地位はますます高まっている。アメリカ国内におけるシェール革命でアメリカの輸入原油に対する依存度の低下は、この傾向に拍車をかけることになった。

中国との経済的結び付きを強めるイスラム国はサウジアラビアだけではない。エジプト、インドネシア、イラン、イラク、カザフスタン、マレーシア、モーリタニア、ナイジェリア、パキスタン、スーダン、トルコも同じ傾向にある。

現在サウジアラビアと中国は決済にドルを介在させている。しかしこのやり方をいつまで続けるかは誰にもわからない。サウジアラビアが脱ドル取引の動きを起こすことは、しばらくは考えられない。内乱や外国からの攻撃に対するアメリカの安全保障の確約は捨てがたい。シーア派のイランと、同派の牛耳るイラクが隣国である以上アメリカに国防を頼らざるを得ない。

ただサウジアラビアと米国の関係は冷え込んでいることは間違いない。アメリカは9・11事件以降、中東に民主主義を求める外交にシフトした。民主主義国家ではないサウジアラビアにとっては不快な外交である。サウジアラビア高官には、アメリカの中東外交こそが中東の不安定化の要因であると見る者が多い。その犠牲となっているのがサウジアラビアだと解釈している。

サウジアラビアは、イラクのサダム・フセインを放逐することに反対であった。アメリカにもその意思を伝えていた。しかしアメリカはサウジアラビアのアドバイスに従わなかった。その結果、イラクはバラバラになろうとしている。また二〇〇二年にはサウジアラビア主導でイスラエル・パレスチナ間の和平を進めたが、アメリカはイスラエルに自制を求めていない。

サダム・フセインの排除についてはサウジアラビアは当初から強く反対していた。アメリカの狙う民主主義で政府ができ上がればシーア派が政権を握るのは確実で、そうなればイランとの提携が始まるのはわかりきっていた。危機感を持ったサウジアラビアは二〇一一年のバーレーンの反政府暴動をすぐさま抑え込んだが、先に述べたように、バーレーンのスンニ派政府防衛のための軍派遣にアメリカの同意など求めなかった。

サウジアラビアはアメリカ政府、とりわけオバマ政権は中東の現実をまったく理解していないと見ている。アラブの春を後押しするアメリカの動きは、アメリカはサウジアラビアを筆頭とするアメリカの同盟国を本当に護ってくれるのかとの疑念を生じさせた。二〇一一年にエジプトで反政府運動が起きたときのアメリカ外交にもサウジアラビアは失望した。ムバラク政権は過去三十年にわたってアメリカにとっての戦略的パートナーではなかったか。

その後のアメリカの動きもサウジアラビアを不安にしている。アメリカはアル・シシ将軍〔訳

注：アラブの春で失脚したムバラク政権後の選挙でムハンマド・ムルシー（イスラム同胞団）が大統領に選ばれた。新政権の国防大臣がシシ将軍である。その後シシ将軍は軍事クーデターでムルシー大統領を失脚させた。このクーデターにもアメリカが関与していたことが疑われている〕への軍事支援を削減した。シシ将軍の敵は、サウジアラビアが嫌うムスリム同胞団なのである。

サウジアラビアは、オバマ政権の対イラン外交にも不満である。オバマ大統領は政権就任後からイランに対しては妥協的な外交を見せた。確かに経済制裁は続いているが、イランに対する要求が甘くなっていると感じている。オバマ外交がこの地域のパワーバランスを不安定化させるのではないか、アメリカはサウジアラビアを本当に護ってくれるのか。サウジアラビアの不安は高まっている。

二〇〇七年、プーチンがサウジアラビアを訪問した。サウジアラビアにロシアの指導者が訪れるのは歴史上初めてのことだった。プーチンは、サウジアラビアがプーチンの狙う「ダブルイーグル」計画に参加し、ドルを介さない石油取引を始めれば、ペトロダラーシステムは一気に崩壊することを知っている。

サウジアラビアはロシアとの関係改善のきっかけを持とうとしている。ロシアに対して、シリアのアサド政権支援を停止すれば、百五十億ドル規模のロシア製武器の購入を約束した。これに対してプーチンは回答を急いでいない。しかし、アメリカが中東地域へのコミットメントから手を引くようなことになれば、両国の接近は時間の問題であり、その協調は武器取引から始まることになろう。今の時点では両国の接近は難しいだろう。ロシアはアサド政権の後ろ盾であり、サウジアラビアはアサド政権の敵である「イスラム国」(ISIL：the Islamic State of Iraq and the Levant)を支援する。

むしろ、サウジアラビアと中国がより接近するだろうとの見通しの方が現実的である。先に述べたように、ロシアと中国はその関係を深めている。中国が、サウジアラビアとロシア関係の改善をもたらす触媒になる可能性はある。

サウジアラビアは、ペトロダラーシステムの重要なプレイヤーであり続けるのか、それともロシア陣営に舵を切るのかで同国の運命は大きく変わる。サウジアラビアは様子をうかがいながら二股をかけているのだ。いずれにせよサウジアラビアは、自らの進路の決定をいつか迫られることになる。

アメリカは、対イラン・対シリア外交でサウジアラビアの信頼を損なった。少なくともサウジアラビアには、一九七三年以来のペトロダラーシステム維持に全面協力する義理はなくなった。サウジアラビアにとってすべての石油取引をドルベースにすることは賢いやり方ではない。特に対中国貿易ではそれが顕著である。

サウジアラビアを巡るこのような情勢が続き、かつロシアがサウジアラビアの生存を保障するというようなことにでもなれば、プーチンはその野望実現に大きく前進する。

＊1：〔訳注〕カダフィが失脚したリビア内戦は二〇一一年二月の反政府デモがきっかけであり、それは

民主化を求めるチュニジアのジャスミン革命に端を発している、と主要メディアは説明する。しかし反政府組織を支援したアメリカの真の思惑は、本書が指摘するようにカダフィが金《きん》をベースにした通貨ゴールド・ディナールを石油取引に使用することを提唱したことに対する強い反発であったとする報道は多い。あるインターネットニュースは次のような解説を載せている（「ETFデイリーニュース」二〇一一年六月十五日付）。

「ムアンマル・カダフィは石油支払いに金本位制の通貨（ゴールド・ディナール）の使用を求め、ドルの受け取りを拒否するよう提唱した。彼はOPECメンバー国に対して、ゴールド・ディナールによる新価格を設定した新しい取引形態に移行するよう訴えた。これで彼の運命は決まった。彼の主張は石油をベースにするアフリカ諸国の共感を呼んでいた。そうなれば国富の多寡はドルの保有額ではなく金の保有額で決まることになる。石油価格の設定を金ベースにすることで世界のパワーバランスは大きくシフトする」

「イラクのサダム・フセインが排除されたのも、同国の石油取引にドルではなくユーロの使用を決めたからである。イラクに対する制裁および侵攻は、他国がこの動きに追随することを止めるためであったとする識者は多い」

＊2：〔訳注〕この問題についてはCNNの報道が参考になる（二〇一二年十一月三十日付）。

【イスタンブール（CNN）発】トルコのババジャン副首相は三十日までに、国会での答弁で、イランが過去半年間にわたり、米国からの経済制裁を回避するため、トルコへの石油輸出代金として金塊を輸入する一種の「物々交換」を行なっていたことを明らかにした。政府のウェブサイトが答弁内容を公開した。

「なぜトルコの金の輸出量が突然増加したのか。大部分を占めるのはイランだ」とババジャン氏は述べた。

「トルコがイラン産石油を購入する場合、トルコの通貨リラで支払いをする。だがイランは米国からの制裁により、そのカネを米ドルにして自国に持ち込むことができない。そこでトルコ市場でリラを使って金を買い、自国に持ち帰るのだ」

イランが制裁によって、世界の銀行の送金網を提供している国際銀行間通信協会（SWIFT）のサービスから締め出されたのは三月のこと。トルコ政府の統計によれば、それ以降、イランは数十億ドル分の金をトルコから輸入しているという。四月の輸入額は前年比四三八パーセント増の一二億ドルに達した。イランに輸出された金塊が実際にはどれほどの量に達するのかを巡り様々な憶測が流れている。

八月にはイランに代わってアラブ首長国連邦（ＵＡＥ）がトルコの第一位の輸出相手国となったが、その最大の輸出品とされているのも金だ。ＵＡＥのドバイはこれまでもイランの経済的な「入口」として機能してきた。金の輸送方法についてババジャン氏はコメントしなかった。トルコのメディアでは「運び屋」がスーツケースに金塊を詰めてイランまで運んでいるという未確認情報も飛び交っており、正式なルートを通らずにかなりの量の金塊が輸出された可能性を指摘する専門家もいる。

＊3：［原注］アメリカは返還には二〇二〇年までかかると説明している。一年目に戻された量はわずか五トンである。専門家のなかにはアメリカは本当に金を保有しているのかとの疑問も持つ者もいる。

第12章　ペトロダラーシステム崩壊後の世界

いよいよ本書もクライマックスである。ワシントンの高官のなかには、筆者がここまでに述べたことをはっきりと理解している者がいる。しかし、彼らはそのことを公にできない。プーチンとその仲間たちは、ペトロダラーシステムを破壊する外交にしっかりと舵を切った。ここまで読まれた読者はこれが何を意味するか、よくわかるはずだ。もはやペトロダラーシステムは崩壊するか否かの問題ではなく、いつ崩壊するかの段階に入っている。それではその崩壊はどのようにして始まるのだろうか。

まず崩壊は急激なのか緩慢なのかであるが、これを推測するための過去の事例はない。つまり、歴史に学ぶことはできない。英国ポンドの衰退には三十年という月日と二つの世界大戦が必要だった。大英帝国の完全な衰退にはそれ以上の時間が費やされた。アメリカドルはどのような道をたどるのか。それを推察するには次の三つの要素を検討する必要があるが、結論は、ドルの崩壊はかなり早いスピードで、突然にやってくる可能性があるということだ。そうなった場合に大きな混乱になることは必至である。筆者がそのように考える理由は三つある。

まず第一に、イギリスがその力を失いはじめた頃はすぐにでもそれに代わるほどの力を持つ国はなかった。しかし今は違う。ロシアも中国もブラジルもドルを介在させない取引を可能にさせる潜在力を持つ。そうなればそれに追随する国も多い。

第二に、コンピューター技術の進展である。かつては難しかった複数の通貨での決済を問題なくこなせる。技術的には、ドルという共通の通貨を利用しない取引が可能なのだ。

第三は、かつての英国ポンドは金との兌換性があった〔訳注：英国ポンドは金一オンス当たり三ポンド一七シリング一〇・五ペンスであった〕。その兌換性がポンドからの逃避のブレーキになっていた。しかしアメリカドルにはそのブレーキがない。ドルが信用を失えば、ドル資産を他の資産に替えようとする津波のような動きが起こるだろう。金兌換が保証されていた英ポンドの時代には考えられない巨大な波となってドルからの回避が始まるだろう。

アメリカはドルが国際決済のための基本貨幣であることに胡坐《あぐら》をかきすぎた。不換紙幣のドルを世界中にまき散らしすぎた。

ドルを弱体化させるアメリカの振舞い

アメリカにはかつての栄光はない。一九四六年には世界の車のほとんどがアメリカで生産されたものだった。しかし二〇一三年には、アメリカは世界の一二パーセントの車を生産しているにすぎない。ただ軍事力は世界最強のままである。この状態はしばらく続くだろう。核兵器を持たない国に対しては、気に入らなければ恫喝《どうかつ》的な外交が可能である。しかし問題もある。

第一に巨額な軍事費である。二〇一三年の軍事費は六千四百三十億ドルであった。これは世界の軍事費の三分の一に近い数字であり、アメリカ連邦予算の二〇パーセント弱に当たる。この状態をアメリカが支えるのは難しくなっている。すでにアメリカの予算の四六パーセントが借金でまかなわれている。仮にロシアと中国がドルへの挑戦を始めなくても、プーチンが何もせずぼんやりしていたとしても、アメリカは自らのドルの洪水に溺れることになる。巨額な軍事費はこれからもドルの立場を弱体化していく。

第二に、アメリカのあまりに無遠慮な外交がある。どのような国であれ鼻面を摑まれ、振り回されるのは嫌なものだ。圧倒的な軍事力は自制的に使わなければ反感を買う。アメリカは自制的振舞いに欠けていた。世界はアメリカ嫌いに満ちている。アメリカドルに対するニーズがなくなれば、世界の国々は嬉々としてドルから逃避することになろう。

ドル崩壊のプロセス

現在、外国の保有するドルの現金は六千億ドルである。さらにアメリカの銀行の当座預金に一兆ドルが積まれている。もしこのお金が他の通貨を求めて動きはじめたら大変なことになる。ドルの価値は暴落する。これがアメリカ国内に激しいインフレを惹起する。ウォールマート（米国のスーパーマーケット）に溢れる中国製品も、ドイツ製や韓国製の車も、南米からのコーヒーも、アフリカからのカカオも、貧困国で作られた安いTシャツも何もかもが値上がりする。

外国人の持っていたドルは最終的にはアメリカ企業や個人のところに帰ってくる。行き場を失った膨大なドル資金が動き回ることになるが、これが前記のインフレプロセスをさらに刺激する。

アメリカ国債もその四七パーセントは外国政府や企業が所有する。その額は五兆ドルにものぼる。満期を迎えた国債を買い替えさせようとすればそれに見合う金利が必要となる。これが債券安の引き金となる。

こうなればアメリカ国民の生活も激変するし、政府は何ができて、何ができないかをはっきりと分別した行動が求められる。ほとんどのアメリカ人の生活水準は低下し長い不況に入ることになろう。明日はもはや今日よりベターではない。

アメリカ政府は国際金融市場の資金調達ゲームで、たんなる参加者の一人に成り果てる。政治家も何にお金を使うべきか厳しい選択を迫られる。

最悪のシナリオ

いずれにせよほとんどのアメリカ国民にとってこれから起こることは楽しいことではない。ドル覇権の失墜は不況をもたらす。苦しみの度合いは不況への道が急激であるか、あるいは緩慢なものであるかの違いだけだ。

最悪のシナリオは急激に、それも一、二年でドルの失墜が始まってしまう場合だが、それについて考えてみたい。つまり世界の国がドルを捨てる、つまりドルから突然に逃げ出すケースだ。誰もがそんなことはない、そんなことはあってほしくないと考える。しかし、そんなことはあり得ないと考えることは許されない。

過去六年間（リーマンショック以来）の低金利で、債券価格は上昇した。ドルからの逃避が始まれば（それを阻止するために）利子率は上がらざるを得ない。おそらく一九七〇年代から八〇年代初めの頃の利子率となるだろう。この時代は、三十年物アメリカ国債の利子率が一五パーセントから近くまで上昇していた。これに近い金利になれば発行済国債価格は暴落する。三五パーセントから五五パーセント程度の減価が予想される。変動金利で住宅ローンを抱えている者はたちまち立ち行かなくなる。株式市場も暴落する。

連邦準備銀行は投げ売りされる国債を買い上げるために、さらなる通貨供給に走るだろう。外国人保有者はそれによって得たドルを信用できる通貨にすぐに換える。それによってドルの為替相場はますます下がり、輸入品コストは上昇し国内インフレを悪化させる。

利子率の高騰はたちまちアメリカ経済を混乱に陥れる。まず銀行の危機が始まる。保有する債券価格の低下による損失、借入金利・貸出金利の逆転により多くが債務超過となる。こうした事態に備える連邦預金保険公社（ＦＤＩＣ）の基金は焼け石に水程度の資金量である。この状態を救済するために連邦準備銀行がさらに通貨供給量を増やせば、一九七〇年代のインフレ率を上回り二〇パーセントに達しても不思議ではない〔訳注：一九八〇年のインフレ率は一三・五パーセントだった〕。

それ以上に恐ろしいのは大手銀行、保険会社、証券会社あるいはヘッジファンドが手がけるデリバティブ商品である。

現在、市場には六百兆ドル相当のデリバティブ商品が流通していると推定されている。この数字は確定的なものではないが、とんでもない額であることは間違いない。もしドルの価値が暴落すればその混乱は計り知れない。二〇〇八年から二〇〇九年の例では、金融機関は他の機関に融通ができなくなった。（デリバティブ商品の計算が複雑すぎて）担保となる資産の計算ができなかったことが大きな要因である。ドルの暴落で再び同じようなことになる可能性は高い。二〇〇八年の比ではないほどの混乱になるだろう。

アメリカ政府が最後の最後の手段として考えているのは外国人（外国政府）所有の国債デフォルトである。アメリカ政府がこれをやれば歴史上誰も経験したことのない大混乱となるだろう。もちろん実質デフォルトをごまかすやり方もないではない。たとえば外国人に支払われる（国外に出る）利子所得分に対してとんでもなく高い源泉課税をかけることも考えられる。

ほかにも、アメリカ国民の懐に手を突っ込むやり方がある。国民の年金資産（４０１Ｋなど）運用にアメリカ国債購入を義務付けることもその一つの方法だ。

高いインフレ率は借り手を怯えさせ、国民は、新規ビジネスにも、事業拡大にも消極的になる。消費者は購買を控え、失業率も跳ね上がる。いわゆるスタグフレーションとなる可能性も高く、経済は成長せず物価だけが上がる。ミドルクラスは没落し、固定収入に頼る年金生活者などは困窮する。

アメリカ政府は思いきった緊縮財政を強いられよう。歳出の四六パーセントを借金でまかなうことが未来永劫続かないのは当然である。高騰する利子率は緊縮財政をますます苦しくしよう。いずれにせよ、軍事費は大きくカットされ、アメリカ国民がこれまで当然のように得ていた種々のサービスも停止される。これまで政府の鷹揚な福祉予算で所得を得ていた者も失業することになる。社会不安が高まり抗議行動も活発化し、戒厳令が敷かれることさえあり得る。

貿易が止まることはないが、その場合の取引通貨としてドルは敬遠される。ドルに取って代わるのがルーブルなのか人民元なのかそれはわからない。もちろんウラジーミル・プーチンはルーブルをドルの立場に押し上げたいと狙っている。ルーブルを世界の準備通貨にしたい。それが彼の野望なのだ。これまでのドルのように、一国の通貨が準備通貨の地位を占めることが難しくなる可能性もある。

この場合は金が国際決済に使われていた時代に戻ることも考えられる。こうした事態に備えてロシアも中国もあるいはその他の国々も金の備蓄量を増やしてきた。プーチンは金本位通貨制度への回帰を想定して行動している可能性が高い。ロシアの金生産量は現在世界三位で生産量は増加傾向にある。ロシアでは金兌換を保証するルーブル構想がすでに提案されているのだ。

最悪のシナリオ回避策

前記で描いた最悪の事態を回避する方法はある。

1　政府予算の削減。
2　どんな紛争にでも介入するという外交姿勢の修正。
3　過度な福祉政策の停止。
4　国内のエネルギー資源開発に迷信を介入させない〔訳注：再生可能エネルギーのような非経済的政策を指す〕。

処方箋は実にシンプルである。この簡単なことをアメリカ政府が実行できるのかどうかは読者自身で判断していただきたい。

どうやって身を守るか

1　財産の一部は金に換えておくこと。米国金貨、カナダ・メープルリーフ金貨、南ア・クルーガーランド金貨などが適している。できることなら、一つの金貨ではなくこの三種均等に保有するのが望ましい。金貨を銀行に預けるのも好ましいことではない。自ら考える最も安全な場所に保管してほしい。銀塊の保有も同様に勧められる。

2　非アメリカ系銀行に口座を開設すること。外国通貨、それもあなたがしばらく住む可能性のある国の通貨を保有しておく。

要するに流動性のある資産をばらけて保有することである。

また上場されている小型資源株への投資も考えられる方法だ。ただし石油、天然ガス、ウラン鉱山などの株はきわめて不安定であることも事実である。慎重な投資が求められる。ただ確かな株に当たれば一〇パーセントから二〇パーセントの利益は十分に確保できるし、なかには十倍二十倍となるものもある。

筆者は自らそのような経験をしている。読者もプーチンの戦略を見極めることで同じような経験を得ることが可能になろう。

小型資源株への投資は「誰に賭けるか」ということと同義だ。読者自身が地質学者や鉱山技術者である必要はない。ＭＢＡの資格も必要ない。投資する会社の人的資源が優秀な会社（しっかりとしたマネージメント）を選ぶことだ。平均的な能力では最高の環境にある有望鉱脈を持っていても惨めな失敗に終わる。最高のマネージメントのできる会社だけが、ベストの環境にある金のなる石（油田・ガス田含む）を見つけることができるのである。

本書を通じて、ウラジーミル・プーチンが指導者としてロシアをどのような国に変えていこうとしているのかを理解していただけたと思う。彼の戦略はエネルギー資源競争において覇権を握ることにある。

その大きな動きを理解したうえでの投資戦略が大事である。ロシアからのエネルギー資源に頼らない資源会社への投資も大きな利益を生む可能性がある。

ロシアと西側諸国とはこれからも角突き合わせることになるのは避けられない。そんななかでプにポジションを取る投資家を除けば、長期的には欧米日の株式を淡々と買っておけば大丈夫だろう。

プーチンの考えをしっかりと把握しておくことが、プーチンの始めた「超冷戦」を利用した賢い投資につながる。

本書をそうした賢明な投資に役立ててもらえれば幸いである。

日本語版のための最終章

エネルギー市場のデフレ傾向のなかで試されるプーチン戦略

〔訳注：本書の原稿は二〇一四年初めから半ばに書き上げられたものである。それから現在までにルーブルと金《ゴールド》が大きく減価した。それについての考察が本章である。二〇一五年三月に日本の読者のために加筆されたものである〕

二〇一四年末、石油と天然ガスの価格は暴落した。その傾向は二〇一五年になっても変わらない。石油価格はわずか七カ月で五〇パーセントも下落した。これには誰もが驚いたが、冷静に分析すれば異常なことではなく、価格下落の理由がある。これも本書で述べた二〇一〇年以降開始された「超冷戦」の一側面であり、戦いの最前線で起きた現象なのだ。

確かにバーレル当たり五十ドルを下回る可能性をプーチンは見通してはいなかったはずだ。彼にとっても大きな試練になることは間違いない。プーチンの戦略はバーレル当たり九十ドル以上を想定していたから、計画の練り直しが必要になる。しかし、プーチンにはこの緊急事態への十分な備え（金備蓄と外貨準備四千五百億ドル）がある。

米国主要メディアやオバマ政権は、原油安でロシアは弱体化した、と喧伝《けんでん》するがそれは間違いである。ロシアがその財政を引き締めなくてはならないことは確かであるが、ロシアは窮乏生活に耐性がある。一九九〇年代を経験した者にとって少々の窮乏生活など気になるものではない。本章で詳述するように、これほどの原油安でも、西側メディアが騒ぐほどのダメージをロシアは被ってはいない。この強烈な原油安で、プーチンの世界のエネルギー資源市場での覇権獲得と、ペトロダラーへの挑戦のシナリオは若干の修正はいるものの、戦略自体の破棄や、大きな軌道修正を迫られるほどのことではない。プーチンの狙いは終始一貫してぶれることはない。

石油市場に何が起きたのか

現在の原油安は二つの理由がある。一つは貨幣問題であり、もう一つは石油業界に起きている需給関係の変化である。

まず貨幣問題について分析したい。

二〇〇八年末、連邦準備委員会（ＦＲＢ）は金融危機に対処するために、前例のないほどの量の通貨を創造（供給）した。その後六年間にわたって量的緩和（第一段階から三段階の緩和計画）を継続した。また「オペレーション・ツイスト」〔訳注：短期債を売って長期債を買い取ることで長期金利イールドを下げる政策〕作戦も実施した。一連の施策でおよそ三兆ドルの不換紙幣があらたに市場に供給されたことになる。それは銀行や投資家の所有する債券の買い上げに使われた。

この施策はアメリカ経済回復にまずまずの効果があった。金融システムは破綻することなく機能し、不況からも、非常に緩慢ではあるものの、抜け出しつつある。三兆ドルのマネーの創造がアメリカ経済へ与えた影響は目立たないが、世界経済へ及ぼしたインパクトは大きかった。

ＦＲＢの債券買い上げによって金利はこれ以上下がれないほどに低下した。その結果、ファンドマネージャーを含む投資家は、高利回りの投資先を求めざるを得なくなった。新興国家にとっては、あらたな資金供給を受ける絶好の環境となった。ＦＲＢが創造した新規マネーはそうした国々に流れ込んだのである。それが結果的にコモディティ価格（特に石油と天然ガス）を押し上げた。

このような価格上昇トレンドの裏で、それに逆行するベクトルが生まれていた。シェールオイル革命と言われる技術革新である。この技術は主としてアメリカで培われてきたもので、これまでの技術では採油できなかった油井を利用可能にした。

その方法はまず油井に向けて水平方向に掘削を進め、油井近傍の貯留岩を高圧の液体を使って破砕し、大深度に閉じ込められていた油田から採油する技術（水圧破砕技術）である。[*1] この技術革新によって採油可能となった埋蔵量は膨大である。

技術的な改善がなされるたびに、それまで採掘が不可能だった油田が新たな石油資源に変貌していくのである。まさに毎週のように新油田からの採油が始まったというニュースが続いた。二〇〇八年のアメリカの原油生産量は日量五〇〇万バーレルに届かなかったが、二〇一四年末には日量八六〇万バーレルに急増した。過去七年間で七〇パーセントもの増加をみたのである。このことは同時にアメリカの原油輸入量がそれだけ減少したことを意味している。

ＦＲＢによる大量のマネー供給と原油生産量の激増という二つの相反するベクトルが原油価格を安定させていた。しかし、相反する力をバランスさせていた片方のベクトルが消失した。二〇一四年十月、ＦＲＢが金融緩和政策の最後の段階を終了させたのである。金融専門家の関心は、いつ金利上昇局面に入るか、そしてそのスピードがどうなるかに移った。十月以前の段階から商品市況が落ち込みはじめていた。すでに量的緩和政策の終了を見越した動きが出ていたのだ。こうしたなかでシェールオイル生産の増加は続いた。その結果ついに原油価格相場はバランスを失った。

二〇一五年からおそらく二〇一八年までは新興国の経済は停滞を続けるだろう。そうした国に流れるお金が止まったからである。新興国にとっては厳しい現実だが、プーチンにとってはこのような状況を彼の構想実現のための新しい武器にできる可能性があることを知っておく必要がある。

石油戦争

今起こっていることは戦争である。この新しいタイプの戦争では、兵士や戦車や戦闘機は動かない（もちろん将来には物理的な戦争もあり得るが、現段階ではそうしたことは考えられない）。この戦争の影響を免れる国はどこにもない。世界中が何かしらの影響を受ける。

原稿執筆時（二〇一五年初め）の原油価格はバーレル当たり四十八ドル前後で推移している。過去にも原油供給過剰の時期があったが、そのときはＯＰＥＣメンバー主要国（需給関係を変える力

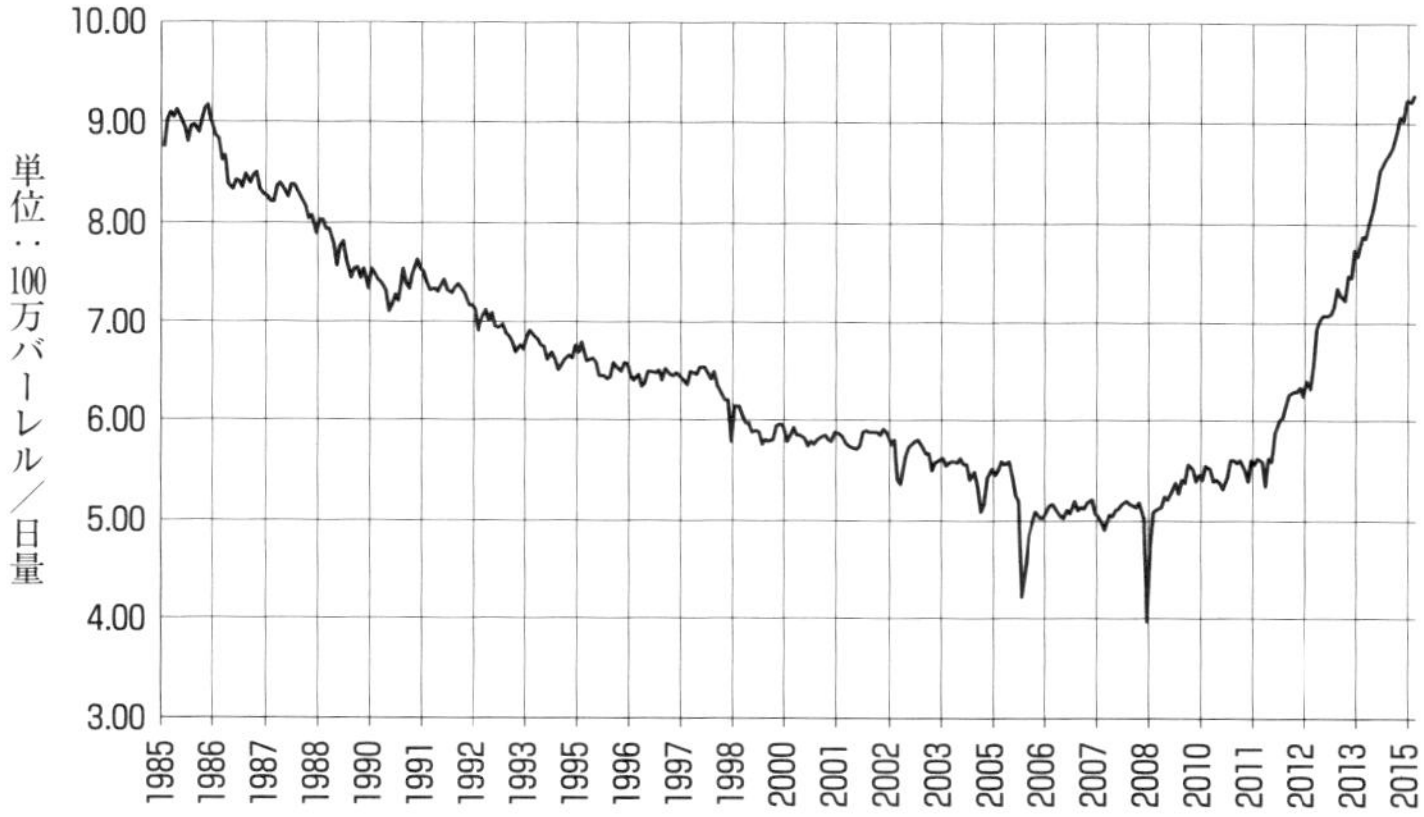

〈図 13－1〉米国の原油生産量の推移

［出典：米国エネルギー情報局および © ケイシー・リサーチ］

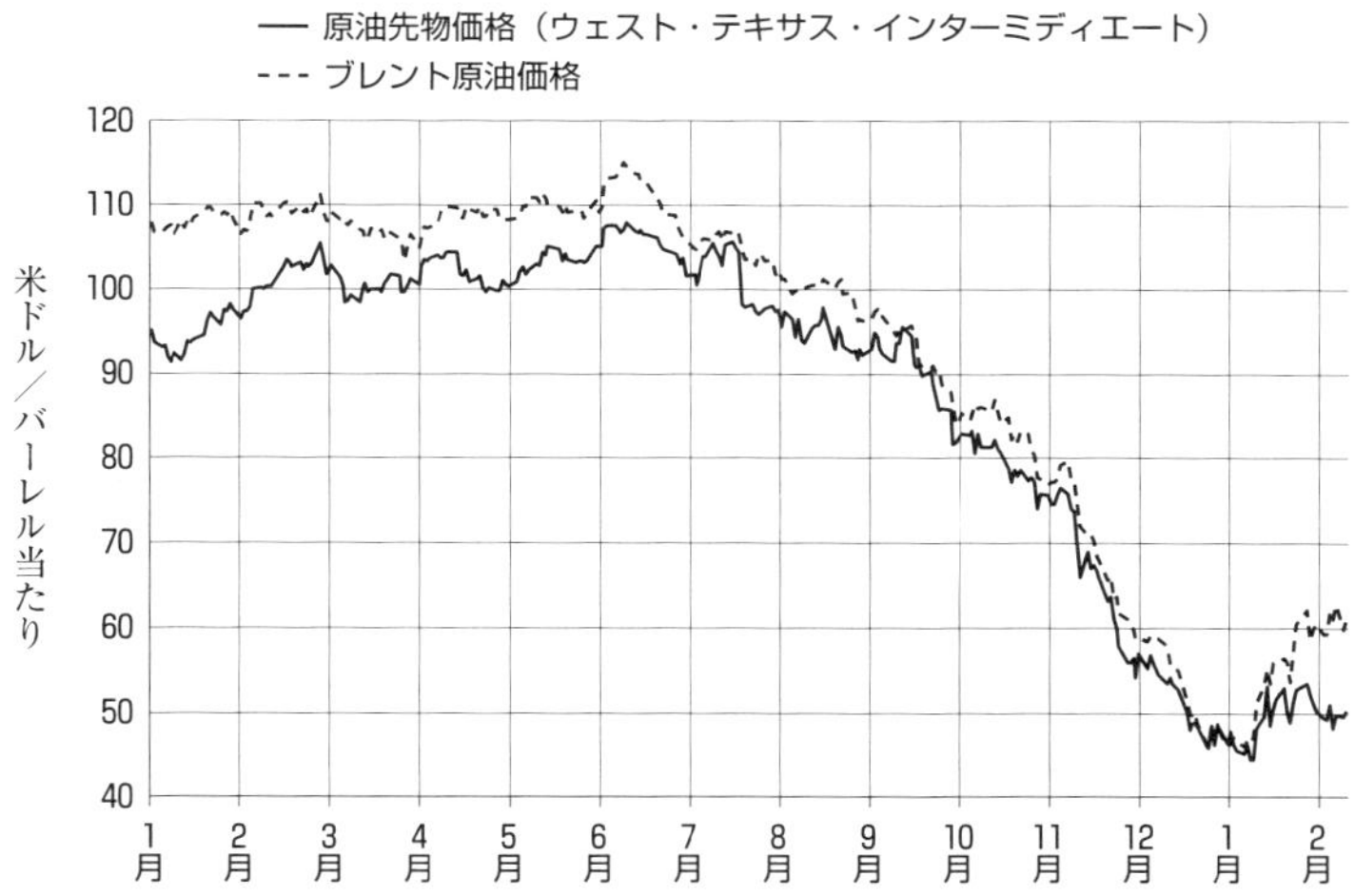

〈図 13－2〉原油価格の推移

［出典：米国エネルギー情報局および © ケイシー・リサーチ］

のある産油国）が減産した。それはサウジアラビアであることが多かった。それに追随して他のメンバーも減産した。そうすることで価格は回復したのである。それがこれまでのやり方だった。しかし今はそういうメカニズムは機能しない。

ＯＰＥＣの減産は二〇〇九年が最後だった。アメリカのシェール革命前のことである。この頃ＯＰＥＣは新たな加盟国を求め、ロシアに参加を促した。ロシアはオブザーバー加盟には同意したがメンバー国になることは頑なに拒否した。プーチンは、自国の原油生産量や価格設定を外国政府に干渉されることを嫌ったのである。

メンバーとならなかったロシアに対してＯＰＥＣは生産調整に協力してもらうことを期待した。しかしロシアはその期待に応えようとはしなかった。二〇〇九年、サウジアラビアを筆頭に生産調整を進めるなかで、ロシアだけは生産量を増やした。それによって原油市場でのロシア石油のマーケットシェア拡大に打って出たのである。

これはＯＰＥＣにとってロシアが「裏切った」ことを意味した。ＯＰＥＣはこの恨みを決して忘れないだろう。しかしだからといってＯＰＥＣがロシアを敵視することもできない状況がある。その理由は後述する。

今、ＯＰＥＣ諸国は病んでいる。ＯＰＥＣメンバー国は生産量を落としたくない。原油のほかに輸出できるものはない。そうしたなかで、アメリカは輸入原油への依存度を大きく低下させた。二〇一四年、アメリカの原油輸入代金は四千五百億ドル減少した（対二〇〇八年比）。メンバー国のナイジェリアに至ってはアメリカへの輸出量はゼロであり、ベネズエラの対米輸出量も六割減少した。

ＯＰＥＣは石油精製品市場だけにとどまらず、天然ガス、天然ガス液、コンデンセート市場でも苦境に陥っている。[*2]

アメリカはこうした製品も輸入していた。しかし、シェール革命によってアメリカはこれらの製品の輸出国に変貌した。サウジアラビア、クウェートあるいはカタールにとって、アメリカはお得意様から競合相手に変わった。

アメリカのシェール革命は、サウジアラビアにとっては特に深刻な問題となった。第10章で詳述したように、サウジアラビアは国内にシーア派の問題を抱えている。人口の少ない国土の対岸にはシーア派の大国イランがある。国内シーア派の人口はわずか一五パーセントにすぎないが、彼らのほとんどが油田地帯に集中している。

サウジ王朝が国内秩序を保つためには、国内の反政府運動を迅速に鎮圧できる軍事力が必要だ。同時に国民の憤懣《ふんまん》を抑えるためには、社会保障を充実させなくてはならない。要するにお金を配り続ける必要がある。原油がもたらすお金だけがこの二つの政策を実行可能にする。

特に後者の国民への配分政策の維持はますます困難になっている。国民の多くがまったく働かずに政府からの支給金に頼っているが、彼らの要求レベルは日ごとに増している。国民は支配階層が手にする額の大きさを知っている。彼らがどれだけの贅沢をしているかわかっている。国民は十分な所得を得、それなりの快適な生活が保障されている。しかしその生活レベルは、支配階級のそれに比べたらあまりに低いと感じている。

この国の人口が若いことも問題を深刻にしている。中央値（平均値ではない）はわずか二十五歳である。若者世代の失業率は高く生活に飽いている。彼らの不満にいつ火がついてもおかしくない。革命の可能性が日増しに高くなっている。国民を「懐柔」するには石油収入が頼りである。収入が絶えれば王朝の危機となる。これが原油価格が低迷しても生産調整が難しい理由である。

もう一つ大事な視点は、前記のような国内事情を抜きにしても、サウジアラビアは生産量の削減が難しい立場にいる。サウジアラビア産石油は、アメリカ市場ではシェールオイルに、アジア市場ではロシア産石油に押され気味だ。中国市場ではいまだにサウジアラビア産石油がトップシェアを占めているが、ロシア産石油の輸入量は徐々に増えている。過去一年で倍増した。

原油の供給過剰はしばらく続くだろう。現状では、一日当たり二〇〇万バーレルが余剰である。この過剰分がこれからの数年のタイムスパンで解消されることはないだろう。リビアもベネズエラもイランも生産調整を望んでいる。しかしＯＰＥＣ生産量の二五パーセントを占めるリーダー格のサウジアラビアはその要求に応えていない。ＯＰＥＣメンバー十二カ国が生産調整に合意することはしばらくはなかろう。

それではサウジアラビアに同調しないグループがＯＰＥＣを脱退することはあり得るだろうか。おそらくＯＰＥＣの分解という事態にはならないだろう。ＯＰＥＣは結成以来（一九六〇年）メンバー国にとって十分な役割を果たしてきた実績がある。

ただしＯＰＥＣ分解の可能性はなくともＯＰＥＣにできることはほとんどない。現在の経済情勢はおそらく二〇一六年いっぱいは続くだろうし、石油需要が回復する見通しはない。アメリカの輸入原油依存率も低下傾向を続けるだろう。そうしたなかでOPECメンバー、特に湾岸諸国は、マーケットシェアを上げたいと虎視眈々《こしたんたん》である。

OPECにできるのは、このまま高い生産を続け、OPECの外にいる産油国を操業停止に追い込み、その結果として生産量を下げるということだろう。減産することになるのはロシアではない。原油安でも、既存の油田でコストの安い原油の生産を継続できる。OPEC最大の敵は、ロシアではなくアメリカのシェールオイル産業なのだ。

OPECはこの敵を潰したいのだ。したがって、原油安の状況はしばらく続くことになる。この競争のなかでは製造コストの高い会社から順に撤退することになる。サウジアラビアを筆頭とするOPEC諸国は、アメリカのシェールオイル産業（からの競争）を排除できるまでは生産調整は難しいし、価格が高戻りすることは期待できない。もちろんシェールオイル産業を完全に潰すことはできないが、大きなダメージを与えることは可能だ。

価格がどんなに低水準になろうが、サウジアラビアは減産しないだろう。アメリカのシェールオイル産業はますます苦しくなる。サウジアラビアは世界市場でのマーケットシェアの維持拡大に躍起だ。生産過剰になっても一向に構わない。彼らはその結果として収入を減らすことになるのも覚悟の上である。ことによったら、アジア市場などでのマーケットシェア確保のために生産量をさらに増やす選択肢さえあり得る。アメリカのシェールオイル産業が傷つきさえすれば、将来価格が上昇することを知っているからだ。

アメリカ・シェールオイル産業分析

二〇一三年以降、非ＯＰＥＣ諸国の原油生産の増加は、そのほとんどがアメリカのシェールオイルによるものである。これによってアメリカのサウジアラビア産、ベネズエラ産などの原油需要が減少した。

それではこのような状況でサウジアラビアが増産した場合の影響を考えてみたい。つまりアメリカのシェールオイル産業はサウジアラビア産原油と競争できるかということである。かなり難しいだろう。

それでもシェールオイル産業には有利な条件もある。精製施設がしだいにサウジアラビア産の「中・高硫黄原油」から、より安価なカナダ産石油などに切り替えを進めていることである。そのためサウジアラビア産原油は割引価格をオファーせざるを得なくなっている。

いずれにせよ、シェールオイルのアキレス腱となっているのは生産コストである。通常の油井から生産される原油に比べれば歴然とする。

現在の原油安がシェールオイル産業に深刻な影響を与えるのはもうしばらくしてからになる。現在生産されているものは先物取引によって高い価格が付いている。この生産が終われば現在の市場価格が反映されることになる。バーレル当たり五十ドルであれば、アメリカのシェールオイル産業の半分以上が赤字に陥る。先物取引分が終了すればかなりの油井が操業停止に追い込まれることに

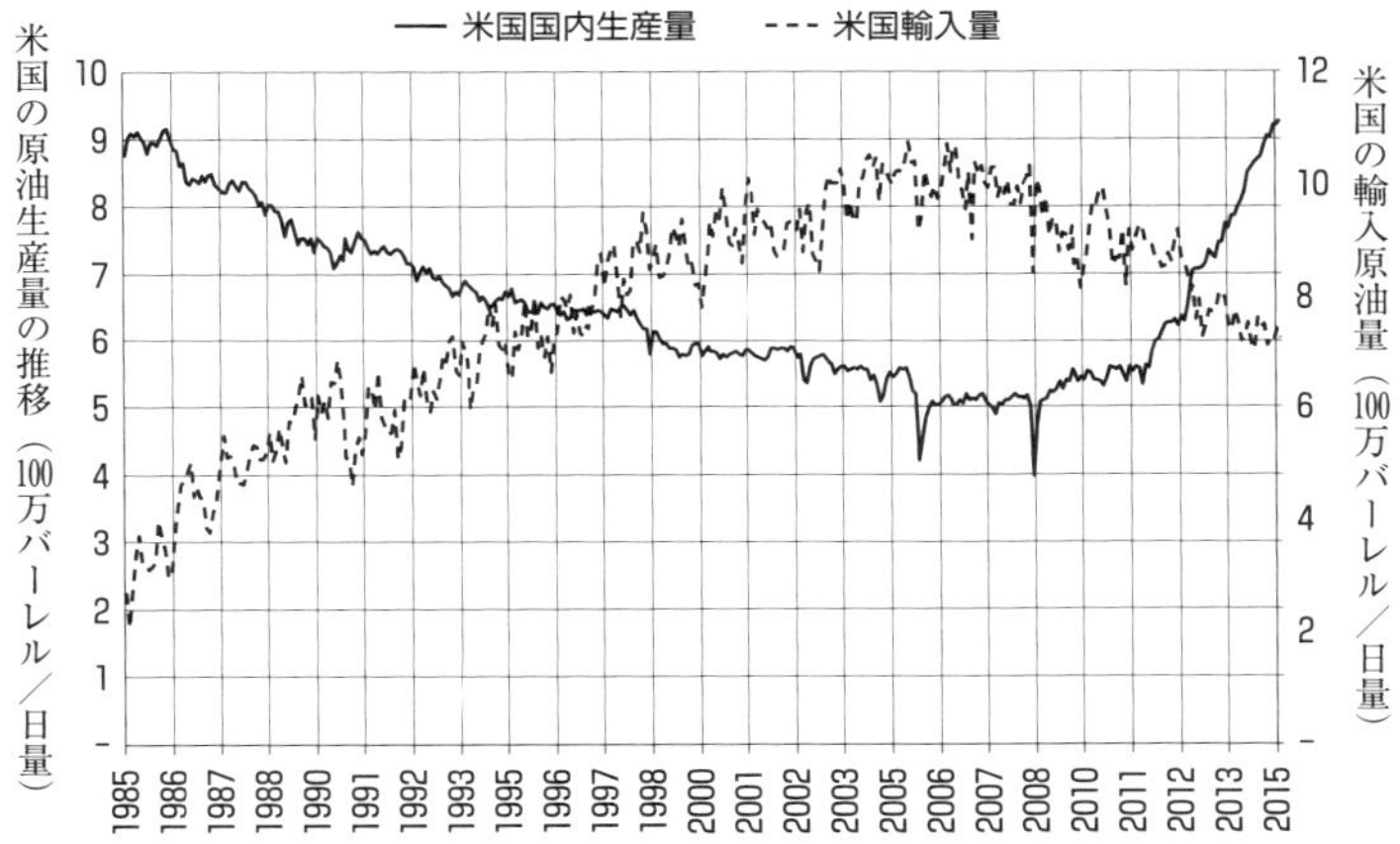

〈図 13−3〉米国の原油国内生産量と輸入量の推移（天然ガスおよびバイオ燃料を除く）［出典：米国エネルギー情報局および © ケイシー・リサーチ］

なる。

すでにその予兆は出ている。石油掘削装置（リグ）オペレーターの大手、ベイカー・ヒューズ社〔訳注：アメリカの石油・天然ガス・リグ部品製造大手。本社はヒューストン（テキサス州）。世界のリグ稼働状況統計を公表している〕の調査によれば、過去一年間で稼働するリグ数が大きく減っている。アメリカでは二〇六六から一三一〇に、カナダでは八六一から三三六に減少した。この現象が起こっているのは（一般的方法による掘削プロジェクトではなく）シェールオイル掘削分野に限られている。また、シェールオイル油井は生産量の減りが速い。過去一年で五〇パーセントの減少だった。これを補うには新規の掘削が必要となる。

注意しなくてはならないのは、シェールオイル産業を動かしているのは投機資金だということだ。言ってみれば、バブル経済の上に乗った

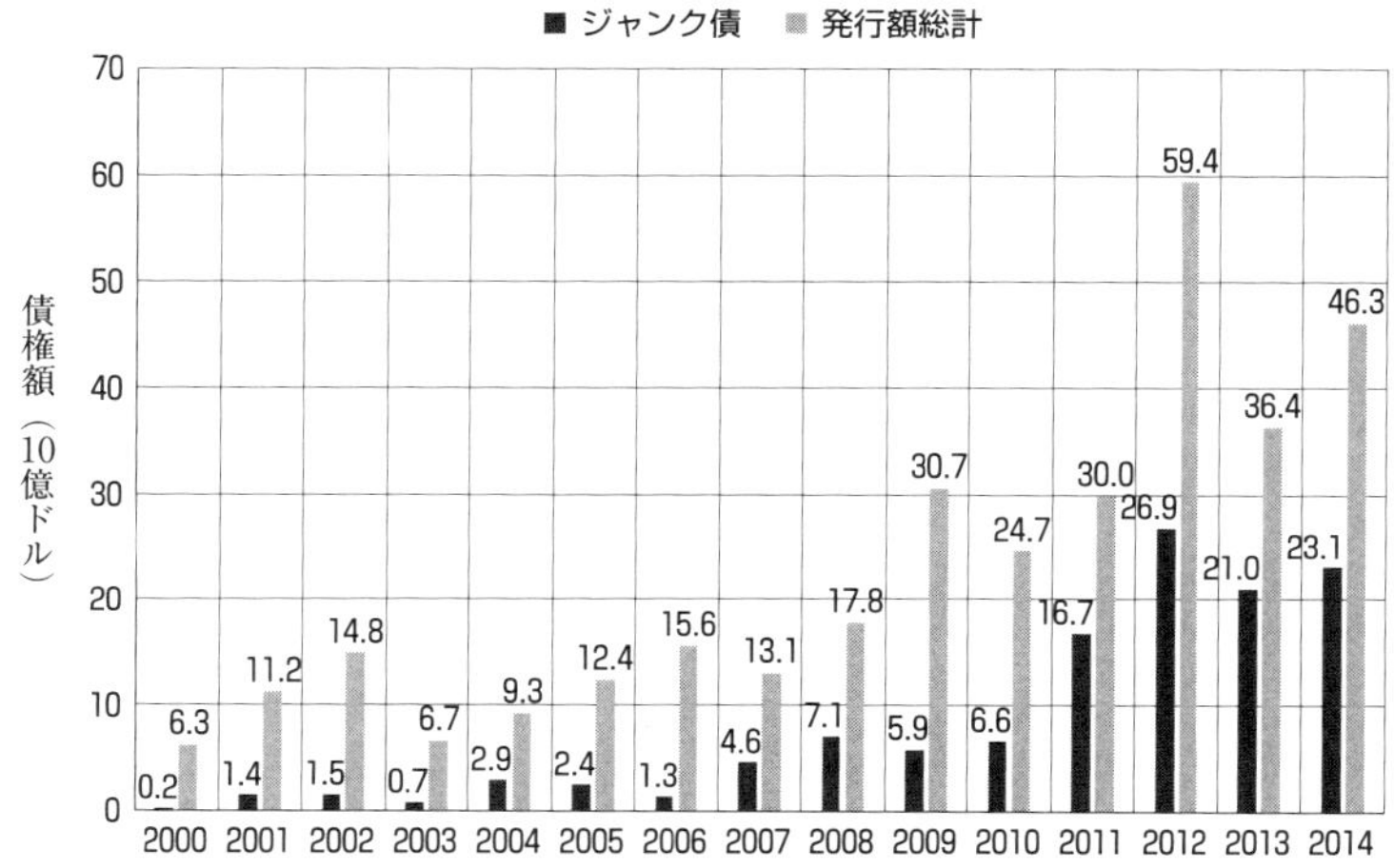

〈図 13－4〉米国シェールオイル産業による開発関連債券発行額の推移［出典：米国エネルギー情報局および © ケイシー・リサーチ］

産業なのである。それがこの産業を脆弱なものにしている。〈図13―4〉は、シェールオイル産業各社が掘削と生産事業（E&P）のために発行したジャンク債の額の推移である。

この図には上場企業の発行したジャンク債しか挙げていない。したがって、非上場企業分を加えればこの額はさらに膨らむ。これを見ればシェールオイル産業の苦境が一目瞭然である。二〇〇八年以降に発行された債券の実に四四パーセントがジャンク債に分類されている（スタンダード&プアーズ格付け）。

二〇一一年は原油価格がバーレル当たり百ドルを超えた時期にあたるが、それ以降に発行された債券（総額八百八十億ドル）の内、実にその半分がジャンク債に格付けされている。そうした債権が借り替えができずデフォルトすれば、ドミノのような連鎖が続く。

今後とも格付けを下げるものが増えるだろう。

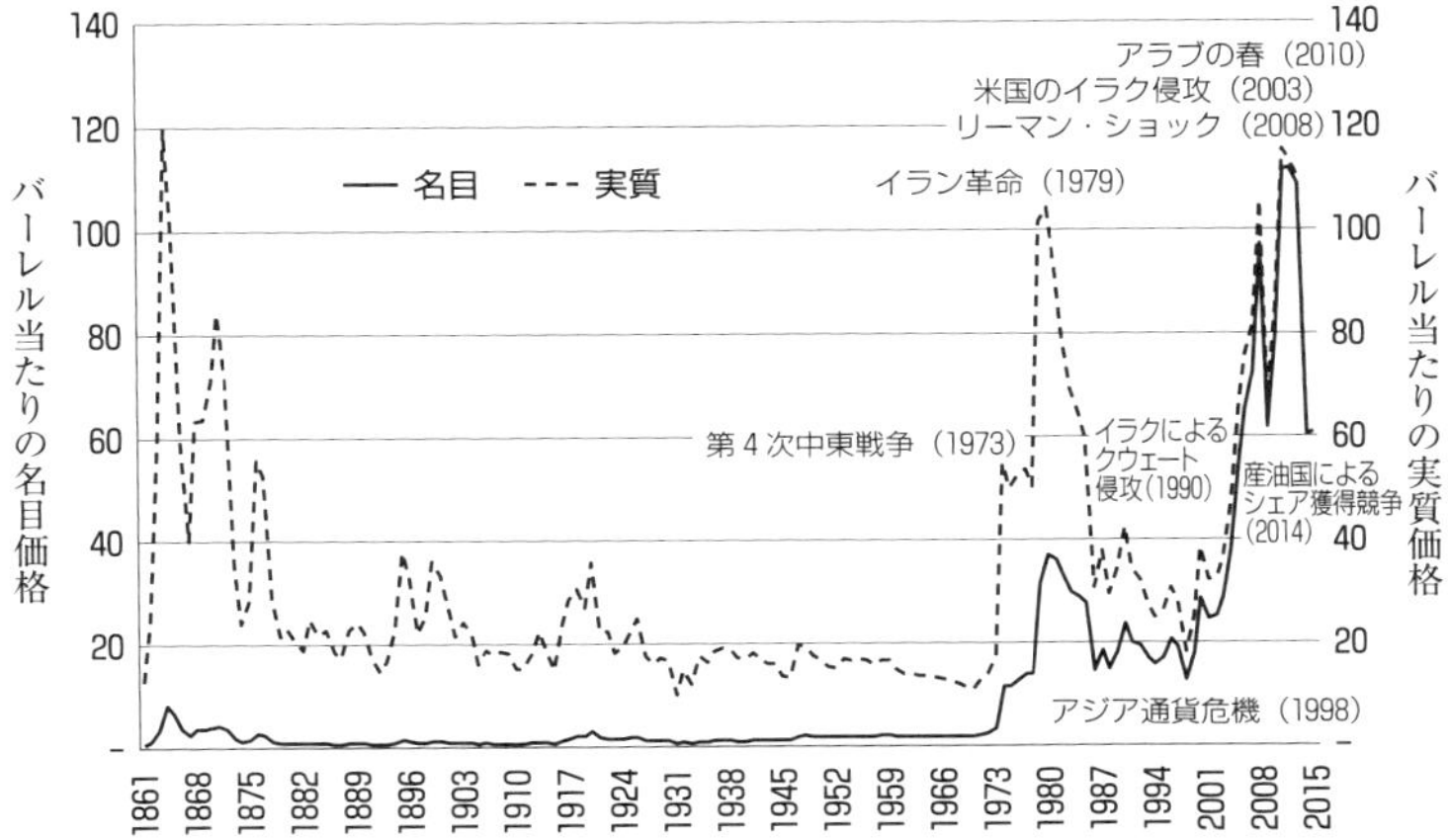

〈図 13―5〉名目・実質原油価格の推移［出典：BP および © ケイシー・リサーチ］

百ドルでは十分に償還できたが、五十ドルレベルではどうしようもないからである。二〇一四年ではまだ投資グレードであったものがジャンクグレードにまで格下げされるだろう。この問題はすぐには表面化しない。この問題が顕在化するのは二〇一六年から一七年になる。この頃になれば、かなりの債券が借り替え不能に陥ることになろう。

原油価格は歴史的底値か

上の〈図13―5〉を見ればとても今が底値とは言えないだろう。

原油価格はバーレル当たり五十ドルを下回る可能性がある。一九八〇年代あるいは二〇〇〇年代初めの価格に比べれば五十ドルでも高い。底値を打つ可能性があるのは前述したようにシェールオイル産業においてデフォルトが起こることが予想される二〇一六年から一七年ではなかろうか。そうなればかなりの数の会社がシェールオイル産業から姿を消すからである。

シェールオイル産業が生き残るためには技術革新しかない。それによって採油コストを下げるのである。水圧破砕技術の精度を高めるなどの生産性向上技術（ＥＯＲＭs：Enhanced Oil Recovery Methods）に期待するしかない。そうした技術が現われるかどうか誰にもわからない。サウジアラビアやロシアも驚くような新技術が現われる可能性は否定できない。

プーチンの反撃

さて原油安のなかでプーチンはどのようにロシアを導いていこうとするのだろうか。ロシアにとって最も有利な行動とは何か。それは石油生産をこれまでどおり、いやそれ以上のペースで続けることなのである。ロシアはすでに世界最大の産油国である。すでにソビエト時代の最大の産油量を超えた。プーチンが減産を指導することはない。

ロシアはＯＰＥＣを長期的に信頼できる組織だとは見なしていない。むしろ互いに警戒し、ＯＰＥＣを競合相手と考えている。ロシアはＯＰＥＣに対して減産を勧奨するようなことはしないだろう。その理由は、現状の生産量が、アメリカのシェールオイル産業に大打撃を与えている現実があるからだ。ロシア最大の敵国はアメリカである。シェールオイル産業が苦しむことはロシアにとって好ましい。ロシアは今のような原油安が続いても、数年は耐えられる。

オバマ政権と主流のメディアは、「プーチンに対するお灸が効いている」「経済制裁と原油安がロシアを苦しめている」と世論を誘導したいようだ。しかし、ロシアはメディアが伝えるほどの痛みを感じていない。

原油価格は大きく下落したが、ロシア通貨ルーブルも同様に下落した（二〇一四年、四〇パーセント）。したがって、石油輸出収入をルーブルで換算した場合には、ほとんど変わっていない。原油安の影響をルーブル安が相殺《そうさい》しているのである。*3

アメリカの経済制裁がありながら、ルーブル安を好機と見てアメリカ最大の石油会社エクソン・モービル社は、ロシア国内の採掘権を持つ土地を一気に拡大した。二〇一三年には一一四〇万エーカー（四万六〇〇〇平方キロメートル）だったものを、二〇一四年には六三七〇万エーカー（二五万八〇〇〇平方キロメートル）まで増やしたのである。エクソン・モービル社がアメリカ国内に持つ権利の三倍の広さだ。

ルーブル安はアメリカ石油産業に副次的なダメージを与えてもいる。ロシア製の石油掘削機器がアメリカで売れに売れている。同様の品質であればロシア製品の価格は魅力的なものとなった。

先にも述べたように、ロシアの、そして中国もそうだが、究極の狙いはアメリカドル覇権を打ち砕くことにある。取引相手国にルーブルを含む他の通貨での取引を認めさせたい。それでも、（現状では）ドルでの受取りを拒否するものではない。ウラジーミル・プーチンは冷酷なまでの現実主義者である。彼の脳裏にあるのは「ロシアの国益」だ。その実現のためには何でもする。

ロシア・中国連携

ロシアに対する経済制裁があるため、中国はロシアから有利な取引条件を引き出すことができる。ロシアにとっても中国の存在があるために、経済制裁があっても政策に自由度を担保できる。先述の大型エネルギー供給契約に続いて、租税条約（二〇一四年十月）と千五百億ドル規模の人民元との通貨スワップ（三年間）協定を結んだ。

中国は他の二十七カ国とも通貨スワップを結ぶ一方で、米ドルによる外貨準備高を減らしている（現在は一兆ドル規模の外貨準備である）。興味深いことに人民元は世界貿易取引においてドルに次ぐ取引通貨に成長している。ペトロダラーシステムへの挑戦が静かに進行している証である。

ロシア・中国提携の強化を示す契約は続々と結ばれている。高速鉄道、カリ（肥料原料となる）、石油、天然ガス、ウランの取引契約が成立した。両国の提携は始まったばかりで、この傾向は長期的に続く。ロシアからは、天然資源に加えて、武器輸出も本格化するだろう。そして両国間取引の通貨はドルではないことは確実だ。

両国関係の緊密化を示す象徴的な事件は、モスクワ取引所で人民元の取引が可能になったことである。同取引所での人民元の扱いは毎月五〇パーセント増加の勢いで、二〇一四年十二月の取引高はアメリカドル換算で十一億ドルにまで成長した。*4

ロシアの輸入業者は、その支払いに人民元を使いはじめている。現在中国からの輸入の一〇パーセントは元によって決済されている。二〇一〇年には二パーセントにすぎなかった。

ロシア・ヨーロッパ諸国提携

ロシアとヨーロッパ諸国の関係にも大きな変化が起きている。

アメリカの対ロシア経済制裁は、ドイツのエネルギー安全保障に暗い影を落とした。プーチンとアンゲラ・メルケル独首相の仲は良好だ。先に述べたようにプーチンはドイツ語が堪能である。このことは重要である。なぜならドイツの対ロシア外交はデリケートなもので、注意深く進める必要がある。「慎重に踊らなくては（delicate dance）」ならない。

両国とも角突き合わせるようなことはしたくない。ドイツはロシアのエネルギー資源産業の最大の顧客だ。プーチンはそのお得意様を怒らせるようなことはしたくない。ドイツも天然ガスの三〇パーセントをロシア産に依存している現実がある。それがプーチンの交渉力を、若干とは言え、有利にしている。

ドイツは、サウスストリーム・パイプライン計画に期待している。そうなればドイツは天然ガスの安定供給先の確保に目途がつくからだ。ドイツも、トラブル続きのウクライナ経由のパイプラインでの送ガスの現状を不安視している。

プーチンは、対ロシア経済制裁へのカウンターパンチに、（ドイツも期待する）サウスストリーム・パイプライン建設の凍結を持ち出した。それに代えて「トルコストリーム・パイプライン構想」を打ち出した（この構想での敷設コストはサウスストリーム・パイプラインの四百億ドルに比べて百五十億ドルの節約ができる）。送ガス量もほとんど変わらない。

プーチンの代替案はドイツから見れば好ましいものではない。トルコストリーム・パイプラインのルートは、ロシア―トルコ―ギリシャ―バルカン諸国となる。ドイツはこれらのどの国にも（ウクライナがやったように）、その国の都合でパイプラインを止めるようなことをしてもらいたくない。ギリシャは、このルート変更を歓迎している。財政危機にあるギリシャはEUとの交渉にこのパイプラインを交渉の材料に使えると考えるからだ。ギリシャの思惑をわかっているドイツは、サウスストリーム・パイプラインの完成に望みをかけている。

プーチンは、NATOが旧ソビエト諸国にまで触手を伸ばすことを容認しない。だからこそ、ウクライナの分離独立グループを支援する。こうした情勢のなかで、プーチンは対ドイツ外交に鞭《むち》と飴《あめ》を使い分ける。サウスストリーム・パイプラインは「飴」であり、トルコストリーム・パイプラインは「鞭」なのだ。ロシアは、自らの要求を明確にしたうえで、ウクライナ問題の解決にドイツの力を借りようとしているのである。

ロシアとその他の国々との提携

エネルギー資源市場が軟調でもプーチンの「資源外交」が足踏みすることはない。そして、その外交は石油と天然ガス供給だけを武器にするものではない。

たとえばエジプトであるが、同国初の原子力発電所建設に関わる契約を締結したばかりである。原子炉四基で同国の一二〇〇メガワットのベースロード電源を確保する。[*5] このプロジェクトのコストの詳細はわからないが、ビリオンドル（十億ドル）単位のプロジェクトになることは間違いない。[*6] プーチンはエジプトとの間で、武器供給についても協議している。もともと両国の間には密接な経済協力の歴史があった。中東での存在感を高めたいプーチンにとってエジプトは重要な国である。この地域最大の人口を擁し、同国とは天然ガス市場で提携関係を築く必要がある。

プーチンは、イラン、トルコ、イラクとの関係構築にも余念がない。この三国ともに武器供給および原子力発電計画を進めている。トルコはロシア天然ガス産業にとって二番目に大きな顧客である。そして前述のトルコストリーム・パイプライン計画も存在する。イラクとは原油市場での協力と、武器供給についての協議を継続している。

ロシアは中東地域の七五パーセントの人口を有する国々との提携を進めていると言い換えることができる。このなかにはシリアも入る。

この状況に最も焦りを感じているのがサウジアラビアだ。ロシアとは国際石油市場では競合の関係にあり、ロシアは同国が敵と見なしている国々を支援する。シーア派の支配するシリア、シーア派教条主義の国イラン、イラクの多数派シーア派を支援するのはロシアなのだ。それにもかかわらず両国は、アメリカのシェールオイル産業との「せめぎ合い」では協力しなくてはならない。こうしたなかでアメリカの狙いはとにかくロシアに経済的ダメージを与えることである。ロシアはそれに絶対に屈しない態度を見せる。

サウジアラビアはアメリカ外交に苛立ちを見せ、その外交を理解できない。そしてＩＳＩＳ（スンニ派原理主義運動組織）の台頭に困惑している。アメリカの（よくわからない）中東外交とイスラム原理主義運動によって、何が起こるのか誰にも予測できなくなってしまった。ただはっきりしているのは、ロシアのこの地域での存在感は今後も変わらないということである。そして存在感を示すのに（かつてのような）軍事力を行使するやり方ではないということである。

日本は、世界の動きを注意深く見ておかなければならない。前記のようなロシアとエジプトの動きなどは特に重要である。両国の契約はウランの長期供給についても規定されている。エジプトだけでなく、新興国は続々とロシアとウラン燃料の長期契約を結んでいくことが予想される。そうなれば日本の原発が再稼働したときには、その燃料を（不安定な）スポットマーケットで調達せざるを得なくなる。

福島の事故を受けて日本のエネルギー産業は少なくとも短期的には天然ガスによるエネルギー供給に舵を切った。その結果、ウラン燃料在庫を市場に放出している。再稼働することになれば、売ってしまった在庫を再調達しなくてはならない。そのときにこそウラン燃料価格は高騰し、最大の受益者はロシアとなるのである。

賢いアメリカの投資家、たとえばジョージ・ソロスなどはプーチンのウラン戦略を理解し、ウランマーケットでまた一山当てる算段である。彼らはアメリカ国内でも最も効率のよいウラン鉱山を持つ会社への投資を進めている。その一つが上場企業であるウランエネルギー社である。こうした考えを持つ投資家はソロスだけではない。世界最大の投資ファンドであるブラックロックや李嘉誠《リカシン》も同社への投資を進めている。[*7]

原油価格が大きく低下したなかでもプーチンは、「プーチン流エネルギー戦略計画」を粛々と進めている。ロシア経済の舵取りと、ＮＡＴＯの旧ソ連諸国への影響力拡大を抑え込む外交を進めている。

ロシアは経済制裁によって苦しんでなどいない。プーチンが、自らの描いた世界戦略計画書に沿ってロシアをますます強力な国家に導いていくことは間違いのないことなのだ。

＊１：〈訳注〉水圧破砕技術の歴史と技術の概要についてはＪＯＧＭＥＣ（石油天然ガス・金属鉱物資源機構）の作成したレポート「水圧破砕技術の歴史とインパクト」に詳しい。〈oilgas-info.jogmec.go.jp/pdf/4/4370/201105_017a.pdf〉

＊２：〈訳注〉天然ガス液とコンデンセートについて（石油天然ガス・金属鉱物資源機構：ＪＯＧＭＥＣの用語説明による。

坑井を通じて地下から産出する天然ガスから分離・回収された液体炭化水素の総称で、天然ガス液と訳される。

坑井から流出する天然ガスは高圧・高温の条件下にあるので、常温・常圧では液体であるような重質の炭化水素を溶存していることが多い。これをセパレーターなどに導き、圧力を下げ、温度も下げれば、これらの重質炭化水素は液体になり、ガスから分離回収される。この液体はC_3のプロパンからC_8～C_{10}くらいまでの分子の混合物であって、圧力・温度を制御して分離を繰り返せば、ＬＰＧ（C_3＋C_4）と天然ガソリン（C_5～C_8主体）との二種の製品が採取できる。NGLというときはこれらを含む総称である。天然ガス井から産出するガスをセパレーターに導いて分離・回収される液体炭化水素をコンデンセートと呼ぶ。これはまさにNGLであるが、これだけでなく油井から産出し、セパレーターで原油と分離されてそのトップから流出するいわゆる随伴ガス（または油井ガス、油溶性ガス）から、さらに分離回収される液体分も含めNGLと総称する。

＊3：〔訳注〕ルーブル安と原油安の相殺の関係についての考察は、高橋洋一氏の以下の論考が参考になる。

「期待できるプーチン大統領の経済対策　金融支援は先進国の例研究か」（二〇一五年二月五日付「ZAKZAK」）

原油価格の急落から、原油輸出に依存するロシア経済が苦しくなっている。そこで、ロシア政府は、二兆三千四百億ルーブル（約三兆九千三百億円）規模の経済・金融危機対策計画を公表した。

その一方で、政府は二〇一五年に計画している支出の「大半」を一〇パーセント削減し、一七年までに予算の均衡化を目指すという。今回の経済政策はうまくいくのだろうか。

ロシアは、ソ連以降、過去二回の通貨危機があったが、ルーブル下落後、経済はすぐに好調になった。特に一九九八年には、財政破綻にもなって、一ドル＝六ルーブルが一年間で二十五ルーブル程度まで急落、通貨価値は四分の一になった。今回は当時に比較すれば、通貨価値は二分の一程度だ。

現時点では財政破綻の懸念はどうだろうか。今年に入ってから、CDS（クレジット・デフォルト・スワップ）レートは急上昇し、危機前の三パーセント程度から六パーセント程度になっている。ギリシャの二〇パーセント弱と比べると低いが、ポルトガルの二パーセント弱と比べると高い。ちょっと気になる水準だ。

ちなみに、日本は、消費再増税を先送りしたら財政破綻になると一部の増税論者から言われてきたが、〇・五パーセント程度であり、まったく問題ない。

現状のロシアでは、外貨準備が大きいこともあり、通貨危機も大きな問題にならないだろう。しかも、過去のケースと同様にロシア経済は比較的早く回復する可能性もある。

原油価格は約二分の一になったが、ルーブルの価値も二分の一なので、実は石油輸出代金のルーブル表示はあまり変わっていない。ということは、通貨安が原油安の悪影響をかなり相殺しているのだ。そうなってくると、マクロ経済から見た景気の下支えよりも、むしろ短期的には信用不安、財政破綻への対応に重点を置かざるを得ない。というのは、今回の原油下落によって打撃を大きく受けるのは、海外から資金調達をしている国内の石油関連業だからだ。そうした企業では、外貨建て負債が大きくなるので、債務超過に陥り、結果的にロシア国内金融機関が打撃を受ける可能性が高いのだ。

となると、マクロ経済における需要不足ではなく、特定産業への打撃が心配なので、そこへの対処というわけで、国内金融機関への資本注入が適切な対策になる。実際、今回公表されたのは、主として金融危機対策である。対策の大半は、金融機関への資本注入に当てられている。

今回のロシアの経済・金融危機対策は、全体としては財政危機を意識して予算総額を抑制しつつ、必要な金融危機対策は行なうということで、かなりピンポイントを突いていると思う。金融危機対策のなかには、先進国の金融危機で見られた不良債権の受け皿の「バッドバンク」もあり、先進国の例をよく研究したあとが見られる。

不安点は、計画で盛り込まれた項目のうち予算措置が確定しているものがまだ少ないことだ。それらが実施されるのであれば、ロシアの経済・金融危機対策はかなりうまく機能するのではないか。

＊4：〔訳注〕人民元のモスクワ取引所での扱いについては次の記事（ブルームバーグ）が参考になる。

【二〇一四年九月二十五日（ブルームバーグ）】

「ミスター元」はロシア大統領の隠し玉か――制裁で注目集まる

欧米による対ロシア制裁の国内経済への影響を抑えたいプーチン大統領には隠し玉がある。「ミスター元」と呼ばれる男だ。

イーゴリ・マリチ氏が二〇一〇年にモスクワで人民元取引を導入した後、一部のバンカーらが同氏をミスター元と呼びはじめた。このとき、ロシアは中国以外で正規の人民元購入の機会を提供する最初の国になった。ウクライナの戦闘を受けロシアに対する制裁が強化される今、成長を求め東に目を向けるロシア企業が増え、ミスター元はある種の尊敬の対象となっている。

マリチ氏がマネー市場を運営しているモスクワ取引所の人民元・ルーブル取引は今年十倍に拡大し、八月には七億四千九百万ドル（約八百十億円）相当に達した。もちろんまだドル・ルーブル取引の三千六百七十億ドルに及ぶべくもない。

欧州連合（ＥＵ）がロシアの大手銀行であるスベルバンクやＶＴＢグループ、ガスプロムバンクを制裁対象とした七月三十一日、人民元買いは六億六千六百万元（約百二十億円）と当時のピークを記録した。

マリチ氏（四十）はモスクワの中心部にある取引所でインタビューに応じ、ＥＵと米国による制裁に加え、中国との関係が深まるなかで、一営業日当たりの人民元取引は「一年以内」に十億元に達するだろうと述べた。スポーツ愛好家の同氏がこの取引所で働きはじめたのは二〇〇〇年。この年、ウラジーミル・プーチン氏が初めて大統領に就任した。

マリチ氏の目標達成は同氏の予想より早まるかもしれない。ロシアの高官ら四人によれば、プーチン大統領が北京を五月に訪れた際に中国とまとめた四千億ドル相当の三十年間に及ぶガス供給契約について、ロシアは人民元での支払いを受け入れることを検討している。最終決定はまだだとして高官らが匿名を条件に明らかにした。

＊5：〔訳注〕ベースロード電源とは一日中安定して一定量の電力供給が可能な発電設備のこと。

＊6：〔訳注〕前記記述については、以下の二〇一五年二月十日付「ワールド・ニュークリア・ニューズ」の報道が参考になる（翻訳は訳者）。

エジプト・ロシア両政府、エジプトにおいて原子力発電所建設に合意。両国政府代表覚書調印

エジプト・シシ大統領は、同国を訪問していたロシア・プーチン大統領とともにカイロで共同会見に臨んだ。

プーチン大統領の同国訪問に合わせて、ロシア国営ロスアトム社とエジプト電力省との間で原子力発電分野での協力について協議された。ロスアトム社は、提案されている計画について詳細を詰めることで合意した、と発表した。（中略）

同社を率いるセルゲイ・キリエンコ氏によれば、覚書は、まず二基の原子炉を建設し、さらにもう二基も計画するというものである。彼は次のように述べた。

「限られた時間のなかで政府間協議が必要となる。原子力発電所建設計画に関わるものとそのファイナンスについて詰めの作業を急がなくてはならない。ロスアトム社の準備は整っている」

＊7：〔訳注〕李嘉誠（一九二八―）香港をベースとする企業集団「長江実業」を率いる実業家。

Michael McLeay, Amar Radia, and Ryland Thomas, "Money Creation in the Modern Economy", *Bank of England, Quarterly Bulletin 2014 Q1*.

Ibrahim M. Oweiss, "Economics of Petrodollars", Address before the Conference on the World Monetary Crisis, Arden House, Harriman Campus, Columbia University, New York, March 1-3, 1974.

Jerry Robinson, "The Rise of the Petrodollar System: Dollars for Oil", *Financial Sense,* February 23, 2012.

●ドル覇権の危機について

"China and Russia Abandon the Dollar in New Bilateral Trade Agreement", *Daily Mail UK,* November 25, 2010.

Neil MacLucas and Richard Silk, "Swiss, Chinese Central Banks Enter Currency Swap Agreement", *Dow Jones Business News,* July 21, 2014.

Jerry Robinson, "Preparing for the Collapse of the Petrodollar System", *Jerry Robinson's FTM Daily.*
〈http://ftmdaily.com/preparing-for-the-collapse-of-the-petrodollar-system/〉

"Russia Prepares to Attack the Petrodollar", *Voice of Russia,* April 4, 2014.

"UPDATE 1: Russian Oil Firm Says Asian Buyers Willing to Use Euros", Reuters, April 10, 2014.

Grace Zhu, "BRICS Creat $100 Billion Emergency Reserve Fund", *Dow Jones Business News,* July 15, 2014.

〈http://www.saudiembassy.net/about/country-information/history.aspx〉
"Iran History", *Pars Times: Greater Iran and Beyond.*
〈http://www.parstimes.com/history/〉
Gabriel Scheinmann, "The Map That Ruined the Middle East", *The Tower,* July 2013.
AU Steven, "Wahhabi Islam: General Overview", *Free Republic,* July 17, 2004.
Jose Juan Valdes, Lauren E. James, and Eve Conant, "Iraq: 1, 200 Years of Turbulent History in Five Maps, *National Geographic,* July 2, 2014.
Various articles on Afghan history, Afghanistan Online.
〈http://www.afghan-web,com/history/〉
"What is the Difference between Sunni and Shiite Muslims: And What Does It Matter?", History News Network, October 5, 2005.
〈http://wwwhnn.us/article/934〉

●エネルギー問題について

"Excerpt GEAB 72 (February 2013) —2013-2015: The End of the Petrodollar's Rule over the World", *GlobalEurope Anticipation Bulletin,* February 15, 2013.
Robert D. Kaplan, "The Geopolitics of Energy", *Forbes,* April 4, 2014.
Tatiana Mitrova, "The Geopolitics of Russian Natural Gas", Harvard University's Belfer Center and Rice University's Baker Institute Center for Energy Studies, February 2014.
"Oil History Timeline", *Oil 150.* 〈www.oil150.com/about-oil/timeline/〉
Jonathan Saul and Parisa Hafezi, "Exclusive: Iran, Russia Negotiating Big Oil-for-Goods Deal", Rueters, January 10, 2014.
Alexandra Terentieva, "Russia Goes Uranium Mining around the World", *Global Geopolitics and Political Economy,* March 31, 2010.

●貨幣・通貨問題について

Benjamin Cohen, "Bretton Woods System", Prepared for the Routledge Encyclopedia of International Political Economy.
〈www.polsci.edu/faculty/cohen/inpress/bretton.html〉
"The History of Money", Federal Reserve Bank of Minneapolis.
〈https://www.minneapolisfed.org/about/more-about-the-fed/history-of-the-fed〉

●ホドルコフスキーとプーチンについて

Masha Gessen, "The Wrath of Putin", *Vanity Fair,* April 2012.

●超冷戦について

David Fromkin, "The Great Game in Asia", *Foreign Affairs,* Spring 1980.

●チェチェンについて

Scott Anderson, "Putin: The Dark Rise to Power", *GQ Magazine,* September 6, 2009.

Olga Oliker, "Russia's Chechen War 1994-2000", Monograph Report, RAND Corporation, 2001.

Jonathan Steele, "It's Over, and Putin Won", *The Guardian,* September 29, 2008.

●ウクライナについて

Stephen F. Cohen, "Distorting Russia", *The Nation,* March 3, 2014.

Charles Emmerson, "Ukraine and Russia's History Wars", *History Today,* March 4, 2014.

Nicole Gaouette, "Putin's Motives Rooted in History Remain a Mystery Abroad", *Bloomberg,* March 18, 2014.

Amy Goodman and Juan Gonzales, "We Are Not Beginning a New Cold War, We Are Well into It: Stephen Cohen on Russia-Ukraine Crisis", *Democracy Now!,* April 18, 2014.

Vladimir Putin, "Vladimir Putin Talks to Reporters about Ukraine", *World News Daily,* Information Clearing House, March 8, 2014.

●色の革命とNGOの役割について〔訳注：色の革命は2000年頃から旧共産圏（東欧、中央アジア）で発生した政権交代の動きを指す〕

Jeanne L. Wilson, "Colour Revolution: The Views from Moscow and Beijing". 〈http://www.ulc.uk/ceelbas/workshop/Jeanne_Wilson_paper.pdf〉

●中東について

Tekdal Ayse Fildis, "The Troubles in Syria: Spawned by French Divide and Rule", *Middle East Policy Council,* Winter 2011.

"The History of Saudi Arabia", Royal Embassy of Saudi Arabia, Washington DC.

参考文献

●ウラジーミル・プーチンについて

Thomas Fennell, Translation of Vladimir Putin's thesis "Mineral and Raw Material Resources and the Development Strategy for the Russian Economy", *The Atlantic,* August 20, 2008.

Marshall I. Goldman, *Petrostate: Putin, Power, and the New Russia,* Oxford University Press, 2008.［邦訳、マーシャル・I・ゴールドマン『石油国家ロシア――知られざる資源強国の歴史と今後』鈴木博信訳、日本経済新聞出版社、2010年］

Allen Lynch, *Vladimir Putin and Russian Statecraft,* Potomac Books, 2011.

Vladimir Putin, "A New Integration Project for Eurasia: The Future in the Making", *Izvestia,* October 3, 2011.

Vladimir Putin, "Russia and the Changing World", *Moscow News,* February 27, 2014.

Vladimir Putin, "Russia in Focus: The Challenges We Must Face", *Izvestia,* January 16, 2012.

●ロシアについて

Zeljko Bogetic, el al, "The World Bank in Russia: Russian Economic Report No. 18", World Bank, March 2009.

Robert H. Donaldson, "Boris Yeltsin's Foreign Policy Legacy", Presentation to the 41st Annual Meeting of the International Studies Association, Los Angeles, CA, March 18, 2000.

James Graham, "The Collapse of the Soviet Union".
〈http://www.historyorb.com/russia/intro.php〉

"Prominent Russians: Peter the Great", *Russiapedia: Russia Today.*
〈http://russiapedia.rt.com/prominent-russians/the-romanov-dynasty/peter-i/〉

"SCO to Admit New Members", *Russian Radio,* August 1, 2014.

Andrei Yakovlev, "State-Business Relations and Improvement of Corporate Governance in Russia", BOFIT Discussion Paper, 2008.

訳者あとがき　百年に一度の経済システムの大変化が起きている

世界は複雑系である。もはや世界の事象を因果律で語ることはできない。そうはいってもこれからの世界がどう動いていくのかについて考え続けなければならない。多くの学者や評論家、あるいは政治家が将来予測を語る。私はそうした書の信頼性を判断する場合、著者の歴史観がしっかりしたものであるかどうかをまず確認することにしている。歴史を理解する者が将来予測をしたからといって、それが必ずしも正しいものとは限らないが、歴史知らずが描く将来予測は必ず間違うことだけははっきりしている。

私が本書をカナダの書店店頭で見つけたのは本年（二〇一五年）初頭のことだった。手に取った最初の理由は書店に平積みされていたからであるが、購入を決めたのは私の信頼する政治家ロン・ポール元下院議員（テキサス州）が本書に寄せた推薦の言葉であった。彼は議員引退後もアメリカの保守回帰を目指すティーパーティー運動の精神的・理論的支柱になっている政治家である。前回の大統領選挙では、共和党代表選で善戦はしたものの最終的にミット・ロムニー知事（マサチューセッツ州）に敗れた。

ロン・ポール氏は次のように書いている。

「本書の分析は、『プーチンはミニ・スターリンである。彼は新たな冷戦を仕掛けている』とヒステリックに訴える我が国主要メディアやネオコン（新保守主義者）の統制下にあるシンクタンクの分析とは好対照をなす。著者のカッサ氏はプーチンの過去の業績とこれからの世界戦略を客観的事実によって読み解いている。彼の分析は、我が国の真の敵は、プーチンではなく、あまりに干渉主義的な我が国の外交政策と破滅的な貨幣・通貨政策にあることを明らかにしている。また規制ばかりの我が国のエネルギー政策が、アメリカ国内のエネルギー資源開発を阻害している実態も赤裸々にしている」

本書を読了された読者であれば、この推薦文が正鵠を射ていることを理解するに違いない。アメリカの二十世紀初頭に設立された中央銀行（連邦準備委員会：ＦＲＢ）による放漫な貨幣政策と、フランクリン・ルーズベルトが完成させた過度な干渉主義的外交政策（〝世界の警察官〟外交）のもたらした「二つの混乱」を理解できなければ、プーチンの進める世界戦略（アメリカのドル覇権への挑戦）の本質がわからない。プーチンの長期戦略がこの二つの政策への挑戦であるからだ。だからこそ冒頭に書いたように、歴史を知らない者には現状分析も将来予測もできないのである。

「二つの混乱」の是正を訴え、小さな政府への回帰を求めている保守グループが共和党内に自然発生的に現われたティーパーティーだ。プーチンの戦略が、ティーパーティーの人々が指摘する「二つの混乱」によって蝕まれたアメリカの弱体化を利用しているものであるだけに、彼らは本書のプーチン分析が明確に理解できるのである。

本書の米国での上梓は昨年（二〇一四年）十一月であったが、たちまち『ニューヨーク・タイムズ』紙でのベストセラーリストに載った。アマゾンの読者書評も高評価がほとんどである。本書を読了された読者であれば、これほどのアメリカ批判の書がアメリカ国内で反発を生まないことに驚くかもしれない。しかし、アメリカ国内では本書が指摘するアメリカの「二つの混乱」はよく理解されている。特に大学生を中心とした若年層の危機感が強い。前述のロン・ポール元下院議員は日本ではほとんど知られておらず、彼の主張が紹介されることはない。大学生の間におけるロン・ポール元下院議員の人気は高かった。彼らの危機感があったからこそロン・ポールは先の共和党大統領候補選で途中脱落することなく最後まで戦えたのである。

二十一世紀に入って以来、著者カツサ氏やティーパーティーが指摘するアメリカの「二つの混乱」を象徴する二つの大きな事件があった。

まず二〇〇一年の9・11米国同時多発テロ事件である。この事件によってアメリカは〝世界の警察官〟外交を一層強化した。極めつけはイラクとリビアである。サダム・フセインとムアンマル・カダフィの排除はむしろ中東地域の混迷を深めるだけであった。特にサダム・フセイン政権を崩壊させたことは、アメリカのペトロダラーシステムの鎹《かすがい》であったサウジアラビアとの関係を大きく毀損した。親米の国さえアメリカ嫌いにさせる傲慢なアメリカ外交の象徴である。荒っぽいアメリカ外交に気づいているアメリカ国民は多い。そうした危機感を持った本書の読者（アメリカ国民）が、プーチンの外交がより抑制的であり、長期的なグランドデザインに基づいていることに驚いたことは想像に難くない。そしてあらためてアメリカ外交は変わらなければならないと考えるのである。

もう一つはリーマンショックである（二〇〇八年）。本書でも明確に指摘されているように貴金属とのリンク（鎖）から解き放された貨幣は、あたかも悪性の癌のように増殖を始める。アメリカのドルは貴金属とのリンクを石油取引とのリンクに置き換えること（ペトロダラーシステム）で長らくその命脈を保ってきた。プーチンはアメリカのドル覇権に挑戦を決めた。タダ同然で刷った紙切れ（ドル札）の上に胡坐《あぐら》をかき続けるアメリカへの戦いを始めたのである。この戦いは軍事力の勝負ではない。システム作りの知恵の戦いである。世界の交易は、本書が指摘するように、ドルを介在させない取引に徐々にシフトしようとしていることは間違いないのである。

アメリカはこの二つの混乱の是正ができるのであろうか。これは誰にもわからない。著者カッサ氏は悲観的だ。しかし皮肉にも、彼のこの書がベストセラーになったことがアメリカの将来の光明である。つまりアメリカには本書の指摘を理解する層が明らかに増えているのである。特にアメリカの大学生を中心とした若者が「二つの混乱」の真の原因をわかってきていることに注目したい。彼らこそが先に述べたティーパーティー運動の核の力になっているのだ。

アメリカは現在のシステムの中で利益を享受する既得権益層とアメリカの病巣を理解する層とのせめぎ合いが続いている。大学生に代表される若い世代の知識人層に支持される運動は長期的には必ず力をつける。それは歴史が証明している。問題は本書が予想するカタストロフィが発現する前にアメリカの切り替えが間に合うかどうかである。

翻って日本の状況だが、アメリカよりも悪いのではなかろうか。アメリカは既得権益層の抵抗を受けながらも、〝世界の警察官〟外交に舵を切り、アメリカの安全保障に直結する地域のみの防衛に集中するだろうし、財政規律の回復を目指すだろう。単純化した物言いをすれば、ティーパーティー運動が目指す「小さな政府への回帰」が始まらざるを得ないのだ。しかし日本では小さな政府を目指す政治勢力はない。ティーパーティー運動に相当する動きはどこにもない。したがってアメリカのこれからの潮流を理解できない。

またプーチンの戦略は、冷徹なエネルギー安全保障を軸にした外交であるが、福島原発事故以来、日本のエネルギー政策は完全な迷走を始めた。日本の政治家は国内の感情的議論への対応にそのエネルギーの大半を削がれている。たとえば、再生エネルギー資源を求める動きは、真に必要なエネルギー資源の安定確保のための現実的政策遂行にブレーキをかける。冷静な議論はもはやマスメディア上では期待できない。しかし対米・対ロ外交の基本方針はエネルギー安全保障政策なしでは立案できないのである。

日本の指導者に期待したいのは、日本国内の議論を離れて、世界の動きを理解する努力だけは怠らないことである。今起こりつつあるのは、これまでの世界の経済システムの大枠の変化である。百年単位でしか起こらない変化が今起きている。本書はその変化の本質を明確に示しているのである。

本書のテーマはきわめて現代的であるだけに日本の読者に最新の情報をタイムリーに届ける必要があった。版権取得や編集作業に迅速な対応を進めてくれた草思社および編集を担当してくれた増田敦子さん、フリー編集者の片桐克博さんにはこの場を借りて感謝の意を伝えたい。

二〇一五年　春

渡辺惣樹

地図作成（97 頁）：鈴木知哉

著者略歴――――

マリン・カツサ *Marin Katusa*

ケイシー・リサーチセンター・エネルギー部門主任研究員。エネルギー産業に特化した投資ファンドマネージャーとして大きな成功を収める。世界各地の資源開発現場に飛び、第一線の最新情報を持つ。「ケーシー・エネルギー・リポート（*Casey Energy Report*）」を執筆、多くの講演をこなす。『フォーブス』、ブルームバーグ、CNBCなどへの寄稿多数。ブリティッシュコロンビア大学（カナダ）卒業。

訳者略歴――――

渡辺惣樹 わたなべ・そうき

日本近現代史研究家。1954年生まれ。東京大学経済学部卒業。著書に『日本開国』『日米衝突の根源 1858-1908』『日米衝突の萌芽 1898-1918』（第22回山本七平賞奨励賞）『ＴＰＰ 知財戦争の始まり』『朝鮮開国と日清戦争』、訳書に『日本 1852』『日米開戦の人種的側面 アメリカの反省 1944』『ルーズベルトの開戦責任』『ルーズベルトの死の秘密』（いずれも草思社刊）がある。

コールダー・ウォー

ドル覇権を崩壊させるプーチンの資源戦争

2015年5月20日　第1刷発行
2022年4月14日　第2刷発行

著　者　マリン・カツサ
訳　者　渡辺惣樹
装幀者　Malpu Design（清水良洋）
発行者　藤田　博
発行所　株式会社 草思社
〒160-0022　東京都新宿区新宿 1-10-1
電話　営業 03(4580)7676　編集 03(4580)7680
振替　00170-9-23552

本文印刷　株式会社三陽社
付物印刷　日経印刷株式会社
製本所　大口製本印刷株式会社

ISBN978-4-7942-2131-5 Printed in Japan　検印省略

造本には十分注意しておりますが、万一、乱丁、落丁、印刷不良などがございましたら、ご面倒ですが、小社営業部宛にお送りください。送料小社負担にてお取替えさせていただきます。

草思社刊

TPP 知財戦争の始まり

渡辺惣樹 著

アメリカの本当の狙いは、知財侵害大国＝中国の抑え込みにあり。知財を護る影のプランナーに焦点を当て、日本を巻き込むアメリカの生き残り戦略を明らかにする。

本体 1,500円

日米衝突の根源 1858―1908

渡辺惣樹 著

米側資料をもとに、後の太平洋戦争を不可避なものとする米国内の事情と、T・ルーズベルトの〝ガラス細工〟のごとき対日外交を描き出す。新視点の「日米開戦史」。

本体 3,500円

日米衝突の萌芽 1898―1918

渡辺惣樹 著

懸命な外交努力も空しく、なぜ日本は米国の仮想敵国No.1となったのか。第一次大戦時の列強のせめぎ合いの中にその萌芽があったと指摘。第22回山本七平賞奨励賞受賞

本体 3,500円

ルーズベルトの開戦責任

大統領が最も恐れた男の証言

ハミルトン・フィッシュ 著
渡辺惣樹 訳

対日宣戦布告を支持した共和党重鎮は後に大統領の欺瞞を知り深く後悔、世界を大戦に導いたルーズベルトの責任を鋭く追及。同時代の重要政治家による歴史的証言。

本体 2,700円

＊定価は本体価格に消費税を加えた金額です。